콘텐츠산업의 비즈니스 모델과 전략

– 게임 · 음악 · 드라마를 중심으로 –

김진규

전자공학 학사, 경영학 석사, 문화콘텐츠학 박사, 1984년 12월부터 2000년 6월까지 삼성전자 연구소 연구원을 거쳐, 전략기획실, 미디어콘텐츠센터 등에서 신규사업, 전략사업, 콘텐츠 관련 업무를 담당했다. 이후 벤처기업을 창업 운영하다가 2001년 한국콘텐츠진흥원 설립 초기부터 콘텐츠산업 진흥업무를 담당했으며 산업진흥본부, 전략콘텐츠본부, 산업정책실, 게임·차세대콘텐츠본부, CT개발본부 본부장 등을 역임하였다. 2014년 1월 현재 심사평가지원단장으로 근무 중이다. 인하대학교 문화경영 대학원, 외국어대학교 글로벌문화콘텐츠학 대학원, 이화여자대학교 디지털미디어학부 대학원에 출강하고 있다.

콘텐츠산업의 비즈니스 모델과 전략
- 게임 · 음악 · 드라마를 중심으로 -

2014년 2월 20일 초판 인쇄
2014년 2월 25일 초판 발행

지은이 | 김진규
교정교열 | 정난진
펴낸이 | 이찬규
펴낸곳 | 북코리아
등록번호 | 제03-01240호
주소 | 462-807 경기도 성남시 중원구 상대원동 146-8
　　　우림2차 A동 1007호
전화 | 02-704-7840
팩스 | 02-704-7848
이메일 | sunhaksa@korea.com
홈페이지 | www.bookorea.co.kr
ISBN | 978-89-6324-336-8(93330)

값 15,000원

콘텐츠산업의 비즈니스 모델과 전략

– 게임·음악·드라마를 중심으로 –

김진규 지음

북코리아

들어가기

21세기에 들어서서 상상력과 창의력이 경쟁력의 핵심인 창조경제 시대가 도래하면서 콘텐츠산업이 국가 경쟁력의 원동력으로서 새롭게 주목받고 있다. 콘텐츠산업은 높은 부가가치를 창출할 뿐 아니라 타 산업에 미치는 파급효과[1]와 고용 창출 효과가 큰 산업으로 국가 브랜드를 향상시키며 세계인에게 감동을 주는 21세기형 고(高)부가가치이자 다(多)부가가치산업이기 때문이다. 세계 각국에서는 콘텐츠산업의 가치와 중요성을 인식하고 콘텐츠산업을 국가의 전략산업으로 선정하여 적극 육성하고 있다. 실제로 영국은 디지털시대 국가 경쟁력 제고를 위해 국가적인 차원에서 창조산업을 적극 육성하고 있고, 일본은 '건강장수', '인재육성'과 함께 '콘텐츠'를 일본 경제의 3대 성장 전략 키워드로 발표하며 '문화산업 대국'을 지향하겠다는 의지를 대외적으로 표명하였다.[2] 우리나라의 경우에도 관련 법을 제정하고 산업진흥 기관 등을 설립하며 콘텐츠산업을 적극 육성하고 있다.

---

1 한국수출입은행, 『한류수출 파급효과 분석 및 금융 지원 방안』, 2012.5, 29쪽 참조. "2001년부터 2011년까지 우리나라의 문화상품 수출액과 소비재 수출액으로 구성된 92개국 패널데이터를 회귀분석한 결과 문화상품의 수출이 소비재 수출을 견인하는 무역 창출 효과가 높은 것으로 나타남. 소비재 수출의 문화상품 수출 탄력도는 0.03%으로 문화 상품 수출이 1% 증가할 때 소비재 수출이 0.03% 증가하는 것으로 분석됨. 과거 11년간의 평균 수출액으로 환산해 추정하면 문화상품 100달러 수출 증가 시 소비재 수출이 평균 412달러 증가한다는 결과임."

2 문화체육관광부, 『OECD 주요국가의 콘텐츠산업 및 정책현황 비교』, 문화체육관광부, 2010.7, 165-166쪽 참조.

우리나라 콘텐츠산업 중에서는 방송드라마, 음악(K-POP) 등의 콘텐츠가 해외에서 많은 인기를 얻으며 '한류(Korean Wave)'라는 이름으로 세계의 주목을 받고 있다. 드라마, 영화로 시작된 한류 1.0은 K-POP이 인기를 끌면서 한류 2.0으로 발전하였다. 최근에는 유튜브(Youtube), 페이스북(Facebook)등의 스마트형 소셜 미디어(Social Media) 등을 통해 아시아를 넘어 전 세계에서 폭발적인 인기를 얻고 있다. 드라마나 음악처럼 외양적으로 화려하게 주목을 받지는 못하나 한류의 한 축으로서 해외에서 인기를 얻으며 우리나라 콘텐츠산업의 해외 수출을 이끌어가고 있는 것은 게임[3]이다. 이처럼 방송(드라마), 음악, 게임산업은 한류를 이끌어가고 있는 핵심 콘텐츠이자 우리나라 콘텐츠산업을 대표하는 3대 핵심 산업이라고 할 수 있다.

그러나 이렇게 한류를 이끌어가고 있는 핵심 콘텐츠이자 우리나라를 대표하는 핵심 산업임에도 지난 10년간 게임, 음악, 방송드라마 콘텐츠에 대해 성장과 변화를 분석해본 결과, 정부에서 산업 진흥을 중점 추진하여 수출액은 전반적으로 크게 성장하였으나 일부 산업에서 콘텐츠 생산자, 즉 창작 기업들이 수익을 창출하지 못하고 있었다. 한류의 한 축을 형성하고 있는 핵심 콘텐츠산업이 수익을 창출하지 못하고 있는 것이다. 핵심 콘텐츠산업임에도 수익을 창출하지 못하고 있는 이유는 어디에 있을까? 또한 수익을 창출하지 못하는 한계는 어떻게 극복할 수 있을까?

한류가 지속화되고 콘텐츠산업이 지속적으로 성장하기 위해서는 내수 성장을 주도할 수 있는 콘텐츠 비즈니스 모델을 통해 콘텐츠 창작자 또는 콘텐츠 생산자가 지속적으로 이익을 창출할 수 있는 시스템이 담보되어야

---

3 문화체육관광부, 『OECD 주요국가의 콘텐츠산업 및 정책현황 비교』, 문화체육관광부, 2010. 7, 165-166쪽 참조.

한다. 콘텐츠 창작자 또는 생산자가 지속적으로 수익을 창출할 수 있어야 지속해서 콘텐츠가 생산될 수 있기 때문이다. 그렇다면 콘텐츠 생산자가 지속적으로 이익을 창출할 수 있는 비즈니스 모델은 무엇일까? 어떻게 하면 콘텐츠 생산자가 지속적으로 이익을 창출할 수 있을까? 이에 대한 답을 찾는 것, 즉 콘텐츠 생산자가 이익을 창출할 수 있는 비즈니스 모델을 만들어내는 것은 곧 3대 콘텐츠산업이 내수 기반의 동력을 확보하는 것이며 해외 수출의 지속적인 증가 또는 한류의 지속화, 더 나아가서는 콘텐츠산업이 지속적인 성장하고 발전할 수 있다는 것과 다름 아니다. 이렇게 콘텐츠 생산자가 수익을 창출하는 비즈니스 모델이 콘텐츠산업의 지속 성장을 위한 핵심임에도 불구하고 지난 10년간 콘텐츠산업을 진흥함에 있어 이 부분에 크게 주목하지 못하였다.

따라서 한류의 3대 핵심 산업이자 우리나라의 대표 콘텐츠산업임에도 일부 산업에서 콘텐츠 창작자 또는 콘텐츠 생산자가 수익을 창출하지 못하고 있는 부분에 주목하고, 앞으로 콘텐츠 생산자가 지속적으로 수익을 창출하며 지속 성장할 수 있는 산업진흥 방안을 비즈니스 모델 기반으로 새롭게 제시해보고자 한다.

차 례

제1장

창조경제와 창조산업

1. 존 호킨스의 창조경제[1]

1) 창조경제 탄생 배경

'창조경제(Creative Economy)'라는 용어는 영국의 비즈니스 전략 전문가인 존 호킨스(John Howkins)의 2001년 저서인 『창조경제(The Creative Economy)』에 처음으로 등장하였다. '아이디어로 어떻게 사람들이 돈을 버는가?(How people make money from ideas)'라는 부제가 달린 이 책의 서론에서 호킨스는 "미국은 1997년 책, 영화, 음악, TV 프로그램 등의 저작권 상품이 4,140억 달러만큼을 생산하였으며, 저작권(copyright)은 의류, 화학품, 자동차, 컴퓨터, 비행기보다 많이 수출하여 No.1 수출품이 되고, 「포춘(Fortune)」이 계산한 바에 따르면 농구 스타인 마이클 조든(Michael Jordan)의 경제적 가치는 대부분 저작권과 머천다이징(merchandising)으로부터 나온다"고 설명하고 있다.

또한 호킨스는 "1998년 영국 런던의 웨스트엔드(West End)와 미국 뉴욕의 브로드웨이(Broadway) 극장에서 지적재산의 대가로 벌어들인 돈이 재래식 소매 거래(brick and mortar)의 3배였다."고 하면서 이들 다양한 활동의 공통점은 개인들이 상상력을 실행하고 그의 경제적 가치를 개발한 결과물이라고 하였다. 창조성(creativity)과 경제(economy)와의 관계에 대해서도 언급하고 있는데 '창조성'과 '경제'라는 것은 새로운 것이 아니다. 다만 중요한 것은 이 둘을 어떻게 확장하고 결합하여 커다란 가치와 부를 창출해낼 것인가 하는 것이며, 많은 경우에 아이디어를 가지고 있는 사람은 기계장치를 소유하거나 사용하는 사람보다 파워풀하다고 주장하면서 아직은 창조성과 경

---

1   John Howkins, 『The Creative Economy』, Berkley Pub Group, 2001.

제의 관계가 분명하지 않지만 창조성, 지적재산, 경영, 자산, 부를 하나의 프레임워크에서 보려고 했다고 자신이 왜 창조경제에 주목하게 되었는지를 설명하고 있다.

2) 창조성과 창조경제

창조성(creativity)이란 무엇일까? 존 호킨스는 창조성에 대해 다음과 같이 설명하고 있다. 창조성이란 "새로운 것을 만들어내는 능력"을 말하며, 이는 한 사람 또는 여러 사람에 의해 독창적이며 의미 있는 발명과 아이디어가 생산되는 것이라고 주장한다. 또한 호킨스는 창조성이란 일종의 재능, 태도이며 이는 무(無)에서 어떤 것 또는 어떤 것에 새로운 특성을 부여하는 '새로운 것'을 말하거나 행동하거나 만들 때 나타난다고 한다. 창조성이란 이러한 것들을 하는 '생각'이나 '행동' 어디에서든지 일어나게 되는데 예를 들면 우리가 파라다이스를 꿈꿀 때, 우리의 정원을 디자인할 때, 계획을 세울 때 등에도 나타난다. 또한 출판에 관계없이 어떤 글을 쓸 때, 사용 여부에 관계없이 무엇을 발명할 때 창조적이 된다. 결국 '창조자(creator)'란 새로운 것을 창조해내거나 발명해내는 사람이라고 설명하였다.

경제(economy)란 무엇일까? 존 호킨스는 경제란 "관례적으로 상품과 서비스의 생산, 교환, 소비에 대한 시스템"이라고 할 수 있으며, 경제학이란 "일반적으로 한정된 자원을 가지고 개인과 사회가 무한하게 원하는 것을 어떻게 만족시킬 것인가를 다루는 것"이라고 설명하였다. 그러나 아이디어는 한정적이지 않기 때문에 그들 경제의 본성은 일반적인 경제와 다르다고 할 수 있으며 창조성이 경제활동에 필수적인 것은 아니나 경제적 함의 또는 거래 가능한 상품의 아이디어를 만들어낼 때는 창조성이 필요하다고 언급하였다.

그렇다면 창조상품이란 무엇일까? 존 호킨스는 창조상품(creative product)이란 "창조성의 산물로서 경제적 가치를 가진 경제적 상품이나 서비스"라고 정의하였다. 즉 창조상품의 중요한 특성은 창조적 활동의 결과물로서 쉽게 인지할 수 있는 경제적 가치를 가져야 한다는 것이다. 그런데 존 호킨스는 일반 사람들이 창조상품의 최종 결과물을 일반적으로 예술(arts)이라고 생각하는 경향이 있다고 하면서 이는 예술을 창조 활동의 핵심이라고 여기거나, 창조성과 예술을 같은 의미의 말로 생각하는 경향이 있기 때문이라고 주장하였다. 그러나 예술이 창조성을 독점하는 것도 아니며, 예술가가 창조경제의 유일한 노동자도 아닌데, 그 이유는 창조성은 과학, 특히 R&D(Research & Development)에서도 필요하고 회사 내의 관리에서 개발, 브랜딩, 상품 디자인 등 비즈니스의 모든 과정에서도 필요로 하기 때문이라고 설명하였다.

존 호킨스는 이 책에서 창조산업에 대해 다음과 같이 설명하였다. 많은 창조상품은 전부는 아니더라도 지적재산으로 자격을 얻게 되는데 이는 크게 저작권(copyright), 특허(patent), 상표(trademarks), 디자인(design)산업으로 나눌 수 있다. 창조경제, 창조산업은 이 네 가지 산업으로 구성되어 있다고 할 수 있으나, 이는 논쟁을 초래할 수 있으며 아직 합의가 이루어진 정의는 없다. 많은 국가들에서 창조성과 그와 관련된 산업은 창조적 상상력을 포용하고 있는 산업으로 생각하고 있다. 그러나 영국, 호주 등의 국가에서는 창조산업을 과학과 특허산업은 제외하고 예술과 문화산업으로 한정하였다. 영국 정부는 1997년 노동당 정권에서 창조산업 T/F팀을 만들었을 때 과학은 포함하지 않고 모든 지적재산산업으로 한정하였다. T/F팀은 강한 주도권을 쥐고 있었으나 과학은 창의적이지 않다는 암시를 주는 부작용을 초래하였다. 그러나 이후 영국 정부의 NESTA(National Endowment for Science, Technology and the Arts)는 좀 더 넓고 인간적인 관점으로 '창조성'을 고려하여 과학 테크놀러지, 엔지니어링, 새롭고 혁신적인 상품과 서비스 내에는 모두 창조성이 존재하는 것으로 간주하였다. 그러나 일반적으로 영국에서는 아직도 '창조성'이라는 말을 예술적인 것과 문화적인 것으로 한정시켜 사용하고 있다고 설명하였다.

한편 존 호킨스는 창조경제는 창조상품의 가치에 거래의 수를 곱한 것으로 볼 수 있다고 하면서 다음과 같은 공식을 제안하였다.

$$CE = CP \times T$$

*CE: Creative Economy, CP: Creative Products, T: Transactions

3) 욕망과 창조경제

21세기 창조경제가 우위의 경제 형태가 된 강력한 이유가 있다고 존 호킨스는 설명한다. 그것은 바로 미국의 유명한 심리학자인 매슬로(Abraham Maslow)가 제시한 욕구 5단계 설이다. 우리의 첫 번째 니즈(needs)는 공기, 물, 음식이다. 이런 것이 만족하면 다음 단계는 안전에 대한 욕구이며, 다음은 소속감이라는 사회적 욕구, 사랑받고 싶고 주목받고 싶은 자아적 욕구이며 마지막은 개인적 성장과 지적 탐구 욕구이다. 각 단계가 만족되면 사람들은 다음 단계의 욕구를 자각하고 원하게 된다. 즉 사람들은 물리적 욕구를 만족하게 되면 다음으로 감정적 즐거움과 지적 만족을 추구하게 된다는 것이다.

이를 자세하게 살펴보면 다음과 같다.

에이브러햄 매슬로(Abraham Maslow)는 인간의 본성에 대해 다음 3가지 가정을 세우고 동기부여론(Motivation Theory)을 개발하였다.[2]

인간은 만족할 수 없는 욕구를 갖고 있다. 인간의 행동은 만족하지 못한 욕구를 채우는 것을 목표로 한다. 인간의 욕구는 기본욕구(생리적 욕구, 안전 욕구)에서부터 상위 욕구(소속과 애정의 욕구, 존경 욕구, 자아실현 욕구)까지 5단계로 이루어져 있다. 기본적인 욕구가 채워지면 인간은 상위 욕구를 채우려 한다. 따라서 상위 욕구는 하위 욕구가 충족될 때 동기요인으로서 작용한다.

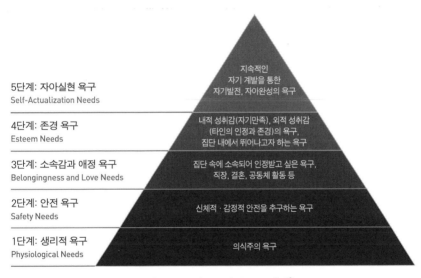

그림 1-1 | 매슬로의 욕구 5단계[3]

---

2 네이버 지식백과 〈http://terms.naver.com/entry.nhn?cid=83&docId=67867&mobil e&categoryId=83〉

3 http://cafe.naver.com/successc/133

결국, 캘리포니아 미래연구소의 폴 새포(Paul Saffo)가 말한 것처럼 소비자 욕구(desires)의 최상위는 엔터테인먼트이다.

4) 창조경제의 범위

존 호킨스는 앞에서 언급한 창조산업의 개념을 토대로 아래와 같은 15 가지 산업으로 창조경제를 범주화하였다.

John Howkins(2001)
• Advertising
• Architecture
• Art
• Crafts
• Design
• Fashion
• Film
• Music
• Performing Arts
• Publishing
• R&D
• Software
• Toy&Games
• TV&Radio
• Video Games

2. UN의 창조산업[4]

창조산업(creative industries)이라는 용어는 1994년 호주의 「창조국가 리포트 (Creative Nation Report)」에서 처음으로 사용하기 시작하였다. 이후 영국에서 창조성과 혁신을 바탕으로 글로벌 경쟁에서 영국 경제를 다시 부흥시키기 위한 노력의 일환으로 노동당 정부였던 1997년 문화미디어체육부(DCMS)에서 창조산업 T/F를 구성, 창조산업에 대해 예술의 범위를 넘어 문화상품으로 범위를 확장하고 최근까지 순수하게 비경제적이었거나 비경제적에 가까웠던 것을 잠재적으로 상업적 활동화하는 것으로 개념화를 추진하였다.

1) UK DCMS Model(2001)

DCMS(2001)는 창조산업을 "창조성, 기술, 재능을 바탕으로 지적재산권 (IP)을 통해 부와 일자리를 창출하는 잠재력을 지닌 산업"으로 정의하고 다음과 같이 12개 산업을 창조산업의 범주로 설정하였다.

DCMS(2001)		
• Advertising	• Architecture	• Art&antique market
• Crafts	• Fashion	• Film&Video
• Music	• Performing arts	• Publishing
• Software	• Television&Radio	• Video&Computer games

---

4 United Nations, 「Creative Economy report 2010」, 2010, pp. 3-10

2) UNCTAD(2004) 모델

2004년에는 UNCTAD(국제연합무역개발협의회)에서 창조산업을 지적재산권 (IP)에 크게 의존하는 경제적 상품에 강한 예술적 요소를 가지고 있는 것으로 "창조성과 지적자본(intellectual capital)을 주요 투입물로 하여 상품과 서비스를 창조, 생산, 유통하는 사이클'을 창조산업의 개념으로 밝히며, 창조산업은 상위 개념인 전통문화(performing art, visual art 등)와 하위 개념인 마켓에 가까운 것(advertising, publishing, media 관련 등)으로 구성되어 있으며, 크게 문화유산, 예술, 미디어, 기능적 창조물이라는 4개의 분야로 구분하였다.

UNCTAD(2004)	
• Heritage	− Traditional cultural expressions: art crafts, festivals, celebrations − Cultural sites: archaeological site, museums, libraries, exhibitions
• Arts	− visual art: painting, sculpture, photography, antiques − performing art: live music, theatre, dance, opera, circus, puppetry
• Media	− Publishing & printed media: books, press − Audiovisual: film. television, radio, other broadcasting
• Functional creation	− Design: interior, graphic, fashion, jewellery, toys − New media: software, video games, digital creative content − Creative service: architectural, advertising, creative R&D

UNCTAD에서는 창조경제가 예술, 문화, 기술, 거래 등 지적자본을 핵심요소로 사회통합, 문화 다양성, 인간개발을 촉진하는 동시에 경제성장, 일자리 창출, 수출증대에 기여하며, 창조경제의 핵심은 창조산업이고, 기술,

지적재산, 관광과 상호작용을 한다고 설명하고 있다.

이들을 종합해서 비교하면 다음과 같다.

John Howkins (2001)	DCMS(2001)	UNCTAD(2004)

• Advertising
• Architecture
• Art
• Crafts
• Design
• Fashion
• Film
• Music
• Performing Arts
• Publishing
• R&D
• Software
• Toy&Games
• TV&Radio
• Video Games
	• Advertising
	• Architecture
	• Art&antique market
	• Crafts
	• Fashion
	• Film&Video
	• Music
	• Performing arts
	• Publishing
	• Software
	• Television&Radio
	• Video&Computer games
		• Heritage
		  – Traditional cultural expressions: art crafts, festivals, celebrations
		  – Cultural sites: archaeological site, museums, libraries, exhibitions
		
		• Arts
		  – visual art: painting, sculpture, photography, antiques
		  – performing art: live music, theatre, dance, opera, circus, puppetry
		
		• Media
		  – Publishing & printed media: books, press
		  – Audiovisual: film. television, radio, other broadcasting
		
		• Functional creation
		  – Design: interior, graphic, fashion, jewellery, toys
		  – New media: software, video games, digital creative content
		  – Creative service: architectural, advertising, creative R&D

이 외에도 창조산업에 대한 접근은 Concentric Circles Model, Symbolic Texts Model, WIPO Copyright Model 등이 있다. 이를 세부적으로 살펴보면 다음과 같다.

3) Concentric Circles Model

먼저 Concentric Circles Model(David Throsby, 2001)은 유럽위원회(KEA European Affairs, 2006)에서 창조산업의 분류기준으로 사용하고 있는 것으로 핵심에 창조적 아이디어를 바탕으로 사운드, 텍스트, 이미지를 통해 창조적 아이디어가 확산되는 모습으로 창조산업을 정의하였고, 창조산업을 core creative arts, other core cultural industries, wider cultural industries, related industries로 구분하였다.

Concentric Circles Model(2001)	
• Core creative arts	– Literature – Music – Performing arts – Visual arts
• Other core cultural industries	– Film – Museums & libraries
• Wider cultural industries	– Heritage services – Publishing – Sound recording – Television & radio – Video & computer game
• Related industries	– Advertising – Architecture – Design – Fashion

4) Symbolic Texts Model

Symbolic Texts Model(Hesmondhalgh, 2002)은 유럽지역, 특히 영국에서 비평적 문화연구 관점에서 문화산업을 접근한 것으로, 창조산업을 symbolic texts와 message가 영화, 방송, 출판 등의 다양한 미디어를 통해서 산업적으로 생산, 전파, 소비됨에 따라 문화가 형성되고 전파되는 과정에 주목한 것으로 창조산업을 크게 core cultural industries, peripheral cultural industries, borderline cultural industries로 구분하였다.

Symbolic Texts Model(2002)	
• Core cultural industries	– Advertising – Film – Internet – Music – Publish – Television&radio – Video&computer games
• Peripheral Cultural industries	– Creative arts
• Borderline cultural industries	– Consumer electronics – Fashion – Software – Sport

5) WIPO Copyright Model

마지막으로 WIPO(World Intellectual Property Organization, 2003) Copyright Model은 창조산업을 "저작권과 관련한 창조, 제조, 생산, 방송, 유통 등과 직·

간접적으로 관련된 산업"으로 정의하며, 창조산업은 기본적으로 저작권에 창조성이 담겨 있는 것으로 생각하고, 저작권을 직접 생산하는 부분과 이를 고객에게 전달하는 부분으로 나누어 core copyright industries, independent copyright industries, partial copyright industries로 구분하였다.

WIPO Copyright Model(2003)	
• Core copyright industries	– Advertising – Collecting societies – Film & video – Music – Performing arts – Publishing – Software – Television & radio – Visual and graphic arts
• Interdependent copyright industries	– Blank recording material – Consumer electronics – Musical instruments – Paper – Photocopiers, – Photographic equipment
• Partial copyright industries	– Architecture – Clothing, footwear – Design – Fashion – Household goods – Toys

이를 종합해서 비교하면 다음과 같다.

Concentric Circles Model(2001)	Symbolic Texts Model(2002)	WIPO Copyright Model(2003)
• Core creative arts 　– Literature 　– Music 　– Performing arts 　– Visual arts • Other core cultural industries 　– Film 　– Museums & libraries • Wider cultural industries 　– Heritage services 　– Publishing 　– Sound recording 　– Television & radio 　– Video & computer game • Related industries 　– Advertising 　– Architecture 　– Design 　– Fashion	• Core cultural industries 　– Advertising 　– Film 　– Internet 　– Music 　– Publish 　– Television&radio 　– Video&computer games • Peripheral Cultural industries 　– Creative arts • Borderline cultural industries 　– Consumer electronics 　– Fashion 　– Software 　– Sport	• Core copyright industries 　– Advertising 　– Collecting societies 　– Film & video 　– Music 　– Performing arts 　– Publishing 　– Software 　– Television & radio 　– Visual and graphic arts • Interdependent copyright industries 　– Blank recording material 　– Consumer electronics 　– Musical instruments 　– Paper 　– Photocopiers, 　– Photographic equipment • Partial copyright industries 　– Architecture 　– Clothing, footwear 　– Design 　– Fashion 　– Household goods 　– Toys

　한편, UN의 「Creative Report 2010」에서는 창조성은 크게 예술적 창조성, 과학적 창조성, 경제적 창조성로 구분하였다. 예술적 창조성은 상상력과 독창적 아이디어를 생산하는 능력이 핵심으로 세상을 텍스트, 사운드, 이미지로 해석하는 독특한 능력을 말하며, 과학적 창조성은 호기심이 중요하며 문제 해결을 위해 기꺼이 실험하고 새로운 연결고리를 만드는 것을 말하고, 경제적 창조성은 기술, 비즈니스, 마케팅 측면에서 혁신을 이

끄는 역동적인 과정으로 경제적 측면에서의 경쟁우위 확보와 밀접한 연계성이 있으며, 이들 세 창조성에 공통적으로 관련이 있는 것은 바로 기술적 창조성이라고 설명하고 있다.

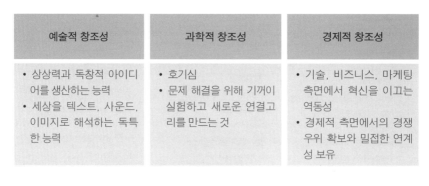

예술적 창조성	과학적 창조성	경제적 창조성
• 상상력과 독창적 아이디어를 생산하는 능력 • 세상을 텍스트, 사운드, 이미지로 해석하는 독특한 능력	• 호기심 • 문제 해결을 위해 기꺼이 실험하고 새로운 연결고리를 만드는 것	• 기술, 비즈니스, 마케팅 측면에서 혁신을 이끄는 역동성 • 경제적 측면에서의 경쟁우위 확보와 밀접한 연계성 보유

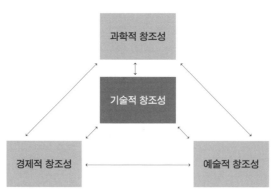

그림 1-2 | Creativity in Today's Economy

출처: KEA European Affairs(2006)

여기에서 창조성이란 아이디어를 내고, 연결하고, 변형하는 과정을 통해 가치를 창출하는 것으로 결국 새로운 아이디어를 만들어내기 위해 아이디어를 사용하는 것이라고 설명하고 있다.

제2장

창조산업과 콘텐츠산업

1. 우리나라 콘텐츠산업의 정의와 범위

앞장에서 살펴본 UN의 보고서(Creative Economy Report 2010)에서는 창조산업의 개념을 문화산업의 개념과 유사한 것이라고 설명하면서 "문화상품의 개념은 인간의 창조성이 필요하며, 단순한 실용과 소통 이상의 상징적 메시지를 전달하는 것으로 상품이나 서비스를 생산하는 개인이나 그룹에게 도움이 되는 최소한의 잠재적 지적재산권을 포함하고 있는 것"이라고 설명하고 있다. 또한 이 보고서에서는 "문화상품은 상업적 가치에 문화적 가치가 더해진 상품이나 서비스로, 순수한 경제적 가치를 보완 또는 초월하는 사회 문화적 가치를 지니며, 심미적 사고와 문화정체성 확립에 공헌하는 상품이나 문화적 가치는 화폐가치로 완벽하게 측정할 수 없다."고 문화산업에 대한 개념을 설명해주고 있다.

우리나라에서는 현재 UN 또는 영국에서 정의하고 있는 창조산업에 해당하는 용어와 분류는 사용하고 있지 않다. 다만 앞에서도 언급한 바와 같이 UN의 보고서에서 창조산업의 개념을 문화산업의 개념과 유사한 것으로 보고 있어 창조산업과 가장 관련성이 큰 우리나라 산업은 문화산업이라고 할 수 있다. 그러나 우리나라는 '문화산업'이라는 용어보다는 '문화콘텐츠산업'을, '문화콘텐츠산업'보다는 '콘텐츠산업'이라는 용어를 더 많이 사용하고 있는데, 이에 대해 김진규(2013)[1]는 다음과 같이 설명하고 있다.

'문화산업'이라는 용어는 1999년 제정된 〈문화산업진흥기본법〉에

---

1   김진규, 『비즈니스 모델에 기반 한 콘텐츠산업 진흥방안 연구』, 박사학위 논문, 2013. 2, 24-25쪽.

서 공식화하였을 뿐 아니라, 당시 주무 부처인 문화체육관광부에서 문화산업을 담당하는 부서명이 '문화산업국'이었다. 이에 따라 정부에서는 '문화산업'이라는 용어를 많이 사용하게 되었다. 또한 2001년에 설립된 진흥 기관의 이름은 '한국문화콘텐츠진흥원'이었다. 이처럼 기관의 이름에 '문화콘텐츠'라는 용어를 넣으면서 '문화산업'이 아니라 '문화콘텐츠'라는 용어를 대내외적으로 공식화하여 많이 사용하면서 언론 및 산업계는 물론 학계에서도 '문화콘텐츠'라는 용어를 많이 사용하게 되었다.

또한 당시 정보통신 분야의 주무 부처였던 정보통신부에서는 '디지털콘텐츠' 또는 앞에 정보통신망을 이용한다는 의미에서 '온라인'을 덧붙여 '온라인디지털콘텐츠'라는 용어를 많이 사용하였다. 이렇게 부처 또는 기관마다 다른 용어를 사용하면서 콘텐츠에 관한 다양한 용어가 사용되게 되었다.

한편, 2009년 5월에는 한국문화콘텐츠진흥원과 관련 산업 진흥 기관이 통합되면서 진흥 기관의 명칭을 '한국콘텐츠진흥원'으로 변경하였다. 이후 '문화산업', '문화콘텐츠', '디지털콘텐츠'라는 용어보다는 '콘텐츠' 또는 '콘텐츠산업'이라는 용어를 더욱 많이 사용하게 되었다.

그렇다면 우리나라에서 말하는 '문화산업', '문화콘텐츠산업', '콘텐츠산업'의 정의는 어떻게 되는 것일까? 먼저 문화산업과 문화콘텐츠산업에 대한 정의는 1999년에 제정된 〈문화산업진흥기본법〉에 잘 나타나 있다. 〈문화산업진흥기본법〉 제2조 정의에 나타나 있는 내용을 살펴보면 다음과 같다.

1. "문화산업"이란 문화상품의 기획 · 개발 · 제작 · 생산 · 유통 · 소비 등과 이에 관련된 서비스를 하는 산업을 말하며, 다음 각 목의 어느 하나에 해당하는 것을 포함한다.

   • 영화 · 비디오물과 관련된 산업

   • 음악 · 게임과 관련된 산업

   • 출판 · 인쇄 · 정기간행물과 관련된 산업

   • 방송영상물과 관련된 산업

   • 문화재와 관련된 산업

   • 만화 · 캐릭터 · 애니메이션 · 에듀테인먼트 · 모바일문화콘텐츠 · 디자인(산업디자인은 제외한다) · 광고 · 공연 · 미술품 · 공예품과 관련된 산업

   • 디지털문화콘텐츠, 사용자제작문화콘텐츠 및 멀티미디어문화콘텐츠의 수집 · 가공 · 개발 · 제작 · 생산 · 저장 · 검색 · 유통 등과 이에 관련된 서비스를 하는 산업

   • 그 밖에 전통의상 · 식품 등 전통문화 자원을 활용하는 산업으로서 대통령령으로 정하는 산업

2. "문화상품"이란 예술성 · 창의성 · 오락성 · 여가성 · 대중성(이하 "문화적 요소"라 한다)이 체화(體化)되어 경제적 부가가치를 창출하는 유형 · 무형의 재화(문화콘텐츠, 디지털문화콘텐츠 및 멀티미디어문화콘텐츠를 포함한다)와 그 서비스 및 이들의 복합체를 말한다.

3. "콘텐츠"란 부호 · 문자 · 음성 · 음향 및 영상 등의 자료 또는 정보를 말한다.

4. "문화콘텐츠"란 문화적 요소가 체화된 콘텐츠를 말한다.

이처럼 〈문화산업진흥기본법〉에는 '문화산업'에 대한 정의와 범위, 그리고 '문화상품' 및 '콘텐츠', '문화콘텐츠'에 대한 정의를 기술하고 있다. 그러나 〈문화산업진흥기본법〉에서는 '콘텐츠산업'에 대한 정의는 규정하지 않고 있다. 콘텐츠산업에 대한 정의는 2002년에 제정된 〈온라인콘텐츠산업발전법〉을 전면 개정하여 2010년 5월에 새롭게 제정한 〈콘텐츠산업진흥기본법〉 제2조에 다음과 같이 규정하고 있다.

1. "콘텐츠"란 부호·문자·도형·색채·음성·음향·이미지 및 영상 등(이들의 복합체를 포함한다)의 자료 또는 정보를 말한다.
2. "콘텐츠산업"이란 경제적 부가가치를 창출하는 콘텐츠 또는 이를 제공하는 서비스(이들의 복합체를 포함한다)의 제작·유통·이용 등과 관련한 산업을 말한다.

〈문화산업진흥기본법〉에는 문화산업의 정의와 함께 그 범위도 제시하고 있는 반면, 〈콘텐츠산업진흥기본법〉에서는 '콘텐츠'에 대한 새로운 정의와 함께 '콘텐츠산업'의 정의를 규정하고 있으나, 콘텐츠산업의 범위에 대해서는 아무런 규정을 하지 않고 있다. 그렇다면 콘텐츠산업의 범위는 어떻게 설정하여야 하는 것일까?

정부 차원에서 콘텐츠산업의 범위를 제시하고 있는 것은 콘텐츠산업 진흥 전담 부처인 문화체육관광부와 콘텐츠산업 진흥 기관인 콘텐츠진흥원에서 매년 발간하고 있는 『콘텐츠산업통계』이다. 문화체육관광부와 콘텐츠진흥원에서는 콘텐츠산업에 대한 범위를 설정하고 이 범위를 토대로 매년 콘텐츠산업의 매출액, 수출액, 종사자 수, 기업체 수 등을 공식적으로 발표하고 있다. 따라서 법적 규정은 아니더라도 정부에서 발간하는 공식

자료로서 『콘텐츠산업통계』에서 제시하고 있는 콘텐츠산업 범위는 우리 나라의 공식 자료라고 할 수 있다.

『2012년 콘텐츠산업통계』에서 제시하고 있는 콘텐츠산업의 범위는 다음과 같다.

2012년 콘텐츠산업 범위
• 출판산업 • 만화산업 • 음악산업 • 게임산업 • 영화산업 • 애니메이션산업 • 방송산업 • 광고산업 • 캐릭터산업 • 지식정보산업 • 콘텐츠솔루션산업 • 공연예술산업

2. 창조경제, 창조산업과 콘텐츠산업

앞장에서 살펴본 창조경제, 창조산업의 범위와 우리나라 콘텐츠산업의 범위를 비교해보면 다음과 같이 차이가 있음을 알 수 있다. 그러나 존 호킨스의 창조경제, 그리고 영국 DCMS의 창조경제와 우리나라 콘텐츠산업의 범위를 세부적으로 살펴보면, 창조경제와 창조산업의 대부분은 콘텐츠산업이 차지하고 있음을 알 수 있다. 이 콘텐츠산업 외에는 건축, 디자인, R&D, 소프트웨어, 예술, 공예 등을 포함하고 있다.

John Howkins (2001)	DCMS (2001)	UNCTAD(2004)	문화체육관광부 (2012)

• Advertising
• Architecture
• Art
• Crafts
• Design
• Fashion
• Film
• Music
• Performing
• Arts
• Publishing
• R&D
• Software
• Toy&Games
• TV&Radio
• Video Games
	• Advertising
	• Architecture
	• Art & antique market
	• Crafts
	• Fashion
	• Film & Video
	• Music
	• Performing arts
	• Publishing
	• Software
	• Television & Radio
	• Video & Computer games
		• Heritage
		  – Traditional cultural expressions: art crafts, festivals, celebrations
		  – Cultural sites: archaeological site, museums, ibraries, exhibitions
		• Arts
		  – visual art: painting, sculpture, photography, antiques
		  – performing art: live music, theatre, dance, opera, circus, puppetry
		• Media
		  – Publishing & printed media: books, press
		  – Audiovisual: film. television, radio, other broadcasting
		• Functional creation
		  – Design: interior, graphic, fashion, jewellery, toys
			• 출판산업
			• 만화산업
			• 음악산업
			• 게임산업
			• 영화산업
			• 애니메이션산업
			• 방송산업
			• 광고산업
			• 캐릭터산업
			• 지식정보산업
			• 콘텐츠솔루션산업
			• 공연예술산업

(계속)

John Howkins (2001)	DCMS (2001)	UNCTAD(2004)	문화체육관광부 (2012)
		− New media: software, video games, digital creative content − Creative service: architectural, advertising, creative R&D	

한편, 2013년 새로운 정부가 출범하면서 '창조경제'가 화두가 되고 있다. 그렇다면 새 정부가 제시한 창조경제의 개념은 무엇일까? 대통령취임사에서 설명한 창조경제의 개념은 다음과 같다.

> "창조경제는 과학기술과 산업이 융합하고, 문화와 산업이 융합하고, 산업 간의 벽을 허문 경계선에 창조의 꽃을 피우는 것입니다. 기존 시장을 단순히 확대하는 방식에서 벗어나 융합의 터전 위에 새로운 시장, 새로운 일자리를 만드는 것입니다. 창조경제의 중심에는 제가 핵심적인 가치를 두고 있는 과학기술과 IT산업이 있습니다."

새 정부에서는 앞장의 영국이나 UN처럼 창조경제 또는 창조산업의 범위를 명확하게 제시하지는 않았다. 그러나 새 정부에서 제시한 창조경제의 개념에는 3가지 축이 있다고 해석된다. 그것은 바로 과학기술과 IT산업 그리고 문화이다. 새 정부에서는 이들 3가지 핵심요소가 기존의 산업과 융합하면서 새로운 시장, 새로운 일자리를 만들어내는 것으로 창조경제의 개념을 설명하고 있는 것이다. 이를 다음과 같이 그림으로 표현해보았다. 이 그림은 과학과 ICT 그리고 문화를 핵심 축으로 하여 상호 연계, 기존 산업과 융합하는 것을 나타낸다.

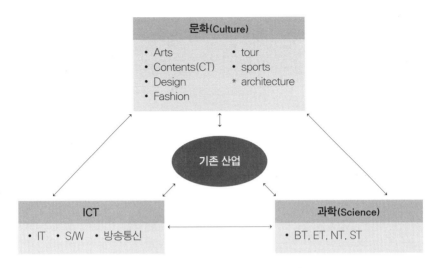

그림 2-1 | 창조경제(CIS 융합모델)

　그림에서 문화에는 영국과 UN에서 제시한 창조경제 또는 창조산업의 범위에서 문화와 관련이 있는 부문을 정리한 것 외에 관광과 스포츠를 추가하였고 건축은 논란의 여지가 있어 별도로 표기하였다. ICT 부문은 취임사에서는 IT라고 표현하였으나 신문 등 언론의 발표를 토대로 IT보다는 ICT(Information & Communication Technology)라고 표현하는 것이 적정할 것으로 판단하여 ICT로 표현하였다. 또한 과학 분야는 과거 정부에서 발표한 6T 중에서 문화의 CT(Cultural Technology)와 ICT의 IT(Information Technology)를 제외한 BT(Bio Technology), ET(Environment Technology), NT(Nano Technology), ST(Space Technology)를 표기하였다. 그리고 문화(Culture)와 ICT, 과학(Science)의 앞 글자를 따서 CIS 융합이라고 명명하였다.

　지금까지 설명한 창조경제의 개념을 간략화해보면 "상상력과 창의력을 바탕으로 창조적인 상품과 서비스를 개발(상품화, 창업, 융합)하여 새로운 부

(富)와 일자리를 창출, 국민을 행복하게 하는 경제"라고 할 수 있을 것이다. 그렇다면 창조경제의 핵심 축은 무엇일까? 창조경제의 핵심 축은 바로 문화(Culture)와 기술(Technology), 즉 C·T이다. 여기서 문화는 5천년 유·무형의 문화유산과 문화예술, 콘텐츠산업을 포괄하는 것이며, 기술은 ICT(정보통신기술)와 과학기술이 핵심이다. 따라서 창조경제란 "문화(C)와 기술(T)을 근간으로 기존 산업과의 융합을 통해 창조적인 상품과 서비스를 개발하여 부(富)와 일자리를 창출하고, 이를 통해 행복한 대한민국을 만들어가는 것 "이라고 할 수 있다. 그렇다면 창조경제를 위해 가장 중요한 정책은 무엇일까? 그것은 바로 문화(C)와 기술(T)을 세계적 수준으로 육성시키는 일이다. 왜냐하면 이 두 가지가 창조경제의 핵심 축이기 때문이다. 그리고 발전된 문화와 기술을 토대로 문화와 과학기술, 문화와 산업, 산업과 산업의 융합을 통해 세상을 깜짝 놀라게 하는 창조상품과 서비스가 개발될 수 있도록 제반 환경을 구축해주는 것이다. 그렇다면 '창조경제'에서 핵심이 되는 산업을 하나 고르라면 무엇을 선택해야 할까? 그것은 바로 5천 년 유·무형의 문화자산을 바탕으로 상상력과 첨단 과학기술의 융합을 통해 대한민국의 국가 브랜드를 제고할 뿐 아니라 부가가치와 일자리도 창출하는 '콘텐츠산업'이다. 사실 'Creative Economy'라는 용어를 처음 사용한 영국의 전략가 존 호킨스(John Howkins)도 그렇고 『Creative Economy Report 2010』을 작성했던 UN에서도 문화예술과 함께 콘텐츠산업을 창조경제의 가장 핵심적인 산업으로 제시하고 있으며, '디지털과 인터넷'으로 대변되는 ICT(정보통신)산업은 인프라로서의 의미와 역할을 강조하고 있다. 그럼에도 우리는 최근 창조경제에 대한 논의에서 ICT 부분만 지나치게 강조하고 있다. 그러나 달리 생각하면 문화예술과 콘텐츠산업의 중요성을 강조하기 위해 문화와 기술을 핵심 축으로 하는 '창조경제'와는 별도로 '문화융성'이

라는 국정기조를 발표한 것으로 보여진다. 그렇다면 '문화융성'의 측면에서도, '창조경제' 측면에서도 콘텐츠산업은 과학기술과 함께 창조경제의 핵심 전략산업으로서 육성정책에 최우선 순위를 두어야 한다.

3. 해외의 콘텐츠산업

해외의 현황을 살펴보면 나라마다 '문화산업' 또는 '콘텐츠산업'과 관련한 명칭이나 범위가 각각 다르다. 영국, 홍콩, 호주, 싱가포르, 네덜란드의 경우에는 '창조산업(Creative Industries)'이라고 부르고 있으며 여기에는 출판, 음악, 미술, 골동품, 공예품, 영화/비디오, 라디오/텔레비전, 공연(댄스/연극/서커스/라이브/축제), 광고, 소프트웨어, 컴퓨터서비스, 디자인, 패션, 건축 등을 포함시키고 있다. 미국은 '저작권산업(Copyright Industries)'이라고 하며 인쇄/출판, 공연, 라디오/텔레비전, 사진, 소프트웨어, 시각/그래픽아트, 광고, 레코드 등을 그 범위로 하고 있다. 프랑스, 캐나다, 독일, 이탈리아의 경우에는 '문화산업(Cultural Industries)'이라고 하며 출판(책/신문/잡지 등), 음반, 시청각 활동(영화/라디오/텔레비전/전시), 기타(멀티미디어/광고) 등을 포함하고 있고, 중국의 경우에는 '문화창의산업(Cultural and Creative Industries)'이라고 하며 신문, 도서물, 음반제품, 전자출판, TV, 영화, 예술 공연, 문화 공연관, 박물관, 도서관, 문화연구, 인터넷, 여행사서비스, 실내오락, 유원지, PC방, 경매, 광고에 이르기까지 그 범위를 광범위하게 정하고 있다. 일본의 경우에는 '콘텐츠산업(Content Industries)'이라고 부르며 영화, 음악, 애니메이션, 컴퓨터게임, 연극, 문예, 사진 등을 범위로 하고 있다.[2]

---

2 문화체육관광부, 『OECD 주요국가의 콘텐츠산업 및 정책 현황 비교』, 문화체육관광부, 2010, 5-6쪽.

표 2-1 | 주요 국가들의 콘텐츠산업 관련 명칭과 범위

명칭	국가	범위
● 창조산업	영국, 홍콩, 싱가포르, 호주, 네덜란드	출판, 음악, 미술, 골동품, 공예품, 영화/비디오, 라디오/텔레비전, 공연(댄스/연극/서커스/라이브/축제), 광고, 소프트웨어, 컴퓨터서비스, 디자인, 패션, 건축
저작권산업	미국	인쇄/출판, 음악, 공연, 라디오/텔레비전, 사진, 소프트웨어/DB, 시각/그래픽아트, 광고, 레코드(테이프), 저작권 신탁 관리업
문화산업	프랑스, 캐나다, 독일, 이탈리아	출판(책/신문/잡지 등), 음반, 시청각 활동(영화/라디오/텔레비전/전시), 기타(출판대행/멀티미디어/광고) 등
문화창의산업	중국	신문, 도서물, 음반제품, 전자출판물, TV, 영화, 예술공연, 문화공연관, 문화홍보, 박물관, 도서관, 군중문화서비스, 문화연구, 인터넷, 여행사서비스, 경치유람서비스, 실내오락, 유원지, PC방, 문화중개대리, 문화상품 경매와 대여, 광고 등
콘텐츠산업	일본	영화, 음악, 만화, 애니메이션, 연극, 문예, 사진 등

출처 : 문화체육관광부, 『OECD 주요국가의 콘텐츠산업 및 정책 현황 비교』, 문화체육관광부, 2010, 5-6쪽

한편, UNESCO(2007)는 문화산업에 대해 다음과 같이 언급하고 있다.

문화산업은 문화적 자산의 개발을 통해 부와 수익을 창출하는 유·무형의 예술적이고 창의적인 결과물과 지식 기반의 상품과 서비스를 말하며, 문화산업은 공통적으로 사회적이고 문화적인 상품과 서비스를 생산하는 데 있어서 창의성과 문화적인 지식, 지적 재산을 사용하는 것이다. 또한 '문화산업'이라는 용어는 '창조산업'과 거의 같은 개념으로 사용되고 있으나, '문화산업'은 문화유산과 전통적이고 예술적인 창

의성을 강조하고 있는 반면, '창조산업'은 개개인의 창의적 재능과 혁신성, 그리고 지적재산의 개발을 강조하는 경향이 있다. 또한 문화산업의 개념은 과학적이고 기술적인 혁신, 소프트웨어와 데이터베이스의 개발, 통신서비스, 하드웨어와 전자 기기의 생산 등과 연관성이 큰 정보화 경제의 개념과 지적재산 기반의 분류와는 다르다. 창조산업 또는 저작권산업이라고 불리는 문화산업은 음악, 영화, 출판에서 멀티미디어산업에 이르기까지 광범위한 범위의 경제적 활동을 포함하고 있다.[3]

이처럼 유네스코는 유사하게 사용하고 있는 '문화산업'과 '창조산업'에 대한 개념과 범위 등에 대해 명확한 견해를 밝히고 있다. 한편 영국에서는 '문화산업'이라는 용어를 사용하게 된 배경과 정의를 다음과 같이 설명하고 있다.

영국에서 문화산업이라는 용어는 1980년대 영국의회에서 "문화산업은 공공자금 시스템의 범위 밖에 있는 문화적 활동이 상업적으로 운용될 때 부와 고용을 창출한다는 것과 TV, 라디오, 영화, 음악, 책, 광고, 공연 등 광범위한 모든 문화상품과 서비스는 공공자금 시스템에 전혀 포함되지 않고 있다."는 것을 강조하기 위하여 수사적 또는 격론의 장에서 처음으로 광범위하게 사용하였다. 영국의회의 문화 전략은 문화적 생산물의 홍보와 일반화, 유통뿐 아니라 문화 활동자금의 대중화를 우려하는 연장선에서의 경제 또는 대안적인 경제와 관련이 있다. 문화산업의 정의는 문화적 가치로부터 만들어진 주된 경제적 가치를 지닌

---

3 UNESCO, *Statistics on Cultural Industries*, 2007, p. 11.

상징적 상품들의 주요 거래와 관련한 모든 활동을 나타내며 그 정의에는 '고전적 문화산업', 즉 방송미디어, 영화, 출판, 음반, 디자인, 건축, 뉴미디어와 예술로서 공적자금 대상이었던 '전통예술'인 비주얼 아트, 공예, 연극, 음악극, 콘서트, 공연, 문학, 박물관, 미술관 등을 포함한다.[4]

---

4 Dr. Justin O'Conner, *The Definition of 'Cultural Industries*, Manchester, Metropolitan University, 2000, The European Journal of Arts Education, 2(3), pp. 15-27.

4. 콘텐츠산업에 대한 다른 시각

콘텐츠산업의 개념과 분류는 다르게 접근할 수도 있다. 예를 들면 콘텐츠란 "스토리를 근간으로 재미와 감동을 주는 것"으로 정의할 수 있다. 이러한 정의와 함께 콘텐츠를 재미와 감동을 주목적으로 하는 '엔터테인먼트 콘텐츠(Entertainment Contents)'와 데이터 등을 기반으로 정보를 제공해주는 '인포메이션 콘텐츠(Information Contents)', 교육적인 요소를 근간으로 하는 '에듀케이션 콘텐츠(Education Contents)' 그리고 이들 요소들이 전부 결합되어 있는 '하이브리드 콘텐츠(Hybrid Contents)'로 분류할 수 있다.

표 2-2 | 콘텐츠산업의 분류

구분	의미	예시
엔터테인먼트 콘텐츠	스토리를 근간으로 재미와 감동을 주기 위한 콘텐츠	만화, 음악, 게임, 영화, 애니메이션, 출판
인포메이션 콘텐츠	데이터 등을 근간으로 정보를 제공해주는 콘텐츠	날씨, 버스정보, 지역정보
에듀케이션 콘텐츠	교육적 요소를 많이 포함하고 있는 콘텐츠	교육용 콘텐츠
하이브리드 콘텐츠	위 세 가지가 결합되어 있는 것	에듀테인먼트

이렇게 문화산업, 콘텐츠산업에 대한 개념과 범위, 분류 등은 나라에 따라 또는 보는 시각에 따라 각각 다르다.

지금까지 창조경제, 창조산업, 콘텐츠산업에 대한 개념과 범위 등을 살펴보았다. 앞장에서 살펴본 창조경제의 개념을 다시 정리해보면 창조경제란 기존 제조업과는 달리 "작은 상상력과 아이디어가 창조상품이 되고 이 창조상품의 거래를 통해 커다란 가치 또는 부를 창출하고, 이러한 과정들 속에서 일자리가 만들어져 국가 발전에 기여하는 것"이라고 할 수 있다.

그렇다면 창조경제 시대에 가장 중요한 핵심요소는 무엇일까? 다시 말하면 작은 상상력과 아이디어가 창조상품이 되고, 이 창조상품의 거래를 통해 가치 또는 수익을 창출하기 위해 필요한 핵심요소는 무엇일까?

우리는 앞에서 창조경제 또는 창조산업의 많은 부분은 콘텐츠산업이 차지하고 있음을 알 수 있었다. 그렇다면 콘텐츠산업에서 상상력과 아이디어를 통해 창조상품인 콘텐츠를 제작한 창작자들이 콘텐츠의 거래를 통해 수익을 창출하고 있는지를 살펴보고, 만약 수익을 창출하지 못하고 있다면 어떤 요인 때문에 수익을 창출하지 못하고 있는지를 분석해보면 창조경제 또는 창조산업에서 핵심요소가 무엇인지 알 수 있을 것이다.

5. 콘텐츠산업 진흥정책 개요

게임, 음악, 방송(드라마)산업의 산업 진흥정책을 분석하기에 앞서 콘텐츠산업 진흥정책이라는 개념과 지향점 등에 대해 먼저 살펴보고자 한다. '콘텐츠산업 진흥정책'이란 정부에서 "콘텐츠산업을 진흥하기 위하여 정책을 펼친다."는 의미를 축약한 것이다. 이와 관련하여 정부가 생각하는 콘텐츠산업 진흥정책의 기본 철학을 정리해놓은 것이 바로 1999년 제정한 〈문화산업진흥기본법〉이다. 이 〈문화산업진흥기본법〉에는 정책의 지향점, 즉 콘텐츠(문화)산업 진흥정책의 목표는 무엇이고, 어떤 정책적 수단과 방법을 통해 콘텐츠산업을 진흥할 것인지에 대해 종합적으로 정리되어 있다.

〈문화산업진흥기본법〉에 따르면 동 법을 제정한 목적은 "문화산업의 지원 및 육성에 필요한 사항을 정하여 문화산업 발전의 기반을 조성하고 경쟁력을 강화함으로써 국민의 문화적 삶의 질 향상과 국민경제의 발전에 이바지하기 위함"이라고 명시되어 있다. 문화산업을 콘텐츠산업으로 바꾸어 표현하고 이 의미를 다시 살펴보면, 동 법을 제정한 목적은 "콘텐츠산업의 지원과 육성을 통해 콘텐츠산업 발전의 기반을 조성하고, 경쟁력을 강화함으로써 국민의 문화적 삶의 질 향상과 국민경제의 발전에 이바지하고자 한다."는 것이 된다. 여기서 '지원과 육성에 필요한 사항을 정하여놓은 것'이 바로 '산업 진흥을 위한 정부의 정책적 수단과 방법'을 나타낸다. 〈문화산업진흥기본법〉에서 말하고 있는 '콘텐츠산업 발전을 위한 기반 조성과 경쟁력 강화'는 산업 진흥의 1차적인 목표라고 할 수 있으며 2차적이자 최종 목표는 '국민의 문화적 삶의 질 향상과 국민경제의 발전에 이바지하는 것'이라고 할 수 있다. 여기서 중요한 것은 1차적인 목표이다. 왜냐하면 1차적인 목표가 달성되어야 2차적인 목표를 달성할 수 있기 때문이다. 이러한 관점에서 콘텐츠산업 진흥의 1차적인 목표를 다시 살펴보면 '콘텐츠산업의 기반 조성과 경쟁력 강화'가 중요한 것임을 알 수 있다. '콘텐츠산업의 기반을 조성하고 경쟁력을 강화한다는 것을 콘텐츠 기업에 초점을 맞추어보면 결국, '콘텐츠 기업들이 수익을 창출하며 지속 성장할 수 있도록 기반을 조성하고, 경쟁력을 강화시키는 것'이 콘텐츠산업 진흥의 핵심적인 사안임을 알 수 있다.

지금까지 콘텐츠사업 진흥의 목표에 대해 살펴보았다. 그렇다면 왜 정부가 민간의 경제 활동에 관여하려고 하는 것일까? 관여하게 되면 주로 어떤 부분에 관여하게 되는 것일까? 이에 대해 구문모(2000)는 다음과 같이 언급하고 있다.

"정부가 민간의 경제 활동에 관여하게 되는 산업 정책은 대체로 규제, 생산 활동, 기반시설 및 자금지원 등 4가지 영역에서 나타날 수 있다.

첫째, 정부는 경제의 특정 취약 부분의 진흥을 도모하기 위해 규제력을 발휘한다. 이러한 규제는 단순한 민간 시장의 수요·공급 기능으로 달성되기 힘든 부분에서 이루어진다.

둘째, 정부는 기업이 일정한 사업 활동을 할 수 있도록 하거나 특정 산업이 장기적으로 지속 성장하는 데 필수적인 기반 시설을 제공하는 간접 지원 방식을 취할 수 있다.

셋째, 정부는 기업이나 특정 형태의 사업 활동에 자금을 지원하기 위해 민간 자본의 대리 기능을 수행하게 된다. 일반적으로 이러한 정부 개입은 특정 산업 부분에서 금융 자원의 배분 기능을 하는 민간 자본 시장이 비효율적으로 운영되고 있거나, 금융 및 자본시장이 성숙되지 못한 경우에 이루어진다.

넷째, 우리나라의 콘텐츠산업 시장은 선진국들에 비해 매우 협소할 뿐 아니라, 국산 콘텐츠의 창작품이 차지하는 시장점유율은 지극히 낮은 형편이다. 따라서 어느 정도 국내 기업들이 일정 수준의 자생력을 가질 수 있는 시간적 여유를 가질 수 있도록 기반 조성을 위한 지원도 필요하다."[5]

이처럼 정부가 민간의 경제 활동에 관여하게 되는 산업정책은 규제, 생산 활동, 기반 시설 및 자금 지원 등의 영역에서 나타날 수 있으며 이 4가지 영역을 크게 규제와 진흥으로 구분할 수 있다. 즉, 앞에서 언급한 바와 같이 단순한 민간 시장의 수요·공급 기능으로 달성되기 힘든 부분에서 법적·제도적인 수단을 활용하여 일정 부분에 규제하게 된다. 정부로부터 등급 심사나 허가를 받아야 한다든지 하는 것이 그 예라고 할 수 있다. 다음은 진흥으로 앞에서 제시한 네 가지 중 규제를 제외한 생산 활동, 기반 시설, 자금 지원이 여기에 해당된다고 할 수 있으며 〈문화산업진흥기본법〉에 '진흥'이라는 단어가 포함된 것이 그 예인데 〈문화산업진흥기본법〉은 산업의 '규제'가 아니라 '진흥'을 목적으로 하고 있다는 것을 나타내준다. 결국, 콘텐츠산업의 진흥정책은 규제가 아니라 콘텐츠 기업이 수익을 창출할 수 있도록 기반을 조성하고, 생산 활동 및 자금 지원 등을 통해 기업의 경쟁력을 강화시켜주는 것으로 핵심 키워드는 '수익 창출'이라고 할 수 있다. 따라서 다음 절에서 콘텐츠산업 진흥정책을 비교·분석함에 있어 콘텐츠 기업들의 수익 창출에 초점을 두고 분석을 추진할 것이다.

---

5   구문모 외, 『문화산업의 발전 방안』, 을유문화사, 2000, 114-117쪽 참조.

6. 콘텐츠산업 진흥정책 분석 모델

　산업별 성과의 차이가 산업 진흥정책의 차이와 연관성이 큰 것인지를 알아보기 위해서는 콘텐츠 기업들의 수익 창출을 위한 콘텐츠산업 진흥정책을 동일한 시각 또는 잣대로 바라볼 수 있는 '콘텐츠산업 진흥정책 분석틀'이 필요하다.

　이러한 '콘텐츠산업 진흥정책 분석틀' 구성을 위해 선행 연구를 추진해본 결과, 콘텐츠산업을 바라보는 관점을 정립하고 이를 통해 진흥정책 분석틀을 만들어보려는 시도는 있었으나 '콘텐츠산업 진흥정책 분석틀'로 활용할 만한 결과물은 찾을 수 없었다. 다만, 김형수(2004)의 경우에는 정부의 정책을 특성별 지원인 '산업 내용'과 전략적 지원인 '산업 환경'으로 구분해보는 시도를 하였으며, 김소영(2005)의 경우에는 문화산업 정책에 대해 '프로세스 분석틀'을 활용하려고 하였을 뿐 아니라, 지원 기관의 지원을 '투입 인프라', '생산-유통 프로세스', '환경 인프라', '시장'으로 구분하여 바라보려는 시도를 함으로써 '콘텐츠산업 진흥정책 분석틀'을 구성하는 데 있어 새로운 시각을 제시해주었다. 특히 '생산-유통 프로세스'를 '가치사슬'이라고 언급하지는 않았지만 '가치사슬'이라는 관점으로 콘텐츠 기업의 경영 활동을 바라볼 수 있는 시사점을 제공해주었다. 콘텐츠산업 진흥정책이란 "콘텐츠 기업들이 수익 창출을 잘할 수 있도록 기반을 조성해주고 기업의 경쟁력을 강화시켜주는 것"이라고 하였다. 결국 콘텐츠산업 진흥정책이란 '콘텐츠 기업이 수익 창출을 잘할 수 있도록 기업 경영 활동에 필요한 기반을 조성해주고 경쟁력을 강화시켜주는 것'이라고 할 수 있다. 그렇다면 기업의 경영 활동을 어떤 시각으로 바라볼 것인가 하는 것이 문제인데, 이를 '가치사슬'이라는 관점으로 바라볼 수 있는 단초를 제공해준 것이다. 물론 성영화(2005)[6], 김태현(2006)[7], 박정수(2008)[8] 등과 같이 '가치사슬'을 관점으로 콘텐츠산업을 연구한 사례가 없는 것은 아니다. 그러나 이들의 연구는 정책 분석틀이 아니라 사업자 동향이나 표준화와의 연계성에 주목한 것이었다.

선행 연구로부터 시사점을 얻은 '가치사슬 관점에서 콘텐츠산업 바라보기'를 실행하기 위해 마이클 포터(Michael Porter)가 제시하여 널리 사용되고 있는 가치사슬(Value Chain)을 세부적으로 살펴보면 가치사슬이란 "원가의 형태와 현존하거나 잠재적으로 존재하는 차별화의 원천을 이해하기 위하여 도입된 개념으로, 한 기업의 활동을 전략적으로 연관성 있는 몇 개의 활동으로 나눈 것이다."[9] 즉 가치사슬이란 부가가치를 창출하는 일련의 활동을 체계적으로 나타낸 것으로, 마이클 포터가 제시한 가치사슬 개념도는 〈그림 2-2〉와 같다.

---

6 성영화, 「한국 영화의 가치사슬 고도화 및 복합수출 활성화 방안」, 『무역조사보고서』, 2005.

7 김태현, 「디지털콘텐츠 산업의 가치사슬 변화와 사업자 동향」, 『정보통신정책』 제18권 23호, 2006.

8 박정수, 「문화콘텐츠산업의 가치사슬 변화와 표준화 과제」, 『문화산업연구』 제8권 제1호, 2008.

9 마이클 포터(M. Poter) 저, 조동성 역, 『경쟁우위』, 21세기북스, 2008, 73쪽 참조.

그림 2-2 | 마이클 포터의 가치사슬 개념

출처 : 마이클 포터(M. Poter) 저, 조동성 역, 『경쟁우위』, 21세기북스, 2008, 73쪽 참조 재정리

마이클 포터가 제시한 가치사슬의 개념도를 살펴보면 가치사슬은 주 활동(Primary Activities)과 지원 활동(Support Activities)으로 구성되어 있다. 여기서 주 활동이란 '부품 공급', '제품 생산', '판매 물류 및 마케팅'을 거쳐 '고객 서비스'까지의 과정을 나타내며, 지원 활동은 기업의 주 활동을 지원해주는 것으로 '원자재 구매', '기술개발', '인적자원 관리 및 재무', '법무', '품질 관리' 등 회사의 전반적인 인프라를 나타낸다.

마이클 포터가 제시한 가치사슬은 제조업 중심의 사고에서 나온 것이다. 이 제조업 중심의 마이클 포터 가치사슬을 콘텐츠산업에 적용하여 재구성해보면 콘텐츠산업도 마이클 포터가 제시한 주 활동과 지원 활동으로 구분할 수 있다. 그러나 지원 활동보다는 주 활동을 보조해준다는 의미에서 보조 활동으로 표현하는 것이 바람직할 것으로 판단하여 〈그림 2-3〉과 같이 '콘텐츠산업 가치사슬 개념도'를 새롭게 도출하였다.

그림 2-3 | 새로운 콘텐츠산업의 가치사슬 개념도

콘텐츠산업은 제조업과 달리 부품 구매 활동이 없다. 따라서 콘텐츠산업의 가치사슬의 주 활동은 기획-제작-유통-고객서비스가 되며, 보조 활동은 '기술개발'과 '인적자원 관리'가 중요한 요소가 된다.

이와 같은 콘텐츠산업의 가치사슬을 활용하여 콘텐츠산업의 진흥정책을 바라보면 콘텐츠산업의 진흥정책이란 "산업 장르에 관계없이 기획-제작-유통 단계를 거쳐 소비자들에게 상품 또는 서비스를 제공하는 기업경영 활동이 원활하게 이루어져서 콘텐츠 기업이 많은 수익을 창출할 수 있도록 기반을 조성하고, 경쟁력을 강화시켜주는 것"이라고 할 수 있다. 하지만 수익 창출에 있어 가치사슬 내부 요소에만 영향을 받는 것은 아니다. 일반적으로 기업들은 수익 창출 활동을 함에 있어 법·제도 등의 외부 환경에 큰 영향을 받게 된다. 특히 콘텐츠산업은 타 산업과 달리 저작권을 중심으로 비즈니스가 이루어지기 때문에 저작권 보호 등의 외부 요소가 수익 창출에 직접적인 영향을 미치게 된다. 따라서 수익 창출 측면에서 콘텐츠산업을 바라볼 경우 가치사슬과 함께 외부환경 요소를 반드시 고려하여야 한다.

이러한 관점에서 콘텐츠산업 진흥정책이란 기획-제작-유통-서비스의 '주 활동'과 기술개발, 인적자원 관리 등의 '보조 활동'으로 구성된 가치사슬의 경쟁력을 강화시켜주는 것과 강화된 가치사슬 경쟁력을 기반으로 콘텐츠 기업이 많은 수익을 창출할 수 있도록 법 · 제도 · 저작권 등의 외부 환경을 잘 조성해주는 것이라고 할 수 있다. 여기서 외부 환경에는 기업들이 자체적으로 할 수 없는 부분이면서 수익 창출에 직접적인 영향을 주는 요소로 앞에서 언급한 법 · 제도 외에도 금융(자금조달), 인프라(제작 지원 시스템) 등도 중요한 요소라고 할 수 있다. 이를 종합하여 콘텐츠산업 진흥정책 분석틀을 새롭게 도출한 것이 〈그림 2-4〉이다. 결국, 콘텐츠산업 진흥정책은 가치사슬 경쟁력 강화와 외부환경 조성으로 구분하여 바라볼 수 있다.

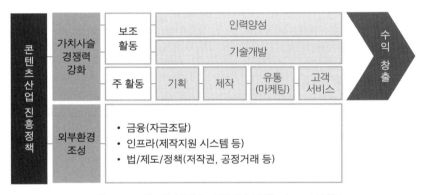

그림 2-4 | 새로운 콘텐츠산업 진흥정책 비교 · 분석틀

다음 장에서는 우리나라 콘텐츠산업을 대표하며 한류의 3대 콘텐츠라고 할 수 있는 게임, 음악, 드라마(방송)콘텐츠를 중심으로 이들 콘텐츠가 지난 10여 년간 어떻게 성장하고 변화하여 왔는지, 또한 상상력과 아이디어로 게임, 음악, 드라마를 제작하고 있는 창작사들은 수익을 창출하고 있는지를 살펴보고자 한다.

제3장

창조경제 시대, 한류의 3대 콘텐츠 분석

게임산업

1. 게임산업의 성장과 변화

우리나라의 경우 1990년대부터 2000년대 초반까지 국내 게임산업은 아케이드(Arcade)게임이 주를 이루고 일부 PC(Personal Computer)게임이 그 뒤를 잇고 있었다. 그러나 1990년대 후반부터 전국적으로 초고속통신망이 구축되면서 초고속 인터넷 가입자가 급증하고 1998년부터 'PC방'이라는 한국만의 독특한 문화가 탄생하면서 온라인게임이 발전할 수 있는 토대가 구축되기 시작하였다. 이러한 인프라의 변화 속에서 1996년 넥슨(Nexon)에서 〈바람의 나라〉라는 국내 최초의 MMORPG(Massive Multi-user Online Role Playing Game)게임을 개발하여 우리나라를 온라인게임의 종주국으로서 위치를 갖게 하였다. 이후 1997년 엔씨소프트(NC Soft)에서 〈리니지(Lineage)〉가 탄생하고, 1998년 미국 블리자드(Blizzard)사의 〈스타크래프트(Starcraft)〉가 국내는 물론 전 세계적으로 폭발적인 인기를 끌면서 온라인게임 시대가 본격 개막되었다. 〈스타크래프트〉의 인기는 국내 PC방이 증가하는 데 결정적인 역할을 하면서 국내 온라인게임의 발전에 기폭제가 되었다. 실제로 1999년 15,150개였던 PC방은 2000년 초반 24,000개까지 증가하였다[1]. 이후 2001년 〈뮤(Mu)〉, 2002년 〈메이플 스토리(Maple Story)〉 등 국내 온라인게임이 지속 등장하면서 우리나라에 온라인게임이 대중화되기 시작하였으며 산업적으로도 주목을 받기 시작하였다. 이렇게 초고속 인터넷 가입자의 증가와 함께 새로운 온라인게임이 지속 등장하면서 게임산업에서 온라인게임이 차지하는 비중이 커지기 시작하여 2002년에는 국내 게임산업 매출액에서 아케이드게임을 제치고 온라인게임이 1위를 차지하였다.[2] 2003년에는 〈한게임〉 등 게임 포털사이트가 성장하면서 게임의 대중화가 이루어지기 시작하였고, PC방에서 게임 사용자가 급증하면서 2003년 전체 게임산업 매출액에서 PC방이 42.9%를 차지하였다.[3] 이처럼 세계 최고 수준의 초고속 통신망 시설을 갖춘 PC방은 우리나라 온라인게임 산업의 발전에 결정적인 역할을 하였다. 2004년에는 난이도가 높은 MMORPG와는 다르게 게임이 단순하여 이용하기 쉬운 〈카트라이더(Cart Rider)〉, 〈팡야〉 캐주얼게임(Casual Game)[4]이 인기를 끌면서 온라인게임 이용자층이 여성 등으로 확대

---

1   KOCCA, 『전국 인터넷 PC방 Report』, 2001년 7월 참조(http://www.kocca.kr/knowledge/internal/insu/1280558_4393.html).

2   『2003 문화산업백서』, 문화관광부, 2003, 392쪽 참조. 2002년 아케이드게임 국내 시장 규모는 3,778억 원으로 11.1%를 차지하였고, 온라인게임은 4,522억 원으로 13.3%를 차지하였다.

3   『2004 문화산업백서』, 문화관광부, 2004, 352쪽 참조. 2003년 국내 게임시장은 3조 9,387억 원이었으며, PC방은 1조 6,912억 원으로 42.9%를 차지하였다.

4   캐주얼게임(Casual game)은 컴퓨터 게임, 특히 온라인게임에서 간단한 조작으로 짧은 시간에 즐길 수 있는 게임의 총칭이다. '캐주얼게임'의 명확한 정의는 없지만, 신속한 플레이가 가능하고, 규칙과 조작 방법 설명을 읽지 않아도 알 수 있을 정도로 간단하고 누구나 비교적 쉽게 즐길 수 있는 게임들을 가리키는 경우가 많다. 장르로는 퍼즐게임, 카드게임, 액션게임, 스포츠게임 등이 포함되는 경우가 많다(http://ko.wikipedia.org/wiki/).

되기 시작하였다. 이처럼 온라인게임은 다양한 게임이 지속 등장하면서 이용자층이 확대되며 국내 매출액은 물론 해외 수출액도 지속 증가하였다.

한편 이용자들이 온라인게임으로 대거 이동하면서 어려움을 겪던 아케이드게임은 2005년부터 본격적으로 주 이용자층을 성인으로 하는 성인용 아케이드게임을 대거 출시하면서 인기를 끌었다. 그러나 2006년 8월 성인용 경품 취급 게임이 법적으로 금지되면서 그동안 성인용 게임의 대표였던 〈바다이야기〉 아케이드게임이 시장에서 퇴출되고 대부분의 아케이드게임장이 폐업하는 상황이 발생하는데 이를 '바다이야기 사태'라고 한다. 이러한 '바다이야기 사태' 이후 성인용 아케이드게임은 사실상 붕괴하게 된다. 2007년에 들어서 아케이드게임의 비중[5]이 급격하게 축소되면서 게임산업은 다시 온라인게임 중심으로 재편된다. 특히 온라인게임은 캐주얼게임, 스포츠게임 등 장르의 다양화와 함께 이용자층이 확대되면서 2008년, 2009년에 들어서도 우리나라 게임산업에서 차지하는 비중이 지속 증가하여 온라인게임이 국내 매출액은 물론 해외 수출에서도 우리나라 게임산업을 이끌어가며 한류의 한 축을 이루고 있다.

앞 절에서 살펴본 바와 같이 게임산업은 2001년까지는 아케이드게임이 게임산업을 이끌어왔으나 초고속 통신망의 구축에 다른 초고속 인터넷 사용자의 증가, PC방이라는 한국의 독특한 문화가 형성되면서 온라인게임이 발전할 수 있는 토대가 마련되었다. 이러한 토대 위에 1996년 넥슨에서 〈바람의 나라〉, 1997년 엔씨소프트에서 〈리니지〉를 출시하면서 서서히 온라인게임으로 게임산업의 중심축이 이동하여 2002년에는 온라인게

---

5   문화관광부, 『2008 문화산업백서』, 2008, 231쪽 참조. 2007년 아케이드게임의 비중은 0.7%이다.

임이 아케이드게임 매출을 뛰어넘으며 우리나라 게임산업의 중심축을 형성하게 되었다.

1) 게임산업 매출액

이러한 게임산업의 성장과 변화를 토대로 게임산업의 성과와 내용을 살펴보면, 아케이드게임이 중심이었던 2000년부터 2002년 게임산업의 매출액은 2000년 2조 9,682억 원, 2001년 3조 516억 원, 2002년 3조 4,712억 원이었다.[6]

표 3-1 | 게임 매출액 증감률 추이

(단위: 억 원)

구분	2000	2001	2002	2003	2004	2005	2006	2007	2008	2009
매출액	29,682	30,516	34,712	39,387	43,156	86,798	74,489	51,436	56,047	65,806

출처: 문화관광부, 『2002년 문화산업백서』, 문화관광부, 2002, 461쪽; 문화관광부, 『2004년 문화산업통계』, 문화관광부, 2004, 186쪽; 문화관광부, 『2007년 문화산업통계』, 문화관광부, 2007, 226쪽; 문화체육관광부, 『2010 콘텐츠산업통계』, 문화체육관광부, 2010, 255쪽

2002년, 2003년부터는 온라인게임이 아케이드게임의 매출액보다 많아지기 시작, 아케이드게임의 매출액 감소를 온라인게임이 충당하며 국내 게임산업의 매출액이 지속 증가하여 2003년 3조 9,387억 원, 2004년에 4조 3,156억 원으로 성장하였다.[7]

---

6   문화관광부, 『2002년 문화산업백서』, 문화관광부, 2002, 461쪽.

7   문화관광부, 『2002년 문화산업백서』, 문화관광부, 2002, 461쪽; 문화관광부, 『2004년 문화산업통계』, 문화관광부, 2004, 186쪽.

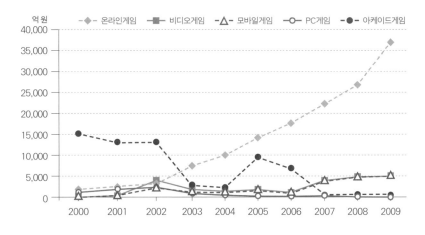

억 원
--◆-- 온라인게임 --■-- 비디오게임 --△-- 모바일게임 --○-- PC게임 --●-- 아케이드게임

그림 3-1 | 2000~2009년 게임 분야별 매출액 변화 추이

출처: 문화관광부, 『2002년 문화산업백서』, 문화관광부, 2002, 461쪽; 문화관광부, 『2004년 문화산업통계』, 문화관광부, 2004, 186쪽; 문화관광부, 『2007년 문화산업통계』, 문화관광부, 2007, 226쪽; 문화체육관광부, 『2010 콘텐츠산업통계』, 문화체육관광부, 2010, 255쪽

　　2005년에는 온라인게임으로 이용자층을 빼앗겼던 아케이드게임 업계에서 〈바다이야기〉로 대변되는 성인용 아케이드게임을 출시하면서 아케이드게임의 매출액이 급증하여 2005년의 게임산업 매출액이 8조 6,798억 원으로 2004년 대비 100% 가까이 증가하였다가 2006년 성인용 경품 취급 아케이드게임이 법적으로 금지되면서 아케이드게임의 매출액이 감소세로 돌아서면서 2006년 게임산업의 매출액은 7조 4,489억 원으로 감소하였다. 2007년에는 아케이드게임이 시장에서 거의 퇴출되면서 아케이드게임의 매출액이 급격하게 축소되어 2007년 게임산업의 매출액은 5조 1,436억 원으로 급감하였다. 그러나 2007년부터 캐주얼게임, 스포츠게임 등 다양한 온라인게임이 지속 출시됨에 따라 이용자층이 확대되면서 아케이드게임에서 온라인게임으로 게임산업의 중심이 다시 재편되기 시작하여 2008년부터 게임산업 매출액이 증가세로 돌아서 2008년은 5조 6,047

억 원, 2009년에는 6조 5,806억 원으로 크게 증가하였다.[8]

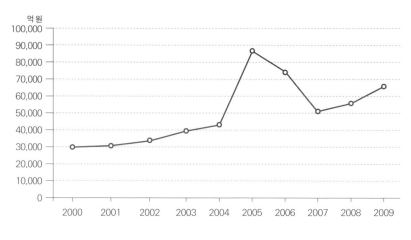

그림 3-2 | 2000~2009년 게임산업 매출액 변화 추이

출처: 문화관광부, 『2002년 문화산업백서』, 문화관광부, 2002, 461쪽; 문화관광부, 『2004년 문화산업통계』, 문화관광부, 2004, 186쪽; 문화관광부, 『2007년 문화산업통계』, 문화관광부, 2007, 226쪽; 문화체육관광부, 『2010 콘텐츠산업통계』, 문화체육관광부, 2010, 255쪽

다음으로 게임산업에서 어떤 게임이 주류를 이루었는지를 알아보기 위해 먼저 게임의 종류를 살펴보면, 크게 온라인게임, 비디오게임, 모바일게임, PC게임, 아케이드게임이라는 5가지로 분류할 수 있다. 최근에는 스마트 시대의 도래에 따라 페이스북(Facebook) 등 소셜 네트워킹(Social Networking) 사이트와 연계된 소셜 네트워크 게임(SNG: Social Network Game), 스마트 기기용 게임이 등장하고 있다. 그러나 정부에서 발간하는 『콘텐츠산업통계』에서는 앞에서 언급한 5가지 게임을 중심으로 게임산업의 통계를 산출하고 있

---

8 문화관광부, 『2007년 문화산업통계』, 문화관광부, 2007, 226쪽 참조; 문화체육관광부, 『2010 콘텐츠산업통계』, 문화체육관광부, 2010, 255쪽 참조.

다. 이 5가지 게임을 기준으로 2000년과 2009년 게임산업의 변화를 살펴
보면 다음과 같다. 2000년 게임 제작 및 배급에서 아케이드게임이 차지하
는 비중은 82.2%인 반면, 온라인게임은 10.3%에 불과하였다. 그러나 온라
인게임 비중은 지속적으로 증가하고 아케이드게임은 급감하여 2009년 아
케이드게임 비중은 1.3%인 데 반해 온라인게임의 비중은 79.4%로 급증하
였다.[9]

표 3-2 | 게임 제작 및 배급 매출액 현황

(단위: 억 원)

구분	2000	구성비(%)	2009	구성비(%)
온라인게임	1,915	10.3	37,087	79.4
비디오게임	125	0.7	5,257	11.3
모바일게임	100	0.5	2,608	5.6
PC게임	1,162	6.3	150	0.3
아케이드게임	15,255	82.2	618	1.3
합계	18,557	100.0	45,720	100.0

출처: 문화관광부, 『2001 문화산업백서』, 문화관광부, 2001, 427쪽; 문화체육관광부, 『2010 콘텐츠산업통계』,
　　　문화체육관광부, 2010, 253쪽

이처럼 2000년에는 아케이드게임이 게임산업을 주도하였으나 2003년
을 기점으로 그 중심축이 온라인게임으로 이동하여 2009년에는 온라인게
임이 전체 게임의 79.4%를 차지할 정도로 확고한 위치를 점하고 있다.

9　문화관광부, 『2001 문화산업백서』, 문화관광부, 2001, 427쪽 참조; 문화체육관광부, 『2010
　　콘텐츠산업통계』, 문화체육관광부, 2010, 253쪽 참조.

2) 게임산업 수출액

다음으로 게임산업의 해외 수출 현황을 살펴보면 2000년 게임산업의 수출액은 1억 150만 달러로 우리나라 콘텐츠산업 전체 수출액에서 38.9%의 비중을 차지하였다. 2000년 초 아케이드게임은 국내 매출액은 물론 해외 수출액에서도 중심축을 형성하고 있었다. 실제 2001년 게임산업 수출액에서 아케이드게임이 차지하는 비중은 80%에 이르렀다. 그러나 2002년이 되면서 국내 매출액도 온라인게임이 아케이드게임의 매출액을 뛰어넘은 것과 같이 온라인게임의 해외 수출도 2002년부터 본격화되기 시작하여 2003년에는 온라인게임 수출액이 2002년 대비 95%로 급증하였다. 이렇게 온라인게임의 해외 수출이 급증하게 된 배경 중 하나는 바로 중화권 시장이다. 2003년 중국은 시장 개방을 통한 경제 성장과 함께 정부의 지속적인 IT투자로 인한 인터넷시장의 급성장으로 우리나라 온라인게임의 초기 해외 시장으로서 큰 역할을 해주었다. 2003년 우리나라 게임 수출의 52.4%는 중국이 차지하였고 대만이 16.6%를 차지하여 중화권이 게임산업 전체 수출의 70%를 차지하였다.[10] 그러나 2004년부터 중국 정부에서 자국 게임산업 보호정책을 펼치기 시작하여 중국으로의 수출이 감소하기 시작하자 업계에서는 일본시장 진출을 본격 추진하였다. 이러한 노력의 결과 2003년 일본지역의 온라인게임 수출 비중은 5.6%에 불과하였으나 2004년 25.7%로 급증하며 게임산업의 해외 수출액은 지속 증가하여 2004년에는 3억 3,769억 달러를 달성하였다. 2005년에는 일본이 우리나라 게임산업 수출의 42.6%를 차지하며 20.8%를 차지한 중국을 제치고

---

10   문화관광부, 『2004 문화산업백서』, 문화관광부, 2004, 358쪽 참조.

1위 수출국이 되면서 중국시장에서의 수출 감소세를 뛰어넘어 2005년에 게임산업 수출액은 5억 6,466만 달러, 2006년 6억 7,199만 달러까지 성장하였고 2007년부터는 캐주얼게임, 스포츠게임 등 다양한 온라인게임이 출시되면서 2007년 7억 8,100만 달러까지 증가하였다. 2005년부터 2007년까지 국내 매출액이 아케이드게임인 '바다이야기'로 인해 크게 부침이 있었던 것에 비해 해외 수출의 경우에는 온라인게임이 중심 역할을 하여 국내 시장과는 달리 부침 없이 지속 성장하였다.[11]

2008년에는 비중이 많이 축소되었으나 중국이 26.7%, 일본이 20.8%를 차지하며 중국이 다시 1위 수출국이 되었으며 미국이 16.9%를 차지하며 새로운 수출국으로 등장하였다. 이에 따라 온라인게임 수출액은 지속 증가하여 해외 수출액이 10억 9,386억 달러로 증가하였으며 2009년에 들어서서도 온라인게임의 해외 수출액은 지속 증가하여 12억 4,085만 달러를 기록하였다.[12] 한편 게임산업 수출에서 온라인게임이 차지하는 비중이 점점 증가하여 전체 게임산업에서 차지하는 비중이 2007년 95.5%, 2008년 97.8%, 2009년 97.6%로 확대되어 온라인게임이 우리나라 게임산업 수출의 대부분을 차지하게 되었다.[13]

---

11 문화관광부, 『2002 문화산업백서』, 문화관광부, 2002, 462쪽 참조; 문화관광부, 『2007 문화산업통계』, 문화관광부, 2007, 228쪽 참조.

12 문화체육관광부, 『2010 콘텐츠산업통계』, 문화체육관광부, 2010, 259쪽 참조.

13 문화체육관광부, 『2009 콘텐츠산업통계』, 문화체육관광부, 2009, 301쪽 참조.

표 3-3 | 연도별 게임산업 수출액

(단위: 만 달러)

구분	2000	2004	2005	2006	2007	2008	2009
수출액	10,150	33,769	56,466	67,199	78,100	109,386	124,085

출처: 문화관광부, 『2002 문화산업백서』, 문화관광부, 2002, 462쪽; 문화관광부, 『2007 문화산업통계』, 문화관광부, 2007, 228쪽; 문화체육관광부, 『2010 콘텐츠산업통계』, 문화체육관광부, 2010, 259쪽

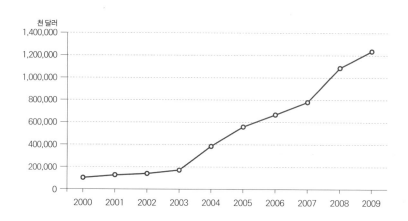

그림 3-3 | 2000~2009년 게임산업 수출액 변화 추이

출처: 문화관광부, 『2002 문화산업백서』, 문화관광부, 2002, 462쪽; 문화관광부, 『2007 문화산업통계』, 문화관광부, 2007, 228쪽; 문화체육관광부, 『2010 콘텐츠산업통계』, 문화체육관광부, 2010, 259쪽

2009년 게임산업의 해외 수출액은 2000년 대비 12.2배 성장하였다. 또한 게임산업의 수출액이 콘텐츠산업 전체에서 차지하는 비중도 앞에서 살펴본 바와 같이 2000년 38.9%에서 2009년 47.6%로 크게 증가하였다. 이처럼 게임산업은 우리나라 콘텐츠산업 총 수출액에서 거의 과반을 차지할 정도로 성장하여 우리나라 콘텐츠산업 수출 전반을 이끌어가고 있다.[14]

---

14 문화관광부, 『2002 문화산업백서』, 문화관광부, 2002, 462쪽 참조; 문화관광부, 『2007 문화산업통계』, 문화관광부, 2007, 228쪽 참조; 문화체육관광부, 『2010 콘텐츠산업통계』, 문화체육관광부, 2010, 259쪽 참조.

3) 게임산업 종사자 수

다음으로 게임산업의 종사자 수를 살펴보면 다음과 같다. 아케이드게임이 중심이었던 2000년 게임산업의 종사자 수는 1만 3,500명이었다. 이후 온라인게임산업의 발전으로 인해 종사자 수는 지속 증가하여 2003년 3만 9,104명, 2004년 4만 7,051명, 2005년에는 6만 명을 넘어서 6만 669명까지 확대되었다. 그러나 2006년 아케이드게임인 '바다 이야기' 사태로 인해 아케이드게임이 사실상 붕괴되면서 종사자 수가 2005년 대비 약 50%로 축소되어 3만 2,714명으로 급감하였다. 이후 온라인게임의 지속 성장으로 인하여 다시 증가세로 돌아서 2007년 3만 6,828명, 2008년 4만 2,730명, 2009년에는 4만 3,365명으로 2000년 대비 3.21배 증가하였다. 게임산업 종사자 수가 콘텐츠산업 전체에서 차지하는 비중은 2000년 2.3%에서 온라인게임의 성장으로 인하여 2009년 8.3%로 7% 증가하였다.[15]

표 3-4 | 연도별 게임산업 종사자 수

(단위: 명)

구분	2000	2003	2004	2005	2006	2007	2008	2009
종사자 수	13,500	39,104	47,051	60,669	32,714	36,828	42,730	43,365

출처: 문화관광부, 『2002 문화산업백서』, 문화관광부, 2002, 463쪽; 문화관광부, 『2004 문화산업백서』, 문화관광부, 2004, 359쪽; 문화관광부, 『2007 문화산업백서』, 문화관광부, 2007, 231쪽; 문화체육관광부, 『2010 콘텐츠산업통계』, 문화체육관광부, 2010, 262쪽

---

15 문화관광부, 『2002 문화산업백서』, 문화관광부, 2002, 463쪽 참조; 문화관광부, 『2004 문화산업백서』, 문화관광부, 2004, 359쪽 참조; 문화관광부, 『2007 문화산업백서』, 문화관광부, 2007, 231쪽 참조; 문화체육관광부, 『2010 콘텐츠산업통계』, 문화체육관광부, 2010, 262쪽 참조.

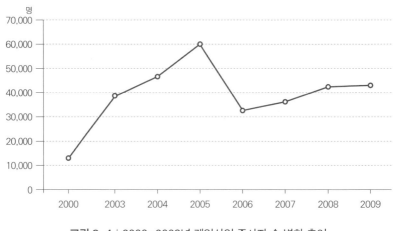

그림 3-4 | 2000~2009년 게임산업 종사자 수 변화 추이

출처: 문화관광부,『2002 문화산업백서』, 문화관광부, 2002, 463쪽; 문화관광부,『2004 문화산업백서』,
문화관광부, 2004, 359쪽; 문화관광부,『2007 문화산업백서』, 문화관광부, 2007, 231쪽;
문화체육관광부,『2010 콘텐츠산업통계』, 문화체육관광부, 2010, 262쪽 참조

4) 게임산업 기업체 수

다음으로 게임산업에 종사하는 기업체 수를 살펴보면 2000년 게임산
업 기업체 수는 총 4만 8,371개였으나 2009년에는 3만 535개로 약 36.8%
감소하였다. 이렇게 게임산업 기업체 수가 감소한 이유는 2006년 '바다이
야기' 사태로 인하여 아케이드게임이 사실상 붕괴되면서 아케이드를 사용
하는 전자게임장 등 유통·소비 기업체 수가 2000년 46,875개에서 2009
년 25,424개로 급감했기 때문이다. 이렇게 아케이드 중심의 유통·소비 기
업체 수가 급감한 반면, 온라인을 중심으로 하는 게임 제작 및 배급 기업체
수는 2000년 1,496개에서 2009년 5,111개로 3.4배 증가하였는데 이는 게
임이 아케이드게임 중심의 유통에서 온라인게임 중심의 제작과 배급으로
기업체 구성이 변화되었기 때문이다. 이러한 변화는 게임 업계가 유통에서

창작자 중심으로 내실 있게 변화해 가며 성장하고 있다는 것을 나타낸다.[16]

표 3-5 | 2000년, 2009년 기업체 수 변화 비교

구분	2000	2009	비고
게임 기업체 수	4만 8,371개	3만 535개	36.8% 감소
유통 소비 기업체 수 (컴퓨터게임방) (전자게임장)	4만 6,875개 (2만 1,460개) (2만 5,415개)	2만 5,424개 (2만 1,547개) (3,224개)	
제작 및 배급업체 수 (게임 제작) (게임 배급)	1,496개 (951개) (545개)	5,111개 (3,666개) (1,445개)	3.4배 증가

출처: 문화관광부, 『2001 문화산업통계』, 문화관광부, 2001, 19-20쪽; 문화체육관광부, 『2010 콘텐츠산업통계』, 문화체육관광부, 2010, 65쪽 재정리

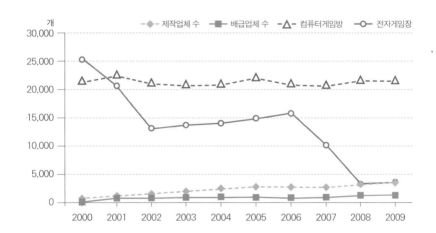

그림 3-5 | 2000~2009년 게임 기업체 수 변화 추이

출처: 문화관광부, 『2001 문화산업통계』, 문화관광부, 2001, 19-20쪽; 문화체육관광부, 『2010 콘텐츠산업통계』, 문화체육관광부, 2010, 65쪽 재정리

---

16 문화관광부, 『2001 문화산업통계』, 문화관광부, 2001, 19-20쪽 참조; 문화체육관광부, 『2010 콘텐츠산업통계』, 문화체육관광부, 2010, 65쪽 참조.

5) 게임산업 상장사 수

다음으로 2010년 3월 기준, 게임산업의 상장 기업체 수[17]를 살펴보면 〈표 3-6〉과 같이 총 20개사였고 상장한 회사들은 모두 게임을 제작하거나 유통하는 게임 전문 회사들이었다.

표 3-6 | 게임 부문 상장사 현황 (2010년 3월 기준)

회사명	시가총액(억 원)	주요 사업
NHN	86,629	온라인게임 포털 '한게임' 운영
엔씨소프트	31,154	온라인게임 개발 및 유통, MMORPG 강점
네오위즈게임즈	7,427	온라인게임 개발 및 유통, 게임포털 '피망'
위메이드엔터테인먼트	3,448	온라인게임 개발, 대표작 '창천온라인'
CJ인터넷	3,203	온라인게임 개발 및 유통, 게임포털 '넷마블'
게임하이	2,272	온라인게임 개발, 대표작 '서든어택'
게임빌	1,814	모바일게임 및 게임 퍼블리싱
웹젠	1,628	온라인게임 개발 및 유통, 대표작 '뮤온라인'
드래곤플라이	1,567	온라인게임 개발사, 위고글로벌 합병 및 우회상장
컴투스	1,427	국내 최대 모바일게임 업체, 대표작 '타이쿤시리즈'
엑토즈소프트	1,198	온라인게임 개발, 대표작 '미르의 전설'
조이맥스	1,210	온라인게임 개발 및 유통, 대표작 '실크로드온라인'
한빛소프트	986	PC게임 유통, 온라인게임 개발 및 유통

---

17 시가총액은 2010년 3월 31일 기준이며, 네오위즈게임 시가총액은 무상증자에 따른 신주상장을 반영하였다(권리락 6월 16일, 신주상장 7월 14일;자료: http://www.krx.co.kr/index. jsp).

(계속)

회사명	시가총액(억 원)	주요 사업
엠게임	949	온라인게임 포털 '엠게임' 운영, 개발 및 유통
와이디온라인	935	온라인게임 개발 및 유통, 대표작 '오디션'
이스트소프트	871	온라인게임 및 소프트웨어 개발, 대표작 '카발온라인'
바른손게임즈	476	온라인게임 및 문화콘텐츠사업
제이씨엔터테인먼트	467	온라인게임 개발 및 유통, 대표작 '프리스타일'
와이앤케이코리아	262	온라인게임 개발 , 대표작 '로한'
소프트맥스	210	게임개발, 온라인 및 콘솔 등 플랫폼 다양화

출처: http://www.krx.co.kr/index.jsp

6) 게임산업 대표기업 수익 창출 현황

게임업계의 상장사 수와는 별도로 게임산업을 대표하는 기업들의 매출액과 당기 순이익을 살펴본 결과, 2010년 게임 기업 매출액은 4,200 ~5,100억 원이었으며 순이익은 191~1,738억 원으로 이익률이 4.4~33.7%에 이르렀다.

표 3-7 | 게임산업 대표 기업 매출액 및 당기 순이익 현황

(단위: 억 원)

구분		2007년		2008년		2009년		2010년	
		매출액	순이익	매출액	순이익	매출액	순이익	매출액	순이익
게임	NC소프트	2,226	450	2,402	273	4,525	1,825	5,147	1,738
	네오위즈	–	–	1,676	215	2,772	452	4,267	191

출처: http://finance.naver.com/를 참조하여 재구성

다음으로 게임 유통은 하지 않고 게임 제작만 하는 게임제작사의 매출액과 당기 순이익을 살펴본 결과, 매출액은 250~1,000억 원이었으며 순이익은 13~83억 원으로 이익률은 0.9~32.2%에 이르렀다.[18]

표 3-8 | 게임제작사 대표 기업 매출액 및 당기 순이익 현황

(단위: 억 원)

구분		2007년		2008년		2009년		2010년	
		매출액	순이익	매출액	순이익	매출액	순이익	매출액	순이익
게임	액토즈소프트	–	–	983	83	1,383	13	1,037	18
	이스트소프트	–	–	254	82	244	58	293	77

출처: http://finance.naver.com/를 참조하여 재구성

---

18 http://finance.naver.com/ 참조.

2. 게임산업 진흥정책 분석

1) 해외 주요국의 게임산업 진흥정책

먼저 미국의 현황을 살펴보면 정부 차원에서 게임을 '산업'을 넘어 '예술'의 한 분야로서 인식하고 진흥정책을 추진하기 시작하였다.

> 미국은 2011년 5월 비디오게임을 국립문화예술진흥기금(NEA: National-al Endowment for the Art) 지원 부문 항목으로 포함시켰다. NEA는 미 연방정부 독립 대행체로, 미국 전역을 대상으로 선발된 예술단체 및 예술인에게 연간 1억 달러 이상의 지원금을 전달하고 있다. 미국에서 예술로서의 게임에 대한 논쟁은 오랜 기간 지속되어 왔지만 게임 분야에 정부 차원의 공식 지원을 결정한 것은 매우 이례적인 일이다. 이것은 미국 사회에서 게임산업이 차지하고 있는 위상을 대변하고 있는 현상이라고 할 수 있으며 최근에는 게임 완성도를 높이기 위해 할리우드 블록버스터 제작 수준의 대규모 자본금과 유명 배우가 투입되고 게임 음악 제작에 오케스트라가 동원되는 등 게임이 영상과 이미지, 음악 그리고 스토리가 함께 조화를 이룬 현대판 종합 예술의 모습을 갖추어가고 있다.[19]

다음으로 중국을 살펴보면 중국 정부에서 게임산업 육성을 취하고 있는 정책 중 가장 핵심적인 것은 바로 '판호'이다. '판호'란 중국 내에서 게임을 서비스해도 좋다는 일종의 '허가증'으로 외국 기업들이 이를 얻기 위해서는 중국 기업들과 합작을 하여야 한다. 중국 게임 기업들은 이러한 중

---

19   한국콘텐츠진흥원, 『2011 해외 콘텐츠시장 조사(미국)』, 2011, 134쪽 재정리.

국 정부의 자국 게임산업 보호정책에 힘입어 외국 기업들과의 합작을 통해 게임 개발 및 서비스 기술 등을 습득하며 급성장하고 있다.

중국의 게임시장 규모는 2009년 기준 약 44억 달러였으며 전체 게임시장에서 가장 큰 비중을 차지하고 있는 것은 온라인게임으로 2009년 중국 온라인게임시장 규모는 37억 달러로 중국 전체 게임시장에서 약 84%를 차지하였다. 특히, 중국은 온라인게임의 해외 진출이 급증하고 있는데 2005년 7백만 달러에 불과했던 수출 규모는 2006년, 2007년 모두 전년 대비 3배 정도의 증가세를 기록하였다. 2008년, 2009년에는 다소 주춤하는 모습을 보이기도 했으나 2010년부터 다시 활기를 찾기 시작하여 2010년 한 해 동안 중국의 34개 온라인게임 회사들의 자체 개발 제품 82개가 40개국 이상의 해외 시장에 수출되면서 2009년 대비 111%의 매출 실적 향상을 기록하였고, 수출 규모도 2억 3천만 달러에 이르렀다. 중국의 온라인게임이 이처럼 단기간 동안 급성장을 이루어 낼 수 있었던 것은 중국 정부의 역할이 컸다. 중국 정부는 자국 기업을 보호한다는 명목으로 외국 게임에 '판호'를 부여하고 있는데 이를 획득하지 못한 게임은 중국 내에서 서비스되지 못한다. 중국 진출을 시도하는 많은 기업들이 '판호'를 얻기 위해 중국 정부의 무리한 요구 조건을 받아들이면서 시장에서는 불이익을 감수하고 있다.[20]

이들 국가 외에 다른 국가들의 게임산업에 특화된 진흥정책은 거의 찾아보기 어려웠다.

---

20 한국콘텐츠진흥원, 『2011 해외 콘텐츠시장 조사(중국)』, 2011, 89쪽, 100쪽 재정리.

한편 국가별 게임산업 현황을 간략하게 살펴보면, "2009년 미국의 게임시장 규모는 137억 달러였으며 콘솔게임이 99억 달러로 전체 게임시장의 72.2%를 차지하였고, 온라인게임이 약 17억 달러로 12.4%를 차지하였다."[21] "영국의 경우 2009년 게임시장 규모는 38억 2,600만 달러였으며, 콘솔게임이 25억 달러로 65.4%를 차지하였고, 다음은 온라인게임이 6억 4,900만 달러로 16.9%를 차지하였다."[22] "프랑스의 경우에는 2009년 게임시장 규모가 31억 4,900만 달러였으며 콘솔게임이 20억 8,700만 달러로 66.3%를 차지하였고, 다음은 온라인게임이 4억 4,000만 달러로 약 14%를 차지하였다."[23] "일본의 경우에는 2009년 게임시장 규모가 67억 7,200만 달러였으며 콘솔게임이 약 37억 달러로 54.7%를 차지하였고, 온라인게임은 11억 1,200만 달러로 16.4%, 모바일게임이 10억 6,600만 달러로 약 15.7%를 차지하였다."[24]

2) 국내 게임산업 진흥정책

게임산업의 진흥은 1999년 2월 개정된 〈음반·비디오물 및 게임물에 관한 법률〉[25] 및 동년 2월에 제정된 〈문화산업진흥기본법〉을 토대로 1999

---

21 한국콘텐츠진흥원, 『2011 해외 콘텐츠시장 조사(미국)』, 2011, 116쪽 재정리.

22 한국콘텐츠진흥원, 『2011 해외 콘텐츠시장 조사(영국)』, 2011, 93쪽 재정리.

23 한국콘텐츠진흥원, 『2011 해외 콘텐츠시장 조사(프랑스)』, 2011, 84쪽 재정리.

24 한국콘텐츠진흥원, 『2011 해외 콘텐츠시장 조사(일본)』, 2011, 97쪽 재정리.

25 음반·비디오물·게임물의 질적 향상을 도모하고 관련 산업의 진흥을 촉진함으로써 국민의 문화적 삶의 질을 높이고 국민 경제의 발전에 이바지하기 위해 제정한 법(1999. 2. 8, 법률 제5925호). 2006년 4월 28일 법률 제7943호로 〈영화진흥법〉과 〈음반·비디오물 및 게임물에 관한 법률〉을 통합한 〈영화 및 비디오물의 진흥에 관한 법률〉이 제정

년 7월에 '게임산업진흥원'이 설립되면서 본격 추진되었다. 새롭게 도출한 '콘텐츠산업 정책 분석틀'을 기반으로 2000년부터 2009년까지 10년간의 게임산업 진흥정책을 기획-제작-유통-서비스의 '가치사슬 경쟁력 강화'와 법·제도 등 '외부환경 조성'으로 구분하여 분석한 결과는 다음과 같다.

(1) 가치사슬 경쟁력 강화

① 주 활동

• 기획-제작: 2000년부터 2009년까지 게임산업 진흥을 위해 추진한 가치사슬 강화사업 중 기획-제작 지원 주요 사업은 게임 제작에 필요한 제작 자금을 지원해주는 〈제작 지원〉과 게임 시나리오 등을 공모하는 〈공모전〉 중심으로 사업이 추진되었으며 그 세부 내용은 다음과 같다.

먼저, 〈제작 지원〉 사업을 살펴보면, 2002년부터 2007년까지 우수게임에 대해 제작비를 지원하는 〈우수게임 사전 제작 지원사업〉을 통해 제작 지원이 추진되었고, 〈공모전〉의 경우는 2006년부터 2009년까지 기능성게임, 인디게임, 보드게임 및 게임 시나리오에 대한 공모전이 추진되었다.

이렇게 기획-제작 부문은 기업들에게 제작비를 지원해주는 제작비 지원 사업이 주를 이루었으며 기획 부문의 지원으로는 공모전 형식의 사업이 추진된 것으로 분석되었다.

되었으며 2006년 10월 29일 시행되었다. 네이버 백과사전(http://100.naver.com/100.nhn?docid=782015)

- 유통-서비스: 2000년부터 2009년까지 게임산업 진흥을 위해 추진한 가치사슬 강화사업 중 유통-서비스 지원사업은 국내 게임 업체의 마케팅을 지원하기 위해 〈국내 게임 전시회 및 대회 개최〉, 〈국제 게임 컨퍼런스 개최〉와 〈해외 마켓 참가 지원〉, 〈게임교류회〉, 〈해외 투자 설명회〉, 〈현지어 버전 제작 지원〉 및 〈해외 시장 보고서 제공〉, 〈해외 시장 개척단 운영〉, 〈수출 상담회 및 투자 설명회 개최〉 등의 사업이 추진되었으며 그 세부 내용은 다음과 같다.

먼저 〈국내 게임 전시회 및 대회 개최〉 사업을 살펴보면, 2001년부터 글로벌 게임 대회인 WCG(World Cyber Games) 개최를 지원하였으며, 2004년부터는 매년 〈국제 게임 컨퍼런스〉인 KGC(Korea Game Conference)를 개최하였다. 2005년부터는 〈게임 전시회〉인 GSTAR(Game Show & Trade, All-Round)를 개최하기 시작하였는데 국내 기업은 물론 해외 기업들로부터 많은 호응을 얻고 있는 것으로 조사되었다. 또한 〈해외 마켓 참가〉 관련 사업을 살펴보면, 세계 3대 게임 마켓인 E3(Electronic Entertainment Expo), ECTS(European Computer Trade Show), TGS(Tokyo Game Show)를 중심으로 우리나라 게임 업체들이 공동으로 참여할 수 있도록 '한국관'을 개설하고 국내 게임 기업들의 해외 마케팅 활동을 지원하여 왔다. 이와 함께 중국과 〈게임 교류회〉, 투자 로드쇼 등 〈해외 투자 설명회〉를 개최하였다. 또한 수출 대상국의 현지어 제품 요구에 적극 대응할 수 있도록 〈현지어 버전 제작 지원〉, 〈해외 시장 보고서 제공〉 등의 사업이 추진되었다. 2006년에는 해외 시장 개척을 위해 유관 기관과 공조하여 미국, 일본, 동남아시아, 남미, 동유럽 등에 〈해외 시장 개척단〉을 파견하였고 2008년부터는 베트남, 필리핀, 인도 등 아시아 및 러시아, 브라질, 중동, 중남미, 터키 등 신흥 시장에 대한 정보를 제공해주는 〈게임시장 동향 세미나〉를 개최하였으며 〈지역별 수출 상담회〉를 통해 게임 기업들의 해외 수출을 지원하는 사업들이 추진된 것으로 조사되었다.

② 지원 활동

• **인력양성**: 2000년부터 2009년까지 게임산업 진흥을 위해 추진한 가치사슬 강화사업 중 인력양성 관련 주요 사업은 〈게임 아카데미 운영〉, 〈게임 연구센터 지정〉, 〈국가 기술 자격시험〉, 〈사이버게임 아카데미〉, 〈산학연 협력체제 구축〉 중심으로 사업이 추진되었으며 그 세부 내용은 다음과 같다.

〈게임 아카데미 운영〉을 살펴보면, 2002년 11월부터 인력양성을 위한 게임 아카데미를 설립하여 매년 250명의 게임 전문 인력을 배출하였고, 2003년에는 게임 아카데미 외에 분야별 특별 교육 과정인 〈사이버게임 아카데미〉를 추진하여 연간 8,000여 명의 게임 인력을 배출하였다. 2006년부터는 지역에 있는 게임 아카데미 운영 지원도 추진하였다. 또한 게임산업의 핵심적인 전문 인력을 양성하기 위하여 〈산학연 협력체제 구축〉을 하였고, 현업 종사자를 위한 재교육 프로그램도 확대하였다. 2007년에는 대학을 대상으로 〈게임 연구센터(GRC: Game Research Center)〉를 지정하여 지역의 게임 인력 양성과 학계의 게임 연구 기능 강화를 추진하였고, 2009년부터는 노동부로부터 수탁기관으로 지정받아 〈국가 기술 자격시험〉에 대한 검정 업무를 추진하고 있으며, 게임 신규 인력에 대한 교육 외에 업계에 종사하는 재직자를 대상으로 하는 직무교육 과정을 신규로 개설하는 등 게임 인력양성을 위한 다양한 사업이 추진된 것으로 조사되었다.

- **기술개발**: 2000년부터 2009년까지 게임산업 진흥을 위해 추진한 가치사슬 강화사업 중 기술개발 주요 사업은 〈게임기술 개발 지원〉, 〈게임기술 세미나 개최〉, 〈기술 연구보고서 발간〉, 〈게임 품질향상 서비스 지원〉 중심으로 사업이 추진되었으며 그 세부 내용은 다음과 같다.

  〈전문기술 연구개발〉을 살펴보면 2002~2003년에 범용 3D 게임 엔진 기술개발 및 〈게임기술 세미나 개최〉, 〈기술 연구보고서 발간〉을 추진하였다. 또한 2003년에 게임 기업 120여 개 회사를 대상으로 개발 중인 게임의 품질을 테스트해주고 컨설팅해주는 〈게임 품질향상 서비스〉 사업을 추진한 것으로 조사되었다.

(2) 외부환경 조성

① 금융(자금조달)

게임산업 진흥을 위한 외부환경 조성의 하나인 금융 지원 부문의 주요 사업은 〈게임 투자조합〉, 〈투·융자 제도〉, 〈완성보증보험제도〉 중심으로 사업이 추진되었고 그 세부 내용은 다음과 같다.

먼저, 〈게임 투자조합〉은 2002년 총 350억 원 규모로 결성되어 15개 업체를 대상으로 약 117.7억 원이 지원되었다. 2007년에는 게임 콘텐츠 개발 및 마케팅을 지원하기 위해 〈투·융자 제도〉가 도입되었으며, 2009년에는 안정적인 자금조달 환경 조성을 위해 〈완성보증보험제도〉를 시행한 것으로 조사되었다.

② 인프라 조성

게임산업 진흥을 위한 외부환경 조성의 하나인 인프라 조성 부문 주요 사업은 〈인큐베이팅 시설 운영〉, 〈e-스포츠 활성화〉, 〈GSP(Online Global Service Platform) 운영〉, 〈글로벌게임허브센터 구축〉 중심으로 사업이 추진되었고 그 세부 내용은 다음과 같다.

2000년부터 2004년까지 〈인큐베이팅 시설〉을 구축하여 운영하였다. 2004년부터는 〈e-스포츠 활성화〉 사업을 본격 추진하여 게임리그 개최, e-스포츠 인프라 구축 및 교육 프로그램 개발 등을 추진하였으며 중소 게임 개발사들이 개발한 온라인게임을 해외에 직접 서비스할 수 있도록 관련 인프라를 제공하는 〈GSP사업〉을 추진하였다. 또한 2009년에는 〈글로벌게임허브센터〉를 구축하여 입주 게임 개발사에 사무 공간, 교육 프로그램 등을 지원하고 있다. 이 외에 2003년부터 〈대한민국 게임 대상〉 및 〈이 달의 우수게임 선정 시상〉을 하고 있는 것으로 조사되었다.

③ 법/제도/정책/정보

게임산업 진흥을 위한 외부환경 조성의 하나인 법/제도/정책 부문 주요 사업은 〈정보 및 시장분석〉, 〈세미나 및 토론회〉, 〈산업 진흥 계획 수립〉, 〈법 · 제도 제정〉 등을 중심으로 사업이 추진되었고 그 세부 내용은 다음과 같다.

먼저, 〈정보 및 시장분석〉 사업을 살펴보면 가장 대표적인 것이 바로 통계와 백서 발간이다. 이 외에도 『게임산업 저널/동향 및 정책보고서/글로벌게임 산업 Trend』 등을 발간하였으며 주요 현안 및 세계 게임시장 전망 등에 대해 〈세미나 및 토론회〉 등을 개최하였다. 다음으로 〈산업진흥 계획 수립〉 관련 사항을 살펴보면 〈게임산업 중장기 계획(2003~2007)〉, 〈2008~

2012년 게임산업 중장기 계획〉, 〈e스포츠 발전정책 비전〉, 〈건전 게임문화 조성 강화 대책〉, 〈2010 게임산업 실행전략〉 수립 등을 추진하였다. 이외에 〈게임문화 논문공모〉, 〈게임문화 총서 발간〉 사업도 추진하였다. 다음으로 〈법ㆍ제도 제정〉 부문을 살펴보면, 2002년 7월부터 〈온라인게임 사전등급 분류 제도〉를 본격적으로 시행하였고, 2006년 4월에는 〈게임산업 진흥에 관한 법률〉을 제정하였으며, 2007년 1월에는 동법을 개정하여 사행성 기기와 게임물 구분을 추진한 것으로 조사되었다.

④ 기타

게임산업은 산업 진흥정책의 일환으로 〈게임문화 진흥〉과 〈과몰입 예방〉사업을 추진하였는데, 그 세부 내용은 다음과 같다.

2002년부터 게임에 대한 문화 인식을 제고하기 위하여 〈게임문화 진흥 협의회〉 구성, 부모와 함께하는 〈게임캠프〉 운영, 〈게임문화 홍보 자료 배포〉, 〈게임문화 캠페인〉 등 다양한 〈게임문화 진흥〉 사업을 추진하였다.

또한 사회 문제로 떠오르고 있는 게임 〈과몰입 예방〉을 위해 〈상담시스템 개발〉 및 〈전문상담사 양성〉, 〈게임 이용문화 실태조사〉 등을 지속적으로 추진하였다. 특히, 〈게임 종합 민원 시스템〉과 〈게임 과몰입 전문 클리닉〉을 운영하는 등 건전한 게임문화 환경 조성을 위해 노력하였다. 2008년에는 게임문화진흥 사업의 일환으로 전국 16개 시ㆍ도별 상담 시설을 통해 〈지역 게임 과몰입 상담센터 운영지원〉을 추진하였다. 또한 2007~2008년에는 게임을 활용한 소외계층 여가문화 개선사업의 일환으로 〈게임 여가문화 체험관〉을 구축하였다. 또한 〈전국 장애인 기능경기대회〉 내에 게임 종목을 운영하였고, 〈게임문화 페스티벌〉도 개최한 것으로 조사되었다.

음악산업

1. 음악산업의 성장과 변화

1990년대 우리나라 음악산업은 가요의 폭발적인 인기에 힘입어 약 4,000억 원대의 음반시장을 형성하고 있었다.[26] 그러나 2000년대에 들어서면서 게임산업과 같이 초고속 인터넷망이 구축되면서 초고속 인터넷 이용자가 급증하고, 또한 이동통신의 발전에 따라 이동통신 사용자가 급증하면서 인터넷과 모바일을 활용한 벨소리 등 신규 음악 서비스 및 온라인 무료 스트리밍 서비스가 활성화되었으며, MP3[27] 음악 파일의 불법 공유가 확산되면서 음반시장이 급격하게 축소되기 시작하였다.

인터넷과 모바일을 이용한 디지털음악시장은 2000년부터 성장하기 시작하여 2002년 7월 대표적인 무료 음악 서비스였던 '소리바다' 사이트가

---

26   문화관광부, 『2001 문화산업백서』, 문화관광부, 2001, 396쪽 참조.

27   'MPEG-1 Audio Layer-3'의 약자이다.

폐쇄되고, 2003년 음악 서비스 사이트들이 음악 서비스를 유료화로 전환하면서 2003년에는 음반시장과 비슷한 규모로까지 성장하였고, 2004년에는 통신사인 SK텔레콤과 KTF가 음악 서비스 시장에 뛰어들면서 디지털음악시장이 음반시장을 뛰어넘게 되었다. 통신사들은 인터넷과 모바일을 중심으로 하는 디지털 음악 서비스 외에 1990년대 우리나라 음악산업을 이끌어가던 대표적인 음반사인 〈도레미미디어〉, 〈서울음반〉 등을 인수하며 음악산업을 본격 추진하기 시작하였고, 2009년에 이르러서도 통신사들은 음악산업의 디지털음악 유통시장을 장악하며 국내 음악시장을 주도하고 있다. 이처럼 통신사들이 국내 음악시장의 유통시장을 장악하면서 음악 제작사와의 수익 분배 문제가 끊임없이 제기되고 있으며, 또한 음악시장이 음반에서 디지털 음원 중심으로 변화되면서 불법 음원 등 음악 저작권 보호와 관련한 문제가 음악산업 발전 저해 요소로서 지적받고 있다.

정부에서는 2005년 11월 〈침체된 음악산업 살리기 위한 육성전략〉을 발표하면서 음악산업의 범위와 개념을 확장하였다. 기존의 음악산업 개념은 '음악의 기획, 제작, 유통 및 배급, 마케팅 등에 관련된 산업과 대중음악'이었으나 이를 '음악교육 및 악기제조 관련업, 음악제작 관련업, 매니지먼트 관련업, 오프라인 유통 관련업, 디지털음악 유통 관련업, 노래연습장 관련업, 음악공연 관련업 등을 포함'하는 것으로 음악산업의 범위와 개념을 확대하였다.[28] 이렇게 음악산업의 범위와 개념이 확장됨에 따라 음악시장에 노래연습장과 음악공연 매출액이 포함되면서 2005년부터 음악시장에 노래연습장 매출액이, 2006년부터는 노래연습장 외에 음악공연업 매출액이 포함되어 음악시장 규모가 크게 늘어나게 되었다. 따라서 2000년

---

28 문화관광부, 『2006 문화산업백서』, 문화관광부, 2006, 266쪽 참조.

의 음악시장과 2005년 이후의 음악시장을 비교하는 경우에는 이를 고려하여야 한다.

우리나라 음악은 가수 양성을 시스템화한 제작사에서 배출되고 있는 아이돌 가수를 중심으로 유튜브(Youtube) 등 스마트 시대 새로운 소셜 미디어(Social Media)로 인해 해외에서 폭발적인 인기를 얻으며 한류의 한 축으로서 콘텐츠산업의 성장에 큰 역할을 하고 있다.

1) 음악산업 매출액

2000년 우리나라의 음악산업 매출액은 5,211억 원으로 대부분이 음반시장이었고 디지털음악이 차지하는 비중은 매우 미미하였다. 게임산업에

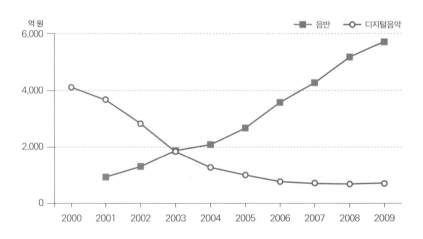

그림 3-6 | 2000~2009년 음반, 디지털음악 매출액 변화 추이

출처: 문화관광부, 『2001 문화산업백서』, 문화관광부, 2001, 396쪽; 문화관광부, 『2006 문화산업백서』, 문화관광부, 2006, 251, 266쪽; 문화관광부, 『2007 문화산업백서』, 문화관광부, 2007, 211쪽; 문화체육관광부, 『2010 콘텐츠산업통계』, 문화체육관광부, 2010, 200쪽

서 아케이드게임 시장이 축소되고 온라인게임이 급격하게 증가하였듯이 음악산업에서도 음반시장은 급격히 축소되고 디지털음악시장이 급격히 성장하였다. 2003년에는 앞에서 언급한 바와 같이 음반시장과 디지털음악시장이 거의 같은 규모가 되었고, 2004년에는 디지털음악이 음반시장 매출액을 뛰어넘게 되었다.

그러나 2000년 음반 중심의 시장과 비교했을 때 디지털음악으로 그 중심이 변화되었으나 불법 음원 등으로 인하여 음악시장 전체적으로는 매출액이 증가하지 못하였다. 그러나 2005년부터는 앞장에서 언급한 바와 같이 기존 음악시장의 개념과 범위가 확장되어 음악시장의 규모가 크게 성장한 것으로 나타났다. 실제 2005년 음악산업 매출액은 1조 7,898억 원으로 성장하였으나 이 중 디지털음악과 음반시장 규모는 3,708억 원이며, 노래연습장 매출액은 1조 1,421억 원으로 63.9%를 차지하였다.[29] 2006년에는 음악산업의 매출액이 2조 4,013억 원으로 성장하였는데 2006년 매출액에는 음악공연업 1,887억 원이 신규로 포함되었다.[30] 이후 2007년부터는 노래연습장과 음악공연업이 포함되었으나 2조 3,577억 원으로 2006년 대비 약간 감소하였다. 이는 2007년 IMF 경제위기의 영향으로 추정된다. 이후 2008년에는 2조 6,020억 원, 2009년에는 2조 7,407억 원으로 다시 소폭 증가하였다.[31]

---

29 문화관광부, 『2006 문화산업백서』, 문화관광부, 2006, 251쪽 참조.

30 문화관광부, 『2007 문화산업백서』, 문화관광부, 2007, 211쪽 참조.

31 문화체육관광부, 『2010 콘텐츠산업통계』, 문화체육관광부, 2010, 200쪽 참조.

표 3-9 | 연도별 음악산업 매출액

(단위: 억 원)

구분	2000	2005	2006	2007	2008	2009
매출액	5,211	17,898	24,013	23,577	26,020	27,407

출처: 문화관광부, 『2001 문화산업통계』, 문화관광부, 2001, 71쪽: 문화체육관광부, 『2010 콘텐츠산업통계』,
문화체육관광부, 2010, 200쪽

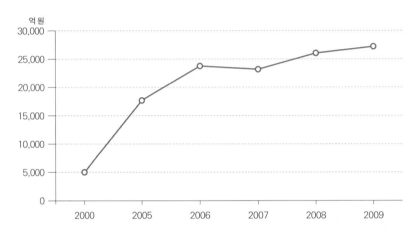

그림 3-7 | 2000~2009년 음악산업 매출액 변화 추이

출처: 문화관광부, 『2001 문화산업통계』, 문화관광부, 2001, 71쪽: 문화체육관광부, 『2010 콘텐츠산업통계』,
문화체육관광부, 2010, 200쪽

전체 콘텐츠산업에서 음악산업 매출액이 차지하는 비중은 2000년
1.72%에서 2009년 4.0%로 2.28% 증가하였다. 이렇게 음악산업 매출액
이 급성장하고, 전체 콘텐츠산업 매출액에서 차지하는 비중이 증가한 가
장 큰 이유는 앞에서 언급한 바와 같이 정부가 2005년 11월 음악산업 진
흥 방안을 발표하면서 음악산업의 범위를 확대하여 2000년에는 포함시
키지 않았던 노래연습장과 음악공연업 등을 음악산업에 포함시켰기 때문

이다. 실제로 2009년 노래연습장 매출액[32]은 1조 3,399억 원으로 음악산업 전체 매출액의 48.9%를 차지하고 있다. 따라서 2000년과 동일한 조건으로 2009년 매출액에서 노래연습장을 제외하는 경우 2009년 매출액은 1조 4,000억 원 규모이며, 이를 2000년 매출액과 비교하면 약 2.7배 성장한 것이 된다. 따라서 향후 음악산업의 변화를 기술함에 있어 가장 큰 변수가 노래연습장이다. 노래연습장을 포함시킬 경우, 2000년과는 다른 조건에서의 비교가 되기 때문이다. 따라서 앞으로 음악산업의 변화를 기술함에 있어서는 노래연습장을 포함한 것을 기준으로 하되 포함하지 않은 경우에는 이를 별도로 표기할 것이다.[33]

이러한 상황을 잘 이해할 수 있도록 음악산업의 매출액 구성을 살펴보면 2000년 음악산업의 매출액은 음반 제작업, 음반 도·소매업, 기타 3가지로 구성되어 있으며 그중 음반 제작 매출액은 2,618억 원으로 전체 음악산업 매출액에서의 비중이 50.2%로 가장 많은 부분을 차지하고 있으며 음반 배급 매출액은 1,559억 원으로 29.9%를 차지하고 있다. 음반 제작 및 배급 매출을 합치면 음악산업 전체 매출액의 80.1%를 차지한다. 이러한 이유로 2000년에는 정부에서 발간하는 각종 자료집에 음악산업이 아니라 음반산업이라고 표기하였다.

2009년에는 음악산업의 매출액 구성이 총 6가지로 늘어나고 좀 더 세분화되었다. 그 내역을 살펴보면 2000년과 마찬가지로 음악 제작업, 음반 도·소매업은 존재하나, 2000년에는 포함되지 않거나 존재하지 않았던 음악공연업, 온라인 음악 유통업, 노래연습장이 포함되어 있다. 노래연습

---

32 문화체육관광부, 『2010 콘텐츠산업백서』, 문화체육관광부, 2010, 301쪽 참조.

33 문화관광부, 『2001 문화산업통계』, 문화관광부, 2001, 76쪽 참조.

장은 앞에서 언급한 바와 같이 전체 매출액의 48.9%를 차지하고 있으며 온라인음악 유통업이 20.8%, 음악공연업이 9.4%를 차지하고 있다. 음반 제작업과 음반 도 · 소매업은 각각 13.1%, 4.3%로 2000년 29.9%, 50.2% 와 비교해보면 음악산업에서 차지하는 비중이 급감하였음을 알 수 있다. 또한 2009년 매출액에서 노래연습장을 제외하는 경우 전체 음악산업에서 온라인음악 유통업이 차지하는 비중은 40.6%에 이른다. 이는 음악산업이 2000년에는 음반 중심이었으나 2009년에는 온라인음악 중심으로 산업 구조가 변화하였다는 것을 의미한다.[34]

표 3-10 | 2000년, 2009년 음악산업 매출액 구성 비교

(단위: 억 원)

구분	2000	구성비(%)	2009	구성비(%)	노래방 제외 시(%)
음반 제작업	2,618	50.2	3,603	13.1	25.7
음반 도 · 소매업	1,559	29.9	1,200	4.3	8.5
음악공연업	–	–	2,576	9.4	18.3
온라인음악 유통업	–	–	5,696	20.8	40.6
기 타	1,034	19.8	–	–	–
(소 계)	–	–	(14,008)	–	(100.0)
노래연습장	–	–	13,339	48.9	–
합 계	5,211	100.0	27,407	100.0	–

출처: 문화관광부, 『2001 문화산업통계』, 문화관광부, 2001, 76쪽; 문화체육관광부, 『2010 콘텐츠산업통계』, 문화체육관광부, 2010, 203쪽 재정리

---

34   문화체육관광부, 『2010 콘텐츠산업통계』, 문화체육관광부, 2010, 203쪽 참조.

2) 음악산업 수출액

다음으로 음악산업의 수출 현황을 살펴보면 2000년 음악산업 수출액
은 1,030만 달러[35]로 콘텐츠산업 전체 수출액에서 차지하는 비중이 3.9%
였다. 이후 음악산업 수출액은 감소와 증가를 거듭하게 되는데 이를 세부
적으로 살펴보면 다음과 같다.

2000년 이후 음반산업의 침체로 인하여 수출이 지속 감소세를 나타내
2001년에는 940만 달러, 2002년 550만 달러, 2003년 420만 달러로 계속
감소하였다. 2004년부터 한류의 영향으로 인하여 해외 수출이 증가하기
시작하였다. 특히 2005년에는 동남아시장에서의 인기가 일시적으로 급
상승하면서 수출액이 급증하였으나 2006년, 2007년 일본, 중화권, 동남아
시아 시장에서 전체적으로 감소하여 2004년 수준으로 되돌아갔다. 이후
2008년에는 음악공연업의 수출 증가로 인하여 전년 대비 18.6% 성장하였
고 2009년에는 〈동방신기〉가 일본시장에서 인기를 얻으며 한류가 재점화
되면서 수출액이 2008년 대비 89.9% 급증하였다.[36]

표 3-11 | 연도별 음악산업 수출액

(단위: 만 달러)

구분	2000	2001	2002	2003	2004	2005	2006	2007	2008	2009
매출액	1,030	940	550	420	1,331	2,278	1,666	1,388	1,646	3,126

출처: 문화관광부, 『2001 문화산업백서』, 문화관광부, 2001, 406쪽; 문화관광부, 『2004 문화산업백서』,
　　　문화관광부, 2004, 335쪽; 문화관광부, 『2007 문화산업통계』, 문화관광부, 2007, 204쪽; 문화체육관광부,
　　　『2010 콘텐츠산업통계』, 문화체육관광부, 2010, 221쪽 재정리

35　103억 원을 환율 1달러당 1,000원으로 계산하여 1,030만 달러로 하였다.

36　문화관광부, 『2001 문화산업백서』, 문화관광부, 2001, 406쪽 참조; 문화관광부, 『2004 문화산
　　　업백서』, 문화관광부, 2004, 335쪽 참조; 문화관광부, 『2007 문화산업통계』, 문화관광부, 2007,
　　　204쪽 참조; 문화체육관광부, 『2010 콘텐츠산업통계』, 문화체육관광부, 2010, 221쪽 참조.

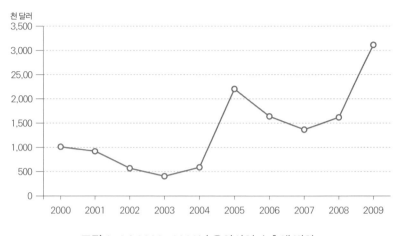

천 달러

그림 3-8 | 2000~2009년 음악산업 수출액 변화

출처: 문화관광부, 『2001 문화산업백서』, 문화관광부, 2001, 406쪽; 문화관광부, 『2004 문화산업백서』, 문화관광부, 2004, 335쪽; 문화관광부, 『2007 문화산업통계』, 문화관광부, 2007, 204쪽; 문화체육관광부, 『2010 콘텐츠산업통계』, 문화체육관광부, 2010, 221쪽 재정리

2009년 음악산업 수출액은 2000년 대비 3배 성장하였으나, 한류 열풍에도 불구하고 콘텐츠산업 전체 수출액에서 차지하는 비중은 2000년 3.9%에서 2009년 1.2%로 2.7% 감소하였다. 이처럼 음악산업의 수출액은 부침이 많은 W자형으로 이는 음악산업의 비즈니스 모델이 체계화·시스템화되어 있지 않았다는 것을 의미한다.

3) 음악산업 종사자 수

2000년 음악산업 종사자 수는 25,000명이었다. 이후 2007년에는 음악산업 종사자가 75,027명으로 증가하였는데 그 주된 이유는 앞에서 언급한 바와 같이 2005년 이후부터 노래연습장과 음악공연업을 포함시켰기 때문이다. 실제로 2008년 종사자 수는 66,475명으로 2007년 대비 약간 감소하였는데, 그 이유는 노래연습장 종사자 수의 감소 때문이며 이후 2009년 노래연습장 종사자 수가 늘어나면서 음악산업 종사자 수는 76,539명으로 증가하였다. 결국 음악산업의 종사자 수는 노래연습장 종사자 수의 증감에 따라 영향을 받는 구조가 되었다.[37]

표 3-12 | 연도별 음악산업 종사자 및 기업체 수

구분	2000년	2007년	2008년	2009년
종사자 수(명)	25,000	75,027	66,475	70,539
노래연습장 종사자 수 비율	–	89%	86.6%	88.7%
기업체 수(개)	292	–	–	38.259
노래연습장 운영업 수 비율	–	–	–	93.7%

출처: 문화관광부, 『2001 문화산업백서』, 문화관광부, 2001, 416쪽.; 문화체육관광부, 『2010 콘텐츠산업통계』, 문화체육관광부, 2010, 201쪽 재정리

4) 음악산업 기업체 수

다음으로 음악산업 기업체 수의 변화를 살펴보면 2000년 음악산업의 기업체 수는 292개였다. 이후 2009년 기업체 수는 38,259개로 급증하였는데, 이처럼 음악산업의 기업체 수가 급증한 것은 종사자 수 변화와 마찬가지로 2009년에는 노래연습장이 포함되었기 때문이며 실제 2009년 기

---

37 문화관광부, 『2001 문화산업백서』, 문화관광부, 2001, 416쪽 참조; 문화체육관광부, 『2010 콘텐츠산업통계』, 문화체육관광부, 2010, 201쪽 참조.

업체 수 중 노래연습장이 차지하는 비중은 93.7%에 이른다. 노래연습장을 제외하는 경우 2009년 음악산업 기업체 수는 2,395개로 2000년과 비교하면 8.2배 증가하여 노래연습장을 제외하더라도 음악산업 기업체 수는 크게 증가하였음을 알 수 있다.[38]

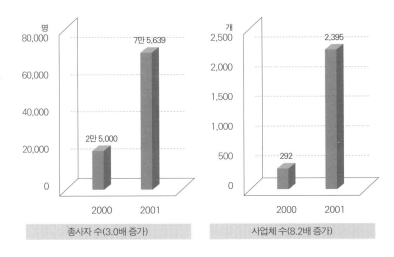

그림 3-9 | 2000년, 2009년 음악산업 종사자 및 기업체 수 비교

출처: 문화관광부, 『2001 문화산업백서』, 문화관광부, 2001, 416쪽; 문화체육관광부, 『2010 콘텐츠산업통계』, 문화체육관광부, 2010, 201쪽 재정리

5) 음악산업 상장사 수

다음으로 음악산업의 상장사 수를 살펴보면 2010년 3월 기준, 음악산

---

38 문화관광부, 『2001 문화산업백서』, 문화관광부, 2001, 416쪽 참조; 문화체육관광부, 『2010 콘텐츠산업통계』, 문화체육관광부, 2010, 201쪽 참조.

업의 상장사 수는 총 9개사였다. 이 중 휴대폰 벨소리와 결제 분야 사업을 하고 있는 1개사(다날)를 제외하고 음악을 제작하거나 유통하는 음악 전문 회사는 총 8개사로 게임산업이 20개사인 데 비하면 적다고 할 수 있다.[39] 이는 음악산업의 대표 회사들이 게임에 비해 수익을 창출하는 비즈니스 모델이 상대적으로 취약하다는 것을 나타낸다.

표 3-13 | 음악 부문 상장사 현황 (2010년 3월 기준)

(단위: 억 원)

회사명	시가총액	주요사업
다날	3,514	휴대폰 및 온라인 결제, 벨소리, 통화연결음 등 음원사업
로엔엔터테인먼트	1,451	SK 계열, 음반기획 및 제작판매, 온라인음원서비스
네오위즈벅스	1,385	B2B 및 B2C 음원유통, 온라인음원서비스
엠넷미디어	1,077	음반기획 및 제작, 음원유통, 온라인음악사이트 운영
에스엠	1,005	음반기획 및 제작, 매니지먼트사업, 방송영상물 제작
KT뮤직	690	음악콘텐츠 제작 및 유통, 온라인음원서비스
소리바다	667	온라인음원서비스, 휴대폰콘텐츠개발, 스트리밍서비스
예당엔터테인먼트	544	음반제작 및 유통, 음원대여 및 판매사업
소리바다미디어	56	디지털음원서비스, 음악DB시스템 개발

출처: http://www.krx.co.kr/index.jsp

---

39 http://www.krx.co.kr/index.jsp 참조.

6) 대표 기업 수익 창출 현황

음악산업 대표 기업의 매출액과 순이익을 살펴보면 2010년 기본 매출액은 448~864억 원, 순이익은 98~218억 원으로 게임산업 대표 기업 매출액 4,200~5,100억 원, 순이익 191~1,738억 원에 비해 적은 편이다.[40]

표 3-14 | 음악산업 대표 기업 매출액 및 당기 순이익 비교

(단위: 억 원)

구분		2007		2008		2009		2010	
		매출액	순이익	매출액	순이익	매출액	순이익	매출액	순이익
음악	SM 엔터테인먼트	332	-76	435	43	618	45	864	218
	YG 엔터네인먼트	115	5	185	16	357	42	448	98

출처: http://finance.naver.com/으 참조하여 재구성

---

40   http://finance.naver.com 참조.

2. 음악산업 진흥정책 분석

1) 해외 주요 국가 진흥정책

먼저 미국의 음악시장을 살펴보면 "2009년 미국 음악산업의 시장 규모는 75억 2,400만 달러였으며 이 중 디지털음악이 29억 7,200만 달러로 전체 음악산업에서 차지하는 비중은 39.5%였다. 미국 음악시장에서 디지털음악이 음반 등의 오프라인음악보다 시장이 커진 것은 2011년으로 오프라인음악시장이 31억 4,600만 달러인데 비하여 온라인음악시장이 32억 8,600만 달러였다. 한편 미국 정부에서 음악산업 육성을 위해 중점적으로 추진하고 있는 것은 저작권 보호이다. 미국은 메이저 음악회사뿐 아니라 연방정부 및 지방정부 차원에서 저작권 보호를 위한 노력을 기울이고 있다. 연방정부는 상무부 내에 지적재산권과 상업 서비스 부서를 가지고 있는 국제통상행정부가 있으며 특허청 등과 협력하여 업무를 추진하기도 한다. 상무부는 국제 지적재산권 해외 사무소를 통해 특허청과 협력하고 있는데 지적재산권 담당 외교관은 중국, 방콕에 각각 1인이 있어 아시아 지역을 담당하고 있으며, 브라질과 이집트에도 각각 1명이 상주하고 있다. 이러한 연방정부 차원에서의 해외 저작권 보호의 구체적인 업무로는 미국 회사들의 지적재산권 및 저작권 보호를 위한 기본 추진사항에 대한 교육, 해당 지역에서 정부의 프로그램이 미국 회사들이 이용 가능한 수단이 되어 지적재산권 보호와 권리를 행사할 수 있도록 조치, 저작권 취득 등 법적 보호 시행, 지역 법령과 국제 협의 하의 저작권 보호 등 다양한 형태로 이루어진다. 지방정부의 경우는 지방마다 각기 다른 판결과 대응을 하고 있는데 할리우드가 위치한 LA시 법원은 지적재산권 침해에 대하여 매우 강력하게 대응하고 있다. LA시 법원은 저작권 불법 침해에 대한 적발뿐만 아니라 지역, 주 연방정부와 공동으로 민사 소송 등도 취할 수 있다. 2008년에 이어 2009년에도 '불법 음악파일 공유'에 대한 미국 법원의 강력한 판결이 나오고 있다."[41]

다음으로 영국을 살펴보면 "영국의 경우 2009년 시장 규모가 20억 7,400만 달러였으며 이 중 디지털음악이 5억 3,000만 달러로 전체 음악시장에서 25.5%를 차지하고 있다. 영국 음악시장에서 디지털음악이 오프라인음악시장을 뛰어넘은 시기는 2013년으로 이때는 오프라인음악이 9억 7,300만 달러인 반면, 디지털음악은 10억 9,000만 달러로 성장할 것으로 예측하였다. 영국 정부는 2010년 4월 오랫동안 논란이 되어온 웹사이트 보호 법안을 통과시켰다. 이에 따라 영국의 저작권 보호 수준은 더욱 강화되었다. 영국의 음악산업협회와 다수의 음악 관련 스튜디오들은 이 법안을 지지하였다. 한편 유럽 음악시장에서 디지털음악시장은 여전히 초기 발전 단계로 미국이나 아시아시장에 비해 규모가 작다. 디지털 포맷 채택이 아직 정착하지 않았으며 상위 유럽 5개국의 인터넷 이용자 가운데 8%만이 디지털로 음악을 구매한다는 조사 결과에서도 디지털시장 확장의 필요성을 대변하고 있다. 이러한 상황에도 불법 음악 다운로드가 음악시장 발전에 장벽으로 작용하고 있고, P2P를 통한 음원 공유는 여전히 가장 심각한 불법 음원 유통 채널로 남아 있다. 이에 따라 유럽 국가들은 각기 불법 다운로드를 제한하는 방안이 음악시장 비즈니스 생존을 위한 중요한 문제가 될 것으로 판단하고 불법 음악시장을 퇴출하기 위한 정책 마련에 부심하고 있다. 특히 영국과 프랑스는 이러한 문제를 해결하기 위하여 새

---

41 한국콘텐츠진흥원,『2011 해외 콘텐츠시장 조사(미국)』, 2011, 149쪽, 161쪽 재정리.

로운 법안 마련을 서두르고 있다. 유럽연합도 온라인 불법 유통에 대처하기 위하여 보고서를 채택하고 모든 저작물은 온라인 보호가 필요하다는 점을 강조하였다."[42]

프랑스의 경우에는 "2009년 음악시장 규모가 11억 2,000만 달러였으며 이 중 디지털음악이 2억 400만 달러로 18.2%를 차지하였다. 프랑스는 지난 몇 년간 다른 어떤 국가들보다 불법 저작물 유통에 관한 법적·제도적 해결 방안 모색에 관심을 기울여왔으며 디지털음악시장의 성장을 위한 지원책 마련에 고민해왔다. 2010년 미국과 기타 영어권 국가에서 채택하고 있는 '삼진아웃'과 같은 제도를 도입하였다. 이 제도는 불법 파일 공유자들이 그들의 불법 활동을 중단하도록 촉구하는 경고를 두 번 받은 후에도 불법 행위를 시정하지 않는 경우, 일시적으로 인터넷을 차단하는 제도이다. 한편 2010년 10월 프랑스 정부는 디지털음악에 보조금을 지급하는 계획인 '음악카드' 제도를 시행한다고 발표하고 이 계획의 세부 사항을 일부 공개하였다. 이 제도는 12~25세의 프랑스 거주자들이 합법적으로 음악을 다운로드하도록 보조하는 것으로, 불법 다운로드 퇴치와 음악 제공 증대를 위한 환경 조성에 초점이 맞추어져 있다. 음악카드 보조금은 50유로(70달러) 가치의 음악카드를 구매할 때 정부가 25유로를 보조함으로써 소비자들이 25유로에 구매할 수 있도록 하는 것으로, 이러한 카드 공제금은 온라인음악 회원제 서비스에 한하여 제공하고 있다. 프랑스 정부는 이 계획이 2년간 지속될 것이라고 밝혔으며 소비자들은 1년에 한 번 보조금이 지급된 카드를 구입할 수 있다."[43]

---

42 한국콘텐츠진흥원, 『2011 해외 콘텐츠시장 조사(영국)』, 2011, 119, 125-127쪽 재정리.

43 한국콘텐츠진흥원, 『2011 해외 콘텐츠시장 조사(프랑스)』, 2011, 109, 113-114쪽 재정리.

일본의 경우를 살펴보면 "2009년 일본 음악시장 규모는 60억 2,100만 달러였으며 이 중 디지털음악은 13억 4,400만 달러로 22.3%를 차지하였다. 일본 정부는 일본 음악콘텐츠의 해외 진출을 위하여 2008년부터 도쿄 아시아 뮤직 마켓(TAM)을 지원하고 있다. TAM은 경제산업성, 음악산업 문화진흥재단, 영상산업진흥기구가 공동 주최하며 일본레코드협회가 협력하고 외무성이 후원하는 일본 정부의 음악콘텐츠 활성화 사업이다. 또한 일본 정부는 해외에서 일본 아티스트의 쇼 케이스(Show Case)를 개최함으로써 일본 음악산업콘텐츠를 해외에 널리 확산시키는 지원정책에 힘쓰고 있다. 또한 다양한 미디어의 개발을 위해 기존의 유통 채널을 이용하지 않는 새로운 비즈니스 모델이 나오면서 CD 매출 등의 특정 미디어의 시점에서 전체 시스템을 기획하지 않고 콘텐츠 제작자가 직접 또는 제작자의 관점에서 다양한 미디어의 접근을 시도하는 움직임이 일어나고 있다. 이러한 새로운 움직임을 더욱 발전시키기 위해 정책적 지원, 법·제도 정비 등 환경 개선의 요구가 많아지고 있다. 일본 정부도 적극적으로 관련 업계의 인사들과 학계의 전문가로 구성된 연구회 등을 통해 필요한 법률적 지원 방안을 검토 중이다. 일본 정부가 음악산업 발전을 위하여 적극적으로 개입하고 있는 부문은 불법 음악파일에 대한 규제 강화이다. 일본 정부는 각 음반사와 경찰이 함께 저작권 위반 행위에 대해 강력한 대응을 하고 있다. 최근에는 법적 조치도 과감하게 이루어져 기존의 경고 조치와 더불어 악법의 여지가 큰 경우에는 법적 조치로 이어지고 있다."[44]

마지막으로 중국을 살펴보면, "2009년 중국의 음악시장 규모는 1억 5,400만 달러이며, 이 중 디지털음악이 1억 500만 달러로 68.1%를 차지하

---

44 한국콘텐츠진흥원, 『2011 해외 콘텐츠시장 조사(일본)』, 2011, 123, 129-130쪽 재정리.

고 있다. 중국 음악시장에서 디지털음악이 오프라인시장 규모를 넘은 것은 2008년부터이다. 중국 콘텐츠산업 현황과 시장 규모 분석에서 간과할 수 없는 것이 바로 불법 복제 시장이다. 중국의 불법 복제 시장은 음악산업을 비롯한 다양한 장르의 디지털콘텐츠 영역에서 독버섯처럼 퍼져 있어 중국 콘텐츠산업 발전에 중대한 저해 요소로 지적받고 있다. 해적판 시장으로 일컫는 불법 복제 시장은 만성적이고 광범위하며 대규모적이다. 이에 중국 정부는 공식적으로 해적판 시장을 불법으로 규정하고 이를 정비하기 위해 많은 노력을 기울이고 있으나 그 효과는 미미한 것으로 알려져 있다. 2008년 국무원이 발표한 〈국가지적재산권전략강요〉는 2020년까지 지적재산권의 창조 · 운용 · 보호 · 관리 수준이 비교적 높은 국가로 건설한다는 목표를 제시하고 있다. 향후 5년 내에는 지적재산권 운용 효과를 강화하고 보호를 개선하며 의식을 제고한다는 목표를 명시하였다. 한편 저작권 침해의 수준이 거의 100%에 이른 지 오래인 중국에서 정부는 2010년 11월에 이 문제를 강력하게 단속할 것이라고 발표했으며 저작권 소유자는 이러한 법령들이 지속되고 제도가 정착되기를 원했다. 음악산업을 위한 법 제정의 주요 목적은 중국 내 음악시장에서 방송, 공연 및 공공장소에서의 이용권을 확립하는 것이다."[45]

이상과 같이 해외 주요국에서는 음악산업 발전을 위해 저작권 보호에 지대한 관심을 가지고 있으며 음악 저작권 보호를 위해 법적 · 제도적 장치 마련에 주력하고 있다.

---

45   한국콘텐츠진흥원, 『2011 해외 콘텐츠시장 조사(중국)』, 2011, 113, 117-118쪽 재정리.

2) 국내 음악산업 진흥정책

음악산업의 진흥은 1999년 2월 개정된 〈음반·비디오물 및 게임물에 관한 법률〉 및 동년 2월 제정된 〈문화산업진흥기본법〉을 토대로 2001년 8월에 한국문화콘텐츠진흥원이 설립되면서 진흥이 본격 추진되었다.

(1) 가치사슬 경쟁력 강화

① 주 활동

- 기획-제작: 2000년부터 2009년까지 음악산업 진흥을 위해 추진한 가치사슬 강화사업 중 기획-제작 지원 주요 사업은 〈인디음악[46] 제작 지원〉, 〈디지털 싱글 제작 지원〉, 〈수출용 음악콘텐츠 제작 지원〉 등 제작 자금을 지원해주는 제작 지원 중심으로 사업이 추진되었으며 그 세부 내용은 다음과 같다.

  2003년부터 2007년까지 인디음악 제작 지원사업인 〈인디레이블 육성 지원사업〉을 추진하였고, 2005년부터 2007년까지 〈디지털 싱글 제작 지원〉 및 〈수출용 음악콘텐츠 제작 지원〉 사업을 추진한 것으로 조사되었다.

- 유통-서비스: 2000년부터 2009년까지 음악산업 진흥을 위해 추진한 가치사슬 강화사업 중 유통-서비스 지원 주요 사업은 〈해외 고정 프로그램 확보〉, 〈해외 마켓 참가〉, 〈해외 음악 쇼케이스 개최〉, 〈인

---

[46] 인디 밴드(Independent Band, 줄여서 Indie Band)란 대한민국에서 활동하는 자립형 밴드를 뜻한다.

디음악 페스티벌 개최〉를 중심으로 사업이 추진되었으며 그 세부 내용은 다음과 같다.

2002년 해외 방송 프로그램 시간을 확보하여 우리나라 음악을 소개하는 〈해외 고정 프로그램 확보〉 사업이 추진되었다. 2001년에는 프랑스와 독일 등에서 개최되는 〈해외 마켓〉 참가를 지원하였으며 2003년에는 〈해외 음악 페스티벌〉 참가도 지원하였다. 2004년부터는 해외에서 직접 가수들이 공연을 하고 음악 기업들의 비즈니스를 지원하는 〈해외 음악 쇼케이스〉도 새롭게 추진되었다. 2006년부터는 〈인디음악 페스티벌〉을 개최하였고, 2008년부터는 드라마 OST(Orignal Sound Track) 가수들의 해외 진출을 지원하기 위하여 일본에서 〈드라마 OST 영상 음악제〉를 개최한 것으로 조사되었다.

(2) 외부환경 조성

① 금융

음악산업 진흥을 위한 외부환경 조성의 하나인 금융 지원 부문의 주요 사업을 분석해본 결과, 〈문화산업 진흥기금 융자지원〉 사업이 추진되었다.

② 인프라 조성

인프라 조성 부문은 주요 사업은 〈음악산업 포럼 개최〉, 〈한국 음악 데이터 센터 구축〉, 〈우수 신인 음반 시상〉 중심으로 사업이 추진되었는데, 이를 세부적으로 살펴보면 다음과 같다.

음악산업의 발전 방안을 논의하는 〈음악산업 포럼〉이 개최되었으며, 2009년에는 음악 관련 각종 자료를 체계적으로 수집·분류하기 위한 〈한국음악데이터센터〉가 구축되었다. 2006년부터는 우수 신인 음반을 선정하여 기념패를 수여하고 각종 매체를 통해 홍보를 지원하는 〈우수 신인 음반 시상〉 사업이 추진되었다.

③ 법/제도/정책/정보

음악산업 진흥을 위한 외부환경 조성의 하나인 법/제도/정책 부문 주요 사업을 분석해본 결과, 〈산업 진흥 계획 수립〉, 〈정책 연구〉, 〈산업정보 제공〉, 〈법 · 제도〉 등을 중심으로 사업이 추진되었고 그 세부 내용은 다음과 같다.

먼저, 〈산업 진흥 계획 수립〉을 살펴보면 2002년에는 〈2003~2007년 음악산업 진흥 5개년 계획〉을 수립 · 발표하였으며, 2005년에는 〈침체된 음악산업 발전을 위한 음악산업 진흥 방안〉을 수립 · 발표하였다. 특히 이 진흥 방안에서는 음악산업의 개념과 범위를 확대하여 음악 교육 및 악기 제도 관련업, 음악 제작 관련업, 매니지먼트 관련업, 오프라인 유통 관련업, 디지털 유통 관련업, 노래연습장 관련업, 음악공연 관련업을 음악산업에 포함시켰다. 이 진흥 방안 발표를 계기로 음악산업 통계에 노래연습장, 음악공연 관련업이 포함되면서 국내 음악산업에 대한 매출액, 기업체 수, 종사자 수 등이 크게 증가였다. 2008년에는 〈한국 대중음악의 글로벌화를 위한 음악산업 진흥 중기계획(2009~2013년)〉을 수립 · 발표한 것으로 조사되었다.

한편, 〈정책연구〉로는 2005년 〈디지털음악 활성화 방안 연구〉, 〈창업 및 수출 매뉴얼 작성〉, 〈음악산업 종합 지원 시스템〉 연구 등이 추진되었다. 2007년에는 〈글로벌 음악시장 지형도 작성 및 한국 음악의 해외 진출 활성화 방안 연구〉, 〈인터넷 실명제와 음악산업의 발전 방안 연구〉, 〈P2P

정액 요금제 도입의 시장 파급효과 분석연구〉 등이 추진되었고, 2008년에는 〈한국 대중음악 디렉토리〉, 〈음악산업 동향 분석〉 등의 정책 연구가 추진되었다. 이외에도 〈대중 음악차트 및 해외 주요 시상식 사례 연구〉, 〈음악산업계 이슈에 대한 객관적 연구〉, 〈대중음악 차트 및 해외 주요 시상식 사례 연구〉 등 연구 사업이 추진되었다. 〈산업정보 제공〉과 관련해서는 2009년 〈산업동향 분석〉, 〈심층 이슈 페이퍼 발간〉 등이 추진되었다. 〈법·제도〉와 관련해서는 2006년 〈음악산업 진흥에 관한 법률〉 시행령 및 시행규칙에 관한 제정을 추진한 것으로 조사되었다.

④ 기타

음악산업은 산업 진흥정책의 일환으로 〈음악사랑 캠페인〉 사업을 추진하였는데 〈음악사랑 캠페인〉은 저작권에 대한 국민 의식 제고를 위한 협회 등과 협력 사업이었으나 실질적인 효과는 거두지 못한 것으로 조사되었다. 또한 〈불법 음반 상설 단속반〉 운영을 통해 불법 음반 단속을 추진한 것으로 조사되었다.

방송(드라마)산업

1. 방송(드라마)산업의 성장과 변화

　방송(드라마)산업의 성장과 변화를 살펴보기 전에 방송산업에 대한 개요
를 살펴보면 다음과 같다.

　　시청료 또는 광고비가 재원인 방송사들은 기본적으로 프로그램 방
송으로 운영된다. 다시 말하면 시청자의 창출, 즉 시청률을 높여 시청료
를 징수하거나 시청자 수를 담보로 광고주로부터 광고료를 받는다. 따
라서 방송산업의 핵심은 프로그램과 광고라고 할 수 있다. 한편, 방송
서비스는 크게 지상파 방송, 케이블 TV, 위성방송, 기타 방송으로 나뉜
다. 지상파 방송에는 텔레비전 방송과 라디오 방송이 있고, 케이블 TV
에는 케이블 TV 방송국(종합유선방송사업자: SO, System Operator), 프로그램
공급사(방송채널사용사업자: PP, Program Provider), 그리고 전송망 사업자(NO,
Network Operator)로 분류되는 종합 유선방송과 중계 유선방송, 전송과 분

배를 전문으로 하는 사업체로 분류되며, 기타 방송은 전광판 방송과 인터넷 방송이 포함된다.[47]

이처럼 방송 서비스는 지상파 방송, 케이블 TV, 위성방송, 기타 방송으로 구분할 수 있으며 2000년 매체별 시장점유율[48]을 살펴보면 지상파 방송이 78%, 케이블 TV가 16%, 기타가 6%를 점유하고 있다. 광고시장을 기준으로 하면 지상파 방송의 비중은 92%로 더 높아져 지상파 방송이 우리나라 방송시장을 이끌어가고 있다고 할 수 있다. 지상파 3사(KBS, MBC, SBS)는 2000년 인터넷 방송 및 드라마, 스포츠 등 케이블 TV에까지 진출하여 지상파 3사가 방송산업에 미치는 영향력은 거의 절대적이라고 할 수 있다.

이렇게 지상파 방송사 중심의 제작 구조로는 다채널 시대의 방송 환경에서 시청자들의 다양한 욕구를 충족할 수 없고 경쟁을 통한 프로그램 발전에 한계가 있다고 판단한 정부는 방송사와는 독립적으로 프로그램을 전문적으로 제작하는 '독립제작사'를 집중 육성하기 위하여 1990년대 초반부터 〈지상파 TV 외주 제작 비율〉[49]을 법적으로 정하여놓고 있으며 그 비율은 2000년 27%에서 2001년 31%, 2002년 35%로 지속 확대되었다. 그러나 외주 제작 비율의 지속 확대에도 불구하고 2001년 지상파 방송 총제작비에서 실제 외주 제작비가 차지하는 비중은 10% 내외[50] 수준일 뿐아니라 독립제작사가 외주 제작한 프로그램의 경우에도 거의 모든 저작권을 방송 3사가 소유하고 있어 독립제작사의 경우에는 저작권을 기반으로

47　서진수, 『문화경제의 이해』, 강남대학교 출판부, 2005, 54-55, 62-63쪽에서 정리.

48　문화관광부, 『2001 문화산업백서』, 문화관광부, 2001, 294쪽 참조.

49　문화관광부, 『2001 문화산업백서』, 문화관광부, 2001, 280쪽 참조.

50　문화관광부, 『2002 문화산업백서』, 문화관광부, 2002, 326쪽 참조.

한 추가적인 수익 창출이 거의 불가능한 상황이다.

1) 방송(드라마)산업 매출액

방송산업의 매출액은 지상파 방송[51], 유선방송[52], 위성방송[53], 방송채널
사용사업자,[54] 독립제작사로 구성되어 있다. 2000년 방송산업의 매출액
은 5조 574억 원이었으며 2009년에는 12조 7,689억 원으로 152.4%가 증
가하였는데 증가의 대부분은 방송채널사업자의 매출액 증대였다. 한편
2009년 방송산업 매출액에서 독립제작사가 차지하는 비중은 6.2%에 불
과하였다.

표 3-15 | 방송산업 매출액 세부 내역 비교

(단위: 억 원)

구분	2000	구성비(%)	2009	구성비(%)
지상파 방송	30,984	61.2	36,406	28.0
유선방송	6,301	12.4	25,409	19.9
위성방송	-	-	5,308	4.2
방송채널사용사업자	13,288	26.2	52,603	41.2

---

51 지상파 방송은 라디오 방송, 텔레비전 방송, 지상파 계열 DMB, 지상파이동멀티미디어방송
을 포함한다.
52 유선방송은 종합유선방송, 중계유선방송을 포함한다.
53 위성방송은 일반위성, 위성이동을 포함한다.
54 방송채널사용사업자는 프로그램 제작공급업을 말한다.

(계속)

구분	2000	구성비(%)	2009	구성비(%)
독립제작사	–		7,961	6.2
합 계	50,574	100.0	127,689	100.0

출처: 문화관광부, 『2001 문화산업통계』, 문화관광부, 2001, 68쪽; 문화체육관광부, 『2010 콘텐츠산업통계』, 문화체육관광부, 2010, 347쪽 재정리

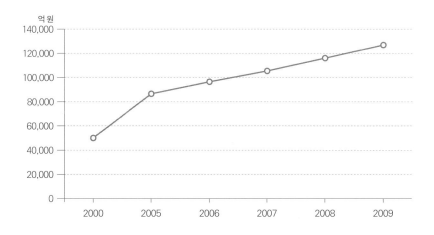

그림 3-10 | 2000~2009년 방송산업 매출액 변화

출처: 문화관광부, 『2001 문화산업통계』, 문화관광부, 2001, 68쪽; 문화체육관광부, 『2010 콘텐츠산업통계』, 문화체육관광부, 2010, 347쪽 재정리

지상파 방송의 서비스 매출액 구성을 세부적으로 살펴보면 2009년 지상파 방송의 서비스 매출액은 광고가 52.9%, 수신료가 15.8%를 차지하고 있다. 이는 지상파 방송의 주 수익원이 앞에서 언급한 바와 같이 광고와 수신료라는 것을 의미한다. 이외 지상파 방송사의 수익원은 협찬과 프로그램 판매가 있는데, 전체 매출액에서 7.6%를 차지하여 비중은 높지 않으

나 전년 대비 128.5%, 연평균 19.6%가 성장하였다.[55] 이는 그동안 방송국
이 프로그램 방영을 통한 수신료와 광고료를 주 수익원으로 하였으나 새
로운 수익원으로서 프로그램 판매에도 적극적으로 나서고 있다는 것을 나
타내주고 있다.

표 3-16 | 지상파 방송 서비스 매출액 구성 내역

(단위: 억 원)

구분	2007	2008	2009	구성비(%)	연평균 증감률(%)
수신료	5,531	5,646	5,745	15.8	1.9
광고	23,924	21,998	19,182	52.9	−10.5
프로그램 판매	1,923	1,203	2,748	7.6	19.6
기타	7,437	9,330	8,601	23.7	−
전체 합계	38,815	38,177	36,276	100.0	−3.3

출처: 문화체육관광부, 『2010 콘텐츠산업통계』, 문화체육관광부, 2010, 350쪽 재정리

다음으로 정부에서 적극 육성하려고 하는 독립제작사의 현황을 살펴보
면 다음과 같다. 먼저 2009년 독립제작사의 매출액은 창작 · 제작 매출액
이 7,461억 원으로 93.7%를 차지한 반면, 유통 · 배급 매출액은 234억 원
으로 2.9%에 불과하였다.[56] 이는 독립제작사들이 프로그램을 제작한 후
직접 유통 · 배급하지 못하고 대부분 방송사에 제공하고 있다는 것을 나타
낸다. 이는 2009년까지 방송드라마의 유통 · 배급이 대부분 방송사를 통
해서 이루어지고 있어 어쩔 수 없다는 측면도 있다고 할 수 있다. 그러나

---

55 문화관광부, 『2001 문화산업통계』, 문화관광부, 2001, 68쪽 참조; 문화체육관광부, 『2010
콘텐츠산업통계』, 문화체육관광부, 2010, 347쪽 참조.

56 문화체육관광부, 『2010 콘텐츠산업통계』, 문화체육관광부, 2010, 355쪽 참조.

여기서 주목하여야 할 것은 독립제작사가 창작 또는 제작한 방송드라마를 방송사에 제공한 후 방송사가 방송드라마를 활용해 창출한 수익(수신료와 광고료 등)을 공정하게 배분하는가 하는 점이다. 이 수익 배분율이 공정하고 적정하게 되어 있어야만 독립제작사가 수익을 창출하며 지속 성장할 수 있기 때문이다.

표 3-17 | 2009년 독립제작사 사업 형태별 매출 현황

(단위: 억 원)

구분	창작·제작	제작 지원	유통·배급	기타	합계
매출액	7,461	151	234	113	7,961
비중(%)	93.7	1.9	2.9	1.4	100.0

출처: 문화체육관광부, 『2010 콘텐츠산업통계』, 문화체육관광부, 2010, 355쪽 재정리

또한 독립제작사가 제작한 프로그램의 저작권 보유 현황을 살펴보면 2009년 총 27,802편을 제작하였는데 저작권 보유 비율은 33.3%에 불과하였다.[57] 이는 독립제작사가 제작한 프로그램임에도 불구하고 대부분의 저작권을 방송사들이 소유하고 있기 때문이다. 따라서 독립제작사는 창작자임에도 저작권을 소유하지 못해 저작권을 기반으로 다양한 수익을 창출하는 콘텐츠산업의 특성을 살리지 못하는 어려운 환경에 처해 있다는 것을 알 수 있다.

---

[57]　문화체육관광부, 『2010 콘텐츠산업통계』, 문화체육관광부, 2010, 391쪽 참조.

표 3-18 │ 2009년 독립제작사 프로그램 국내 판매 현황

구분	판매 편수(편)	저작권 보유비율(%)
현황	27,802	33.3

출처: 문화체육관광부, 『2010 콘텐츠산업통계』, 문화체육관광부, 2010, 391쪽 재정리

한편 독립제작사의 수출 현황을 살펴보면 2008년 1,122만 달러에서 2009년 1,434만 달러로 27.8% 성장하였는데 이는 방송드라마의 해외 진출 확대에 따른 것으로 판단된다.[58]

표 3-19 │ 2008~2009년 독립제작사 수출액 현황

(단위: 만 달러)

구분	2008	2009
수출액	1,122	1,434

출처: 한국콘텐츠진흥원, 『2010 방송영상산업백서』, 한국콘텐츠진흥원, 2010, 105쪽

2) 방송(드라마)산업 수출액

다음으로 방송산업의 수출 현황을 살펴보면 방송산업의 수출액은 2000년 1,311만 달러에서 2009년 1억 8,457만 달러로 크게 성장하였다.[59] 그러나 2009년을 기준으로 방송산업 수출액에서 독립제작사가 차지하는 비중은 7.8%로 미미한 수준이다.

---

[58] 한국콘텐츠진흥원, 『2010 방송영상산업백서』, 한국콘텐츠진흥원, 2010. 105쪽 참조.

[59] 문화관광부, 『2001 문화산업통계』, 문화관광부, 2001, 70쪽 참조; 문화체육관광부, 『2010 콘텐츠산업통계』, 문화체육관광부, 2010, 361쪽 참조.

표 3-20 | 방송산업 수출액

(단위: 만 달러)

구분	2000	2004	2005	2007	2008	2009
수출액	1,311	7,036	12,176	15,095	17,134	18,457

출처: 문화관광부, 『2001 문화산업통계』, 문화관광부, 2001, 70쪽; 문화체육관광부, 『2010 콘텐츠산업통계』, 문화체육관광부, 2010, 361쪽

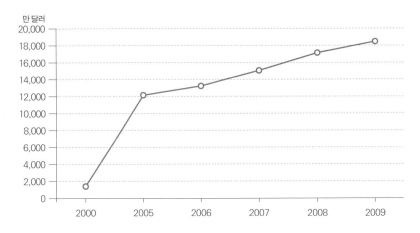

그림 3-11 | 2000~2009년 방송산업 수출액 변화 추이

출처: 문화관광부, 『2001 문화산업통계』, 문화관광부, 2001, 70쪽; 문화체육관광부, 『2010 콘텐츠산업통계』, 문화체육관광부, 2010, 361쪽

수출 내역을 세부적으로 살펴보면 2000년 방송산업의 수출액은 1,311만 달러로 우리나라 콘텐츠산업 전체 수출액에서 차지하는 비중은 5.0%였다. 이후 방송산업의 수출액은 한류의 확산으로 지속 증가하여 2004년 7,036만 달러, 2005년 1억 달러를 넘어서 1억 2,176만 달러로 성장하였고, 2007년에는 1억 5,000만 달러를 넘어서 1억 5,095만 달러, 2008년 1억 7,134만 달러, 2009년에는 1억 8,457만 달러로 증가하여 2000년 대비 14.1배 성장하였으며, 콘텐츠산업 총 수출액에서 차지하는 비중도 2000

년 5%에서 2009년 7.7%로 2.2% 상승하였다.[60]

이렇게 방송산업의 수출액이 지속 증가한 것은 1990년대부터 시작된 아시아 국가들의 뉴미디어 도입과 일본 영상물의 가격 상승이라는 두 가지 변화의 최대 수혜국이 되면서 '한류'로 대변되는 해외 시장 확대의 기회를 포착할 수 있었기 때문이다.[61] 그러나 방송산업의 수출에 가장 큰 역할을 한 것은 바로 독립제작사들이다. 방송산업의 수출은 대부분 드라마가 차지하고 있으며, 드라마의 대부분은 독립제작사에서 제작하고 있기 때문이다. 이러한 상황을 자세하게 살펴보면 다음과 같다.

먼저 방송산업의 수출액을 장르별로 살펴보면 드라마, 다큐멘터리, 애니메이션, 영화, 음악, 오락, 교육, 교양, 기타로 구성되어 있는데 드라마가 차지하는 비중은 2000년 31.5%에서 2009년 92.5%로 증가하여 방송산업 수출액은 드라마 수출액이라고 하여도 무방할 정도이다.[62]

표 3-21 | 2000년, 2009년 방송산업 장르별 수출액 비교

(단위: 천 달러)

구분	2000	구성비(%)	2009	구성비(%)
드라마	1,998	31.5	96,484	92.5
다큐	313	4.9	1,026	1.0
애니메이션	268	4.2	174	0.2
영화	–	–	–	–

---

60 문화관광부, 『2001 문화산업통계』, 문화관광부, 2001, 70쪽 참조; 문화체육관광부, 『2010 콘텐츠산업통계』, 문화체육관광부, 2010, 361쪽 참조.

61 문화관광부, 『2003 문화산업통계』, 문화관광부, 2003, 284쪽 참조.

62 문화체육관광부, 『2001 문화산업통계』, 문화체육관광부, 2001, 70쪽 참조; 문화체육관광부, 『2010 콘텐츠산업통계』, 문화체육관광부, 2010, 367쪽 참조.

(계속)

구분	2000	구성비(%)	2009	구성비(%)
음악	263	4.1	6	0.0
오락	278	4.4	4,743	4.5
교육	–	–	–	–
교양	128	2.0	712	0.7
기타	3,100	48.8	1,101	1.1
합계	6,349	100.0	103,145	100.0

출처: 문화체육관광부, 『2001 문화산업통계』, 문화체육관광부, 2001, 70쪽; 문화체육관광부, 『2010 콘텐츠산업통계』, 문화체육관광부, 2010, 367쪽

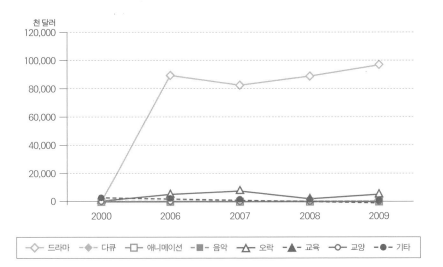

그림 3-12 | 2000년, 2009년 방송산업의 장르별 수출액 변화 추이

출처: 문화체육관광부, 『2001 문화산업통계』, 문화체육관광부, 2001, 70쪽; 문화체육관광부, 『2010 콘텐츠산업통계』, 문화체육관광부, 2010, 367쪽 참조 재정리

드라마 수출액은 2000년 약 200만 달러에 불과하였으나 한류의 확산에 따라 2006년에는 9,000만 달러를 넘어섰고, 이후 2007년, 2008년에는 약

간 감소하다가 2009년 9,648만 달러로 다시 증가하였다.[63] 2009년 드라마 수출액은 2000년 대비 48.24배 성장하였다.[64]

방송산업 수출액의 대부분을 차지하고 있는 드라마의 제작 현황을 살펴보면, 2009년 지상파에서 편성한 드라마는 총 74편이었다. 74편 중 31.1%에 해당하는 23편은 지상파가 제작하였고, 나머지 68.9%에 해당하는 51편은 독립제작사에서 제작하였다.[65] 이처럼 방송산업의 수출은 드라마가 92.5%를 차지하고 있고, 드라마의 68.9%는 지상파 방송사가 아니라 독립제작사에서 제작하고 있다. 그럼에도 2009년 방송 프로그램 수출에서 독립제작사가 차지하는 비중은 7.8%에 불과하였다. 이는 제작은 대부분 독립제작사에서 하고 있으나 제작한 드라마에 대한 저작권을 보유하고 있지 못해 드라마의 수출은 대부분 방송사에서 담당하고 있기 때문이다. 이처럼 독립제작사는 제작한 드라마에 대한 저작권을 소유하지 못함으로써 국내 매출액은 물론 수출 측면에서도 수익을 창출하기 어려운 상황이다.

표 3-22 | 국내 드라마 제작 현황

구분	드라마 총 제작 편수	방송사 제작	독립제작사 제작
제작 편수	74편	23편	51편
비중	100%	31.1%	68.9%

출처: 김재윤, 『한국 드라마의 제작실태 및 개선방안』, 2011 국정감사 정책자료집 1, 2011, 15쪽

---

[63] 문화관광부, 『2007 문화산업통계』, 문화관광부, 2007, 294쪽 참조.
[64] 문화체육관광부, 『2010 콘텐츠산업통계』, 문화체육관광부, 2010, 367쪽 참조.
[65] 김재윤, 『한국 드라마의 제작실태 및 개선방안』, 2011 국정감사 정책자료집 1, 2011, 15쪽.

3) 방송(드라마)산업 종사자 수

다음으로 방송산업의 종사자 수를 살펴보면 2000년 방송산업 종사자 수는 3만 95명이었다. 이후 증가하기는 하였으나 증가폭이 높지 않아 2009년 방송산업 종사자 수는 3만 4,308명으로 1.14배 증가하는 데 그쳤다.[66] 즉 드라마 수출의 증가 등 한류의 확산에도 불구하고 방송산업의 종사자 수는 크게 증가하지 않았다.

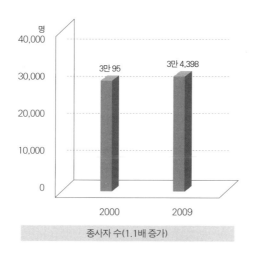

그림 3-13 | 2000년, 2009년 방송산업 종사자 수 비교

출처: 문화관광부, 『2001 문화산업백서』, 문화관광부, 2001, 20쪽; 문화체육관광부, 『2010 콘텐츠산업통계』, 문화체육관광부, 2010, 371쪽

---

66   문화관광부, 『2001 문화산업백서』, 문화관광부, 2001, 20쪽 참조; 문화체육관광부, 『2010 콘텐츠산업통계』, 문화체육관광부, 2010, 371쪽 참조.

4) 방송(드라마)산업 기업체 수

한류의 확산에도 불구하고 방송산업 기업체 수는 2000년 917개에서 2009년 869개로 약 5.2% 감소하였는데 그 이유는 유선방송사업자가 급격하게 감소하였기 때문이다.[67]

이처럼 지상파 3사가 주도하는 방송산업은 한류 확산에도 불구하고 종사자 수는 미미하게 증가하고 기업체 수는 오히려 줄어들어 고용 증대 등의 산업적 성과는 미미하였다.

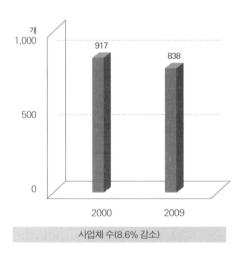

그림 3-14 | 2000년, 2009년 방송산업 기업체 수 비교

---

67   문화관광부, 『2001 문화산업백서』, 문화관광부, 2001, 20쪽 참조; 문화체육관광부, 『2010 콘텐츠산업통계』, 문화체육관광부, 2010, 371쪽 참조.

5) 방송(드라마)산업 상장사 수

다음으로 방송산업의 상장사 수를 살펴보면 2010년 3월 기준, 총 20개
사였다. 그러나 상장사 중 방송사를 제외하고 방송 프로그램을 제작하는
제작사는 6개사뿐이며 그중 1개사는 거래가 정지되어 있어 실질적으로는
5개사에 불과하였다.[68]

표 3-23 | 방송 부문 상장사 현황 (2010년 3월 기준)

(단위: 억 원)

회사명	시가총액	주요사업
CJ오쇼핑	7,928	TV 및 온라인 홈쇼핑
SBS(유)	7,301	지상파 방송사업, 광고 수익
GS홈쇼핑	4,574	TV 및 온라인 홈쇼핑
SBS 미디어홀딩스(유)	4,253	사업지주회사, 방송사업 및 문화서비스사업
온미디어(유)	4,245	케이블 방송, 위성방송, 음악 케이블 방송
티브로드한빛방송(관)	2,933	방송 수입, 광고 수익, 초고속 인터넷
YTN	2,022	뉴스 프로그램의 제작, 공급, 타워사업, 광고 협찬
SBS콘텐츠허브	1,714	콘텐츠 제공, 프로젝트 수익, 웹에이전시
디지털조선	1,022	인터넷, SI사업, 교육 프로그램, 전광판 광고
삼화네트웍스	984	드라마 제작 및 드라마 판매 판권 관리
한국경제TV	874	경제 전문 방송, TV 광고 및 시청료 수익
IS PLUS	770	스포츠신문 발행, 미디어사업
클루넷	676	드라마 제작 JS픽처스 보유, CDN 및 콘텐츠 유통
더체인지	607	방송 프로그램 제작 및 국내·외 판매

---

68 http://www.krx.co.kr/index.jsp 참조.

(계속)

회사명	시가총액	주요사업
큐릭스	641	케이블 TV, 광고 수익, 인터넷 서비스
iMBC	571	콘텐츠 매출, 해외 판매 콘텐츠
팬엔터테인먼트	232	방송드라마 외주 제작, 드라마 OST 및 음반 제작
에이엔씨바이오홀딩스	216	출판 매체 복제
올리브나인(거래정지)	189	방송 프로그램 제작 및 매니지먼트 사업
초록뱀(관)	160	방송 프로그램 제작 · 배급, 영화 제작 · 배급

출처: http://www.krx.co.kr/index.jsp

6) 방송(드라마)산업 대표 기업 수익 창출 현황

방송(드라마)산업의 대표 기업(독립제작사)의 2010년 매출액과 순이익을 살펴보면 매출액은 116~393억 원이나 당기 순이익은 대부분 기업이 적자를 기록하고 있었다.

표 3-24 | 방송산업(독립제작사) 대표 기업 매출액 및 당기 순이익 비교

(단위 : 억 원)

구분		2007		2008		2009		2010	
		매출액	순이익	매출액	순이익	매출액	순이익	매출액	순이익
방송	IHQ	414	14	448	-167	430	-48	393	-79
	초록뱀미디어	250	-186	192	-31	101	-95	116	-64
	삼화네트웍스	125	-23	281	17	157	13	247	2
	팬엔터테인먼트	96	4	181	-1	159	4	280	1

출처: http://finance.naver.com/를 참조하여 재구성

2. 방송(드라마)산업 진흥정책 분석

1) 해외 주요 국가 진흥정책

방송산업과 관련된 "미국의 정책은 주로 디지털 방송 전환, 방송과 통신 융합에 따른 규제, 소유의 문제 등에 집중되어 있다. 이와는 별도로 미국 방송시장의 주요 트렌드 중 하나로 인터넷 동영상 서비스에서 진화한 OTT(Over The Top) 서비스가 부상하고 있는데 훌루닷컴, 넷플릭스 등의 OTT 서비스가 유료 방송시장의 새로운 경쟁 매체로 반향을 일으키고 있다. 최근 들어 OTT 서비스는 인터넷을 통해 영화나 방송 프로그램 같은 동영상 콘텐츠를 전달하는 서비스를 총칭하는 의미로 사용된다. OTT 서비스의 활성화 배경을 살펴보면 OTT 서비스의 특징을 파악할 수 있다. OTT 서비스는 저렴하고 간편하게 영화나 방송 프로그램을 시청하고자 하는 소비자의 니즈를 충족시켜주는 서비스이다. OTT 서비스는 채널 선택권 제작이나 생활 패턴의 차이로 인해 정해진 시간을 놓치면 시청하기 쉽지 않은 TV 프로그램과는 달리 자신이 원하는 프로그램을 시간에 관계없이 시청할 수 있는 개인용 매체라는 속성을 지니고 있다. OTT 서비스의 등장은 저렴하고 편리하게 유료 방송을 시청할 수 있는 다양한 기회를 제공한다는 측면에서 고무적이다. 또한 OTT는 미디어 콘텐츠의 가치사슬에 변화를 주고 있다. 기존의 콘텐츠 제작자들이 자체적으로 보유하고 있는 웹사이트를 활용하여 콘텐츠 유통 영역으로 뛰어들고 있는 것이다. 이렇듯 가치사슬에서의 변화와 사업자간의 경쟁은 미디어 콘텐츠 시장이 더욱 활성화되는 긍정적인 효과를 유발할 것으로 기대된다."[69]

　"영국도 미국과 마찬가지로 디지털 전환에 정책의 초점이 많이 맞추어
져 있다. 특히 영국은 디지털 저작권 보호와 관련하여 인터넷 지불 방법
혁신 등 합법적인 파일 공유를 촉진하는 방안을 추진하고 있다. 또한 불
법 공유 경고 시스템을 운영하여 상습적인 불법 행위에 대해 민사상 처벌
등 엄중히 대처할 방침이며 이를 통해 1년 내에 불법 파일 공유를 현재의
70% 수준까지 감소시키는 것을 목표로 하고 있다."[70]

　이외에 영국의 방송산업 육성정책에서 주목해야 할 것은 바로 외주
정책이다. 이러한 외주정책에 대해 김대호(2005)는 다음과 같이 언급하고
있다.

　　영국은 우리나라보다 1년 앞선 1990년 〈방송법〉에서 외주정책을 처
　　음으로 법제화[71]하여 방송사 밖의 제작사가 제작한 프로그램이 전체 편
　　성시간의 25%를 넘도록 법제화하였다. 이러한 정책은 지속되어 2003
　　년 커뮤니케이션법(Communication Act)에서도 외주 정책을 계속 법제화하
　　였으며 방송통신 규제기구로 OFCOM을 구성하였다. 커뮤니케이션법
　　에는 공영방송을 포함한 모든 방송사들이 독립제작사들의 외주 제작
　　에 대한 시행 규칙(Code of Practice)을 작성하도록 규정하고 있으며 방송사
　　는 이 규정에 따라 사상 처음으로 외주 제작에 대한 시행 규칙을 제정하

69　한국콘텐츠진흥원, 『2011 해외 콘텐츠시장 조사(미국)』, 2011, 93-95쪽 재정리.
70　한국콘텐츠진흥원, 『2011 해외 콘텐츠시장 조사(영국)』, 2011, 75-78쪽 재정리.
71　Broadcasting Act, 1990.

게 되었다. 이러한 커뮤니케이션법을 실질적으로 뒷받침하고 있는 가
장 핵심적인 것은 OFCOM의 외주 제작 가이드라인이다. OFCOM은 외
주 제작 가이드라인을 통해 방송사가 외주 정책의 주요 내용을 담보하
도록 하였으며, 주요 내용 중 하나는 독립제작사에게 외주 제작을 맡길
때 방송 저작권의 이용에 대해 명확히 해야 한다. 여기서 OFCOM의 기
본 입장은 제작사가 프로그램 저작권을 가져야 한다는 것이다.[72]

프랑스, 일본 등도 최근 미국, 영국과 마찬가지로 디지털TV로의 전환에
정책의 초점이 맞추어져 있다. 그러나 방송과 관련하여 프랑스, 일본의 정
책에서 주목해야 할 것은 영국과 마찬가지로 외주 제작사와 관련한 사항
이다. 이와 관련해 이상길 · 박진우(2004)의, 한국콘텐츠진흥원(2009) 연구를
살펴보았다.

영국뿐 아니라 프랑스의 경우에도 외주 제작사가 저작권을 소유하
며 방송사에게는 지상파 방송에 대한 방영권만을 양도한다. 특정 지상
파에서의 독점적 방영권은 18개월 이내로 1회에 한해서만 인정하고 있
다. 그리고 지상파 방송사는 18개월 이내에 외주 제작물을 방송해야 한
다. 재방송은 계약 시 명시하도록 규정하고 있으며, 방영권의 최장 소유
는 42개월로 제한하고 있다.[73]

일본의 경우에도 2004년 3월 총무성 주도로 방송사, 독립제작사가

---

72 김대호, 「영국 2003년 커뮤니케이션법 제정에 따른 외주정책 평가」, 『한국언론학보』 제49
권 2호, 2005, 197쪽.

73 이상길 · 박진우, 『프랑스방송: 구조 · 정책 · 프로그램』, 한나래, 2004, 134쪽.

합의하여 역무에 관계해 발생한 권리 등의 역무 위탁의 목적 및 계약 조건에 비추어 명백하게 부당한 일방적인 취급을 금지하는 방편으로 표준계약서를 제정하였다. 일본의 방송 외주 제작 표준계약서에 저작권 관련 사항을 세부적으로 살펴보면, 제작 실태에 입각해 발생하는 저작권의 귀속과 계약에 의한 저작권 처리를 결정하는 경우는 이의 처리를 명기 또는 계약서의 취급으로는 권리를 이전하거나, 권리 행사의 대표자를 정하거나, 저작권의 귀속처와는 별도로 권리 행사 청구를 설정하거나 하는 경우는 공정하게 협의해야 한다. 프로그램 제작사업자에게 저작권이 귀속되고, 방송사업자가 방송권 허락을 받는 경우에는 방송사업자가 독점적으로 방송 가능한 기간, 횟수, 지역, 매체를 결정하고, 그 결과를 명기 또는 당초 취득한 방송권 기간, 횟수, 지역을 넘어 프로그램의 방송권 재구입을 방송사업자가 희망할 때는 별도 대가를 지불함으로써 해당 방송사업자가 우선적으로 취득한다는 취지를 기술하는 것이 일반적이다.[74]

중국의 경우에는 디지털TV로의 전환과 자국의 방송산업 육성을 위해 프로그램 규제를 강력하게 실시하고 있다.

중국에서의 방송산업은 공산당이나 정부 방침 등을 국민에게 전달 및 지도하는 역할을 수행하고 있어 중국 공산당과 중국 정부의 중요한 사업으로 지정되어 있다. 따라서 중국 내에서 방영되는 모든 방송 프로

---

74 한국콘텐츠진흥원, 『방송콘텐츠 활성화를 위한 외주제도 개선방안』, KOCCAFOCUS, 통권 제9호, 2009, 11-14쪽.

그램은 방송 전 중국 정부의 심사를 거치는 것을 원칙으로 한다. 중국 정부는 헌법이나 법률에 위반하는 내용이나 국가의 통일, 주권, 영토의 안전 등을 해치는 내용, 국가의 안전 및 명예, 이익 등에 반하는 내용, 민족 간 분열을 초래하고 민족의 단결을 저해하는 내용, 국가 기밀을 유출하는 내용, 사회 질서를 무너뜨리는 내용 등이 포함된 방송 프로그램의 방영을 엄격하게 금지하고 있다. 방송사업자는 해외 방송 프로그램을 중계할 경우 국무원의 승인을 받아야 하며, 홍콩, 대만, 마카오의 방송 프로그램도 해외 방송 프로그램에 포함되어 관리하고 있다. 국가광전총국은 중국 내 라디오, TV방송국에서 방송하는 해외 영화, TV드라마, 애니메이션, 기타 해외 방송 프로그램의 수입, 관리 및 방송시간 제한 등을 통해 규제하고 있다. 국가광전총국은 해외 방송 프로그램의 경우 시사 및 뉴스 프로그램의 수입을 금지하고 있으며, 영화, 드라마, 애니메이션 등에 대해서도 수입량은 물론 콘텐츠 내용 및 제작지 등을 엄격하게 관리하고 있다. 국외에서 제작된 방송 프로그램의 경우, 영화 및 드라마는 1일 전체 방송시간의 25% 이내, 기타 방송 프로그램은 15% 이내로 제한되어 있다. 국가광전총국의 허가 없이는 19~22시의 프라임타임 시간대에 국외 제작 드라마 방송은 금지되어 있다.[75]

2) 국내 진흥정책 현황

방송산업 진흥은 1999년 1월 한국방송개발원과 한국방송회관이 〈한

---

[75] 한국콘텐츠진흥원, 『2011 해외 콘텐츠시장 조사(중국)』, 2011, 72, 75쪽 재정리.

국방송진흥원)으로 통합되고 새롭게 출범하면서 본격 시작되었다. 또한 2000년 3월에는 새로운 방송법이 발효되어 당시 문화관광부에 방송영상 산업 진흥 의무를 부여하였으며, 외주 제작을 포함한 콘텐츠 관련 사항들을 새롭게 정비하였는데 그 세부 내용은 다음과 같다.[76]

첫째, 방송용 극영화와 만화영화, 외국에서 수입한 방송 프로그램에 대한 방송위원회의 사전심의를 폐지하였다.

둘째, 방송 발전을 위하여 기존의 공익자금을 방송발전기금으로 확대·개편하고, 이를 효율적으로 관리 운용하기 위하여 방송위원회 산하에 방송발전기금 관리위원회를 두도록 하였다.

셋째, 전체 방송 프로그램 중 국내에서 제작된 방송 프로그램을 일정 비율 이상 편성하도록 하고, 연간 방송용 극영화, 만화영화 중 국내에서 제작된 극영화, 만화영화 역시 일정 비율 이상 편성하도록 하였다.

넷째, 전체 방송 프로그램 중 외주 제작 방송 프로그램을 일정 비율 이상 편성하도록 하고, 또 한 주 시청 시간대에 외주 제작 방송 프로그램을 일정 비율 이상 편성하도록 의무화하였다.

2000년 3월 새로운 방송법이 발효되면서 방송(드라마)과 관련한 주요 사항은 사전심의 폐지와 일정 비율 이상 외주 제작 프로그램을 편성토록 한 것이다. 사전심의제의 폐지는 일종의 정부 규제를 완화한 것이고, 외주 제작 프로그램 편성을 의무화한 것은 독립제작사를 육성하겠다는 정부의 진흥 의지를 강력하게 표명한 것이라고 할 수 있다.

---

[76]　문화관광부, 『2000 문화산업백서』, 문화관광부, 2000, 265-266쪽 재정리.

2000년부터 2009년까지 10년간 방송(드라마)산업의 진흥정책을 가치사슬 경쟁력 강화와 외부환경 조성으로 구성된 콘텐츠산업 진흥정책 분석틀을 기반으로 분석해 보았다.

(1) 가치사슬 경쟁력 강화

① 주 활동

- **기획-제작**: 2000년부터 2009년까지 방송산업 진흥을 위해 추진한 가치사슬 강화사업 중 기획-제작 지원 주요 사업은 〈사전 제작비 지원〉, 〈우수 파일럿 제작 지원〉, 〈방송영상콘텐츠 제작 지원〉 등 〈제작 지원〉과 〈공모전 개최〉, 〈포맷 제작 지원〉 중심으로 사업이 추진되었으며 그 세부 내용은 다음과 같다.

  먼저 〈제작 지원〉을 살펴보면, 2000년부터 2003년까지 독립제작사를 대상으로 프로그램에 대한 〈사전 제작비 지원〉 사업을 추진하였다. 2002년부터는 〈우수 파일럿 제작 지원〉 사업을 신설하여 제작비를 지원하였고 2009년에는 이를 〈방송영상콘텐츠 제작 지원〉이라는 이름으로 변경하고 제작비와 함께 해외 마케팅도 지원하였다.

  〈공모전 개최〉사업은 2006년 〈뉴미디어 콘텐츠 소재 공모전〉과 〈DMB엑스포〉를 개최하였는데, 〈뉴미디어 콘텐츠 소재 공모전〉은 2007년까지 지속되었다. 2009년에는 〈대한민국 스토리 공모 대전〉을 신규로 추진하였고 기존의 완성 프로그램 판매를 벗어나 새로운 사업 모델인 〈프로그램 포맷[77] 판매사업[78]〉을 새롭게 추진한 것으로

---

[77] 포맷이란 '일련의 시리즈물 프로그램에서 각각의 에피소드를 관통하여 시리즈물 내내 변하지 않고 꾸준히 유지되는 요소들'을 집합적으로 칭하는 용어로, 프로그램 유형에 따라 포맷

조사되었다.

- 유통-서비스: 2000년부터 2009년까지 방송산업 진흥을 위해 추진한 가치사슬 강화사업 중 유통-서비스 지원 주요 사업은 〈현지어 제작 지원〉, 〈해외 견본시 참가 지원〉, 〈신규 시장 개척〉, 〈국제 공동 제작 지원〉, 〈국제 방송 견본시 개최〉 중심으로 사업이 추진되었으며 그 세부 내용은 다음과 같다.

  2000년부터 2009년까지 방송 프로그램의 해외 진출 지원을 위해 〈현지어 제작 지원〉 및 해외 수출 촉진을 위해 해외 주요 비즈니스 마켓에 우리나라 기업을 위한 공동관을 만들고 기업들의 해외 마케팅을 지원하는 〈해외 견본시 참가 지원〉 사업을 추진하였다. 2007년부터는 〈신규 시장 개척〉 및 방송문화 교류를 위한 〈국제 공동 제작 지원〉 사업을 신규로 추진하였다. 한편, 2001년부터 2009년까지 드라마 등 국내 방송 프로그램의 해외 수출 지원을 위해 〈국제 방송 견본시〉인 BCWW(Broad Cast World Wide)를 지속적으로 개최하였다.

의 구성요소가 달라진다. 포맷의 구성요소는 프로그램 유형에 따라 달라지는데 〈아메리칸 아이돌〉, 〈슈퍼스타 K2〉 그리고 뉴스, 게임쇼, 토크쇼와 같은 리얼리티 프로그램의 경우에는 진행대본과 규칙, 캐치프레이즈, 미술장치와 무대디자인 설계도면, 컴퓨터그래픽 소프트웨어 등으로 구성되며, 드라마, 시트콤 같은 픽션 프로그램의 경우에는 제목, 대본과 줄거리 개요, 등장인물 캐릭터에 대한 자세한 설명 그리고 컴퓨터그래픽 소프트웨어 등으로 구성된다. 홍원식 · 성영준, 『방송콘텐츠포맷유통에 관한 탐색적 연구』, 방송문화연구, 제19권 2호, 2007.

78 2009년 19편의 포맷바이블 제작과 5편의 해외 공동 제작을 진행하였다. 포맷바이블은 방송 프로그램에 대한 모든 정보를 체계적으로 집대성한 일종의 제작 매뉴얼로 프로그램을 재현해낼 수 있도록 전체 구성, 세트디자인, 출연자 선정과 같은 제작 노하우를 담고 있어 방송 포맷 해외 판매 시 제공하게 된다. 문화체육관광부, 『2010 콘텐츠산업백서』, 문화체육관광부, 2010, 434-435쪽.

② 지원 활동

- **인력양성**: 2000년부터 2009년까지 방송산업 진흥을 위해 추진한 가치사슬 강화사업 중 인력양성 주요 사업은 〈디지털 방송영상랩〉, 〈디렉터 스쿨〉, 〈사이버 방송 아카데미〉, 〈채용 박람회〉, 〈아시아 방송영상문화 전문가 연수사업〉을 중심으로 사업이 추진되었으며 그 세부 내용은 다음과 같다.

  2000년 디지털 영상시대의 전문 인력을 양성하기 위해 〈디지털 방송영상랩〉을 설치하고 디지털 영상 연출, HDTV 프로그램 제작 등을 교육하였다. 2002년부터 2008년까지는 방송산업의 핵심 인력인 PD와 마케터(marketer) 양성을 위해 〈디렉터 스쿨(Director School)〉을 개설하였고 2002년에는 온라인으로 멀티미디어 방송 제작에 역점을 둔 〈사이버 방송 아카데미〉를 개설하였다. 2006년부터 2008년까지는 〈채용박람회〉를 개최하였고 2006년에는 신규사업으로 〈아시아 방송영상문화 전문가 연수사업〉을 추진한 것으로 조사되었다.

(2) 외부환경 조성

① 금융

방송산업 진흥을 위한 외부환경 조성의 하나인 금융 지원 부문의 주요 사업은 〈방송 진흥기금〉, 〈문화산업 진흥기금〉, 〈방송영상 투자조합〉 사업이 추진되었으며 세부 내용을 살펴보면 다음과 같다.

2000년부터 방송 프로그램 제작을 활성화시키기 위해 〈방송 진흥기금〉으로 방송 프로그램 제작 지원을 추진하였으며, 문화산업진흥기본법에 의거하여 문화산업의 경쟁력 강화를 목적으로 〈문화산업 진흥기금〉이 조성되었다. 한편, 2002년에는 민간 자본과 함께 〈방송영상 투자조합〉이 발족되었다.

② 인프라 조성

금융 지원 부문 주요 사업은 〈디지털 방송영상 아카이브〉 구축, 〈독립제작사 제작 지원 시스템〉 구축, 〈지역 디지털 미디어 센터〉 구축, 〈DMS (Digital Magic Space)〉 구축 중심으로 사업이 추진되었는데 이를 세부적으로 살펴보면 다음과 같다.

2000년 방송 프로그램의 체계적 보존·관리를 위해 〈디지털 방송영상 아카이브〉를 구축하였다. 또한 독립제작사들의 열악한 제작 환경을 개선하기 위하여 〈독립제작사 제작 지원 시스템〉을 구축하였고, 2002년에는 지역의 방송 제작 인프라 강화를 위해 〈지역 디지털 미디어 센터〉 구축사업을 추진하였다.

한편 2006년에는 서울시 상암동 DMC(Digital Media City) 지구 내에 DMS (Digital Magic Space) 건물을 완공하였다. DMS는 방송영상콘텐츠의 기획에서 제작까지의 전 과정을 HD급으로 제작할 수 있는 편집 시스템, 스튜디오 등이 갖추어져 있으며 방송 프로그램 디지털 파일을 다양한 방식으로 변환시킬 수 있는 멀티 플랫폼 호환 시스템도 구축되어 있다.

③ 법/제도/정책/정보

방송산업 진흥을 위한 외부환경 조성의 하나인 법/제도/정책 부문 주요 사업은 〈산업 진흥 계획 수립〉, 〈정책 연구〉, 〈정보 제공〉, 〈법·제도〉 등을 중심으로 사업이 추진되었고 그 세부 내용은 다음과 같다.

〈산업 진흥 계획 수립〉을 살펴보면 2001년 새 방송법에 의거하여 문화관광부가 방송영상산업 진흥정책을 수립, 시행을 담당하게 됨에 따라 〈디지털 시대, 방송영상산업 진흥정책 전략〉을 수립 · 발표하였다. 2003 년에는 〈방송영상산업 진흥 5개년 계획(2003~2007년)〉을 발표하였고, 후속 작업으로 2008년 〈한국 방송영상산업 진흥 5개년 계획(2008~2012년)〉을 수립 · 발표하였다.

〈정책 연구〉 부분을 살펴보면, 2001년 〈외주 제작 표준계약서〉에 대한 연구를 추진하고, 방송사와 독립제작사 간 〈불공정한 외주 제작 관행 개선〉을 위해 세미나, 각종 토론회 등을 개최하였을 뿐 아니라, 2004년에는 외주 제작 의무 편성 제도의 문제점 분석 및 개선 방안 마련을 위해 〈외주 개선 협의회〉를 구성하여 운영하였으나 실효를 거두지 못하였다. 이외에도 2002 년 〈중국 시청자의 한국 방송영상 방영물 수용성 조사〉에 대한 연구, 2004 년 〈외주 전문채널 설립 타당성 연구〉, 〈외주 전문채널 설립 방안 연구〉 등을 추진하였다. 또한 2006년부터 〈KBI[79] 포커스〉, 〈방송 동향과 분석〉 등을 발간해 산업계에 방송산업에 대한 정보를 제공한 것으로 조사되었다.

마지막으로 〈법 · 제도〉 부문을 살펴보면 독립제작사에 대한 지원정책으로 지상파 방송사의 외주 제작 편성 비율을 단계적으로 확대하였다.

표 3-25 | 지상파 TV 의무 외주 제작 비율 고시 실적 및 계획

(단위 : %)

구분	1991~1998	1999	2000	2001	2002
전체 외주	3~20	20	27	31	35
독립제작사	4~18	18	22	26	30

출처: 문화체육관광부, 『2001 문화산업백서』, 문화체육관광부, 2001, 280쪽

---

79 '한국방송영상산업진흥원'의 영문이름 'Korean Broadcasting Institute'의 약어이다.

제4절

게임 · 음악 · 방송(드라마) 종합 분석

1. 게임 · 음악 · 방송(드라마)의 성장과 변화

게임, 음악, 방송(드라마) 콘텐츠산업의 성과와 변화를 종합해보면 다음과 같다.

먼저 매출액을 기준으로 살펴본 결과, 게임산업은 아케이드게임이 중심이었던 2000년 매출액은 2조 9,682억 원이었다. 이후 아케이드게임 매출은 감소하고 온라인게임의 매출이 증가하기 시작하여 2002년, 2003년부터는 온라인게임이 아케이드게임의 매출액을 뛰어넘기 시작하면서 온라인게임으로 게임산업의 중심축이 이동하였다. 이후 온라인게임의 매출액이 지속 증가하면서 2009년 게임산업의 매출액은 6조 5,806억 원으로 2.2배 성장하였으며 온라인게임의 경우에는 매출액이 2000년 1,915억 원에 불과하였으나 2009년 3조 8,087억 원으로 무려 19.3배 성장하였다.

음악산업은 음반이 중심이었던 2000년 매출액은 5,211억 원이었으나, 이후 음반시장은 축소되고 디지털음악 매출액은 증가하기 시작하여

2003년에는 음반과 디지털음악 매출액이 거의 유사하였다. 2004년에 들어서서 디지털음악시장이 음반시장을 뛰어넘어 디지털음악으로 중심축이 이동하였다. 또한 2005년부터는 노래연습장, 2006년부터는 음악공연업 매출액이 포함되어 2009년 음악산업 매출액은 2조 7,407억 원으로 성장하였다. 실제로 2009년 매출액에는 2000년에는 포함되지 않았던 노래연습장 매출액 1조 3,399억원이 포함되어 있으며, 이는 음악산업 매출액의 48.9%에 해당된다. 따라서 2000년과 동일 조건으로 2009년 음악산업 매출액에서 노래연습장을 제외하면 매출액이 1조 4,000억 원이 되며 이는 2000년 대비 2.7배 성장한 것으로 게임산업 2.2배에 비해 조금 높은 수준이라고 할 수 있다.

표 3-26 | 2000년, 2009년 게임, 음악, 방송산업 매출액 비교

(단위: 억 원)

	구분	2000년	비중(%)	2009년	비중(%)	증감률(배)
매 출 액	게임 (온라인게임)	29,682 (1,915)	1.6 (0.6)	65,806 (38,087)	9.5 (5.5)	2.2 (19.3)
	음악 (노래연습장 제외)	5,211	1.7	27,407 (14,007)	4.0 (2.0)	5.3 (2.7)
	방송	50,574	16.7	127,689	17.3	2.5
	콘텐츠산업 전체	302,762	100.0	690,004	100.0	2.3

방송(드라마)산업은 게임과 음악처럼 초고속 인터넷망의 구축에 커다란 영향을 받지 않았으며 지상파 중심의 산업 구조가 지속되었다. 방송산업의 매출액은 광고와 시청료가 중심으로 2000년 매출액은 5조 574억 원이었으며, 2009년에는 매출액이 12조 7,689억 원으로 성장하여 2.5배 증가

하였다. 그러나 2009년 독립제작사 매출액은 7,961억 원으로 방송산업 매출액에서 차지하는 비중은 6.2%에 불과하였다.

결과적으로 방송(드라마)산업이 외양적으로는 매출액도 크고 고성장을 기록 하였으나 매출액의 증가는 채널사업자의 매출액 증대가 주된 이유이다. 독립제작사는 2009년 기준으로 지상파 방송사에서 상영된 드라마의 69.9%를 제작하고 있음에도 불구하고 제작한 드라마의 저작권을 보유하지 못하고 방송사에 제공하는 역할만 수행함으로써 다양한 수익을 창출하지 못해 독립제작사의 매출액은 방송산업 전체 매출액의 6.2%에 불과하였다.

음악산업의 경우에는 2007년부터 노래연습장, 음악공연 등을 음악산업에 포함시키면서 통계상으로 매출액이 급증하는 형태를 보였으나 한류의 축인 대중음악만을 고려하면 2000년 음반 중심에서 2009년 디지털음악으로 그 중심이 변화되었을 뿐 2000년 5,200억 원 수준의 규모가 2009년에도 크게 성장하지 못하였다. 이는 음악산업이 2003년을 기점으로 음반에서 디지털음악으로 전환되고 이들을 중심으로 하는 새로운 한류 열풍이 시작되었음에도 통신사들을 중심으로 한 새로운 유통사업자가 등장하면서 디지털음원의 수익배분 등을 유통사인 통신사들이 주도하면서 음악제작업체들의 수익 창출에 한계가 있었기 때문이다.

반면 게임산업의 매출액은 아케이드게임에 의해 부침이 있었음에도 온라인게임 제작업체들이 대부분 유통까지 직접 담당함으로써 많은 수익을 창출하고 지속 성장하면서 게임산업이 전체적으로 지속 성장세를 유지하며 국내 콘텐츠산업의 성장을 주도하였다. 이를 종합해서 게임, 음악 방송(드라마)산업의 매출액 추이를 비교해보면 〈그림 3-15〉와 같다.

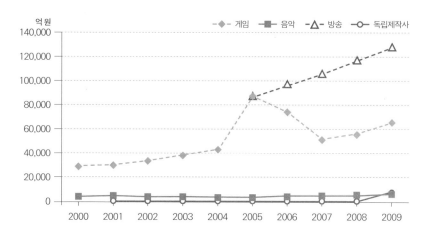

그림 3-15 | 게임, 음악, 방송산업의 매출액 추이

다음으로 수출액을 살펴보면 게임산업 수출액은 2000년 1억 150만 달러였으며 대부분이 아케이드게임이었다. 이후 아케이드게임은 지속적으로 축소되었으나 온라인게임 업체들이 국내 시장에서의 수익 창출을 기반으로 해외 시장에서 많은 성공 사례를 창출하면서 지속 성장하여 2009년 게임 수출액은 10억 달러를 넘어 12억 4,000만 달러를 달성하였다. 이는 2000년 대비 12.2배 성장한 것이며 2009년 콘텐츠산업 전체 수출액의 47.6%를 차지하는 것으로 게임산업이 우리나라 콘텐츠산업의 수출을 이끌어가고 있음을 나타낸다.

2000년 음악산업 수출액은 1,030만 달러였으며 대부분이 음반이었다. 이후 음반시장은 축소되었으나 디지털음악이 성장하고 '아이돌'을 중심으로 한 한류가 확산되면서 수출액이 증가하여 2009년 수출액이 3,126만 달러로 증가, 2000년 대비 약 3배 성장하였다. 그러나 음악산업의 수출액은 한류의 한 축으로서 외양적으로는 화려함에도 불구하고 게임산업 수출액의 2.5%에 불과한 수준으로 콘텐츠산업 전반에 대한 수출 기여도는 높지 않았다.

방송(드라마)산업 수출액은 2000년 1,311만 달러에서 2009년 1억 8,457만 달러로 14.1배 고성장하였다. 그러나 방송산업의 수출액을 게임산업과 비교해보면 게임산업 수출액의 14.8%에 불과한 수준이다. 한편 방송산업 장르별 수출액에서 드라마가 차지하는 비중은 2000년 31.5%에서 2009년에는 92.5%로 크게 증가하여 드라마가 방송산업 수출의 대부분을 차지하고 있었으며 지상파 방송사에서 방영하는 드라마의 68.9%는 독립제작사에서 제작한 것이었다. 이렇게 독립제작사가 방송산업의 수출에서 커다란 역할을 수행하고 있음에도 2009년 방송산업 수출에서 독립제작사가 차지하는 비중은 7.8%에 불과하였다. 이는 드라마의 제작을 상당 부분 독립제작사에서 담당하고 있으나 제작한 드라마의 저작권을 유통과 배급을 담당하는 방송사가 소유하고 방송드라마의 수출도 방송사에서 주도하고 있기 때문으로 독립제작사는 국내는 물론 수출을 통해서도 수익을 창출하기가 어려운 환경에 처해 있었다.

게임, 음악, 방송산업의 수출액 추이를 종합적으로 분석해보면 〈그림 3-16〉과 같다.

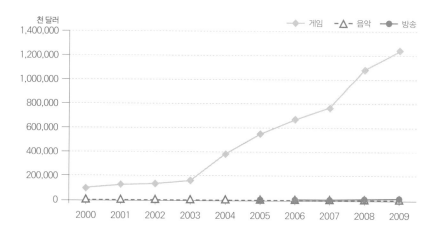

그림 3-16 | 2000~2009년 게임, 음악, 방송산업의 수출액 추이

2009년 우리나라 전체 콘텐츠산업 수출액 26억 달러에서 음악은 1.2%, 방송은 7.1%를 차지한 반면, 게임산업은 47.6%를 차지하며 우리나라 콘텐츠산업 전체의 수출을 이끌어가고 있다. 이렇게 콘텐츠산업 전체의 수출을 견인하고 있는 게임산업 수출액의 97.6%는 온라임게임이 차지하고 있다. 결국 온라인게임이 우리나라 콘텐츠산업의 전체 수출을 주도하고 있다고 할 수 있다.

표 3-27 | 2000년, 2009년 게임, 음악, 방송산업 수출액 비교

(단위: 천 달러)

구분		2000	비중(%)	2009	비중(%)	증감률(배)
수출액	게임	101,500	38.9	1,240,856	47.6	12.2
	음악	10,300	3.9	31,269	1.2	3.0
	방송	13,110	5.0	184,577	7.1	14.1
	콘텐츠산업 전체	260,910	100.0	2,604,232	100.0	9.9

다음으로 종사자 수를 살펴본 결과, 2000년 대비 2009년 게임은 4.2배, 음악은 3.1배, 방송은 1.1배 증가하여 게임산업이 가장 크게 증가하였음을 알 수 있다. 결국 게임산업은 온라인게임을 중심으로 국내 매출액 및 해외 수출액이 크게 성장하면서 종사자 수도 함께 증가하는 결과를 나타냈다. 반면 음악산업은 산업의 성장보다는 노래연습장, 음악공연 등을 통계에 포함시키면서 종사자 수가 증가한 것이며, 방송산업은 매출액 및 수출액이 증가하였음에도 고용이 크게 증가하지 않았다. 이는 국내 매출액이 방송산업의 주 수익원인 광고시장이 성장하더라도 광고산업은 방송산업과는 별도로 통계를 산정하기 때문일 것으로 추정되며, 다른 한편으로는 드라마 등을 제작하고 있는 독립제작사의 경우는 저작권, 수익 배분 등 방송사와의 공정거래 등의 문제로 인해 수익을 창출하기 어려워 기업이 성장하지 못함으로써 종사자 수가 증가하지 못한 것으로 판단된다.

기업체 수의 경우에는 노래연습장을 통계에 포함시킨 음악산업을 제외하고 전체적으로 감소하였다. 방송산업의 경우에는 유선방송사업자의 감소가 그 주요 원인이며, 게임의 경우에는 아케이드게임이 붕괴되면서 아케이드 게임장 등이 급격히 감소한 것이 그 주된 이유이다. 그러나 게임의 경우 온라인게임이 성장하면서 온라인게임의 제작·배급 업체 수는 2000년 1,496개에서 2009년 5,111개로 3.4배 증가하였는데 이는 게임 업계가 아케이드 중심의 유통에서 온라인게임 중심의 제작·배급으로 기업체의 구성이 내실화되고 있다는 것을 나타낸다.

표 3-28 | 2000년, 2009년 게임, 음악, 방송산업 종사자 및 기업체 수 비교

구 분		2000	비중(%)	2009	비중(%)	증감률(배)
종사자 수 (명)	게임	10,378	2.1	43,365	8.3	4.2
	음악	25,000	5.0	76,539	14.7	3.1
	방송	30,095	6.1	34,308	6.6	1.1
	콘텐츠산업 전체	495,989	100.0	521,876	100.0	1.0
기업체 수 (개)	게임 (게임 제작 및 배급)	48,371 (1,499)	34.1 (1.1)	30,535 (5,111)	(25.0) (4.2)	-36.8 (3.4)
	음악 (노래연습장 제외)	292	0.2	38,259 (2,395)	31.3 (1.96)	131 (8.2)
	방송	917	0.6	838	0.68	-8.6
	콘텐츠산업 전체	141,819	100.0	122,121	100.0	-13.9

　다음으로 게임, 음악, 방송산업의 상장사 기업 수를 살펴본 결과, 시가 총액이 1,000억 원을 넘는 상장사 수는 게임산업이 12개사로 가장 많았다. 다음은 방송이 9개사였으나 대부분이 방송사 등 미디어 분야이고, 순수하게 콘텐츠를 제작하는 회사(독립제작사)는 1개사도 없었다. 음악산업의 경우에는 시가총액이 1,000억 원을 넘는 상장사는 총 5개사였으나 음악 제작사는 1개사(SM엔터테인먼트)뿐이었다. 결국 콘텐츠 제작사를 기준으로 시가총액이 1,000억 원이 넘는 상장사 수는 게임이 20개사로 가장 많고 다음은 음악 5개사였으며 방송은 없었다.

표 3-29 | 산업별 상장사 비교

구분	게임	음악	방송
상장사 전체	20개사	9개사	20개사
방송사와 통신사를 제외한 순수 콘텐츠 제작 · 유통사(시가총액 1,000억 원 이상)	20개사 (12개사)	5개사 (3개사)	5개사 (없음)

다음으로 게임, 음악산업, 방송(드라마), 대표 기업들의 매출액과 손익을 살펴보면 다음과 같다.

표 3-30 | 산업별 대표 기업 매출액 및 당기 순이익 비교

(단위: 억 원)

구분		2007		2008		2009		2010	
		매출액	순이익	매출액	순이익	매출액	순이익	매출액	순이익
게임	NC소프트	2,226	450	2,402	273	4,525	1,825	5,147	1,738
	네오위즈게임즈	-	-	1,676	215	2,772	452	4,267	191
음악	SM엔터테인먼트	332	-76	435	43	618	45	864	218
	YG엔터테인먼트	115	5	185	16	357	42	448	98
방송	IHQ	414	14	448	-167	430	-48	393	-79
	초록뱀미디어	250	-186	192	-31	101	-95	116	-64
	삼화네트웍스	125	-23	281	17	157	13	247	2
	팬엔터테인먼트	96	4	181	-1	159	4	180	1

출처: http://finance.naver.com/를 참조하여 재구성

2010년 게임산업을 대표하는 게임 기업 매출액은 4,200~5,100억 원 규모이며, 음악은 440~860억 원, 방송은 180~390억 원이었다. 결국 게임 기업들이 가장 많은 매출액을 창출하고 있었으며 음악, 방송이 그 뒤를

잇고 있었다. 특히 게임과 음악 기업의 매출액은 지속 증가하고 있는 것에 비해 방송드라마를 제작하는 일부 기업은 매출액이 성장하지 못하고 오히려 감소하였다. 이를 종합해서 그래프로 나타내보면 〈그림 3-17〉과 같다.

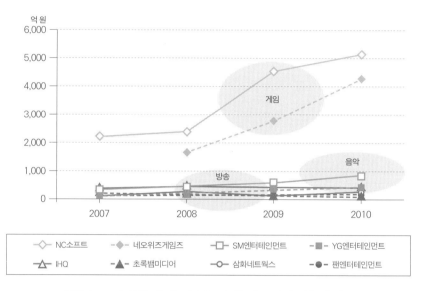

그림 3-17 | 게임, 음악, 방송(드라마) 대표 기업 매출액 비교

출처: http://finance.naver.com/를 참조하여 재구성

매출액에 이어 순이익을 살펴본 결과, 게임 기업의 순이익은 191~1,738억 원으로 최대 이익률이 33.7%에 이르렀다. 음악 기업의 순이익은 98~218억 원으로 최대 이익률이 25.2%로 높은 편이나 게임에는 미치지 못하였다. 반면, 방송드라마 제작사들의 순이익은 −79~2억 원으로 수익을 거의 창출하지 못하고 있었다. 이는 한류의 한 축으로서 방송산업 장르 수출액의 92.5%를 차지하고 있는 드라마의 제작을 실질적으로 담당하고 있는 독립제작사들이 유통사인 방송사와 저작권, 수익 배분 등의 문제로

인해 수익을 거의 창출하지 못하고 있다. 이렇게 드라마의 대부분을 제작하고 있는 독립제작사들의 수익 창출이 어려운 경우 앞으로 드라마 한류의 지속 발전은 기대하기 어려울 것이다.

게임, 음악, 방송(드라마)의 대표적인 기업들의 순이익을 종합해서 비교해보면 〈그림 3-18〉과 같다.

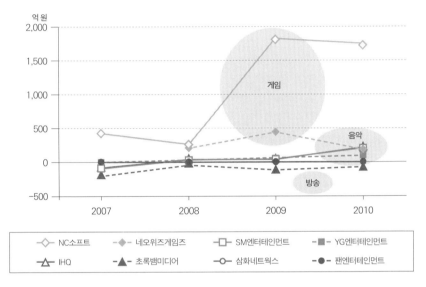

그림 3-18 | 게임, 음악, 방송(드라마) 대표 기업 순이익 비교

출처: http://finance.naver.com/를 참조하여 재구성

게임, 음악, 방송(드라마)산업을 대상으로 2000년 대비 2009년의 산업별 성과와 함께 산업별 대표 기업들의 경영 현황, 즉 상장사 수, 매출액과 순이익 등을 종합 비교해본 결과, 게임이 모든 면에서 앞서 콘텐츠산업을 견인하고 있었으며 음악, 방송(드라마)이 그 뒤를 잇고 있었다.

이를 세부적으로 살펴보면 게임산업은 2003년을 기점으로 아케이드게임에서 온라인게임으로 산업 구조가 전환되면서 높은 성과를 창출하기 시작하여 매출액, 수출액, 대표 기업들의 상장사 수, 매출액 및 당기 순이익 등 거의 모든 면에서 월등한 성과를 거두었다. 수출액의 경우에는 2000년 대비 2009년 12.2배 고성장하였을 뿐 아니라 2009년 게임 수출액인 12억 4,000만 달러는 콘텐츠산업 전체 수출액 26억 달러의 47.6%에 해당될 만큼 콘텐츠산업에서 핵심 산업으로 부상하였다. 특히 게임산업 중에서도 온라인게임은 국내 게임산업에서 차지하는 매출액 비중이 2009년 46.4%로 높을 뿐 아니라, 게임산업 수출액에서 차지하는 비중도 97.6%에 이르러 온라인게임이 우리나라 게임산업은 물론 콘텐츠산업 전반을 견인하고 있었다. 이뿐 아니라 대표 기업들의 매출액과 순이익에서도 음악과 방송에 비교가 되지 않을 정도로 높은 성과를 창출하고 있었다.

음악산업은 게임에 이어 높은 성과를 창출하고 있는 것으로 분석되었다. 음악산업은 2004년을 기점으로 음반 중심의 사업 구조가 온라인과 모바일, 즉 디지털음악으로 전환되어 처음에는 어려움이 있었으나 한류의 확산 등에 힘입어 상장사 수나 대표 기업들의 매출과 순이익이 많이 좋아지고 있는 것으로 나타났다. 그러나 게임산업과는 큰 차이가 있었다.

반면에 방송산업은 2000년 대비 2009년 국내 매출액은 2.1배, 해외 시장에서는 드라마를 중심으로 14.1배라는 고성장을 이루었다. 그러나 콘텐츠 창작의 중심 역할을 하고 있는 독립제작사들이 방송산업의 국내 매출액에서 차지하는 비중은 2009년 6.2%에 불과하였다. 특히 수출에서는 드라마가 방송 프로그램 수출의 92.5%를 차지하고 있는 상황에서 드라마의 68.9%를 독립제작사에서 제작하고 있음에도 불구하고 2009년 방송 프로그램 수출액에서 독립제작사가 차지하는 비중은 7.8%에 불과하였다. 이러한 이유로 독립제작사들은 드라마 제작에 큰 역할을 담당하고 있음에도 수익을 거의 창출하지 못하고 있었다.

이렇게 게임, 음악, 방송(드라마)을 대상으로 2000년부터 2009년까지 10년간의 산업별 성과와 각 산업을 대표하는 콘텐츠 창작 회사들의 기업 성과를 분석해 본 결과, 게임의 경우 콘텐츠산업 전반을 선도하며 높은 성과를 창출하고 있는 반면, 음악과 방송드라마는 상대적으로 낮은 성과를 창출하고 있었다. 특히, 방송드라마의 경우 대부분의 드라마를 제작하고 있는 대표 기업들이 거의 수익을 창출하고 있지 못해 지속 성장을 담보할 수 없는 상황이었다.

그렇다면 이러한 성과 차이는 어디에서 비롯된 것일까?

2. 게임 · 음악 · 방송(드라마)의 진흥정책

게임, 음악, 방송(드라마)산업을 대상으로 콘텐츠산업 분석틀을 활용하여 가치사슬 강화의 주 활동, 즉 기획-제작-유통-서비스 관련 사업을 조사하여 분석해본 결과, 기획-제작 부문은 주로 〈제작 지원〉과 〈공모전〉 중심으로 사업을 추진하였음을 알 수 있었다. 세부적으로 〈제작 지원〉의 경우는 게임, 음악에 비해 방송산업에서 많이 추진하였고, 〈공모전〉의 경우는 게임, 방송산업은 사업을 추진하였으나, 음악산업은 추진하지 않은 것으로 나타났다. 유통-서비스 부문은 게임산업에서 가장 많이 추진하였고, 음악과 방송산업은 거의 유사하였다. 전체적으로 보면, 게임과 방송이 음악에 비해 많은 사업을 추진하였다고 할 수 있으나 사업 내용은 대체로 유사하였다.

표 3-31 │ 게임, 음악, 방송의 가치사슬(주 활동) 강화사업 비교

구분	가치사슬 강화(주 활동)	
	기획-제작	유통-서비스
게임	• 제작 지원 　- 우수게임 사전 제작 지원사업 • 공모전 　- 기능성게임, 인디게임, 보드게임, 게임 시나리오 공모전	• 국내 게임전시회 및 대회 개최 • 국제 게임 컨퍼런스 개최 • 해외 마켓 참가 지원 • 게임교류회, 해외 투자 설명회 • 현지어 버전 제작 지원 • 해외시장 보고서 제공 • 해외시장 개척단 운영 • 수출상담회 및 투자설명회 개최
음악	• 제작 지원 　- 인디음악 제작 지원 　- 디지털 싱글 제작 지원	• 해외 고정 프로그램 확보 • 해외 마켓 참가 • 해외 음악 쇼케이스 개최 • 인디음악 페스티벌 개최
방송	• 제작 지원 　- 사전 제작비 지원 　- 우수 파일럿 제작 지원 　- 방송영상콘텐츠 제작 지원 　- 포맷 제작 지원 • 공모전 개최 　- 뉴미디어 콘텐츠 소재 공모전 　- 대한민국 스토리 공모대전	• 현지어 제작 지원 • 해외 견본시 참가 지원 • 신규 시장 개척 • 국제 공동제작 지원 • 국제 방송 견본시 개최

　가치사슬 강화의 지원 활동, 즉 인력양성, 기술개발 관련 사업을 조사하여 분석해본 결과, 인력양성 부문은 게임과 방송산업이 활발하게 추진하였으나, 음악산업은 인력양성 관련 사업을 추진하지 않은 것으로 나타났다. 게임과 방송산업이 추진한 인력양성 사업은 아카데미를 중심으로 이루어졌으며 전반적으로는 대체로 유사하였다.

　기술개발 부문에서 게임산업은 기술개발 지원을 하고 연구보고서를 발간하는 등 산업진흥을 추진하였으나, 음악과 방송산업은 기술개발을 추진하지 않은 것으로 조사되었다.

표 3-32 | 게임, 음악, 방송의 가치사슬(지원 활동) 강화사업 비교

구분	가치사슬 강화(지원 활동)	
	인력양성	기술개발
게임	• 게임 아카데미 운영 • 게임 연구센터 지정 • 국가기술 자격시험 • 사이버게임 아카데미 • 산학연 협력체제 구축	• 게임기술 개발지원 • 게임기술 세미나 개최 • 기술연구보고서 발간 • 게임품질 향상 서비스 지원
음악	–	–
방송	• 디지털 방송영상랩 • 디렉터 스쿨 • 사이버 방송 아카데미 • 채용박람회 • 아시아 방송영상문화 전문가 연수사업	–

　　마지막으로 가치사슬 외부의 환경조성 사업을 조사하여 분석해본 결과, 금융 부문은 게임과 방송이 음악산업에 비해 많은 제도를 운영하였다. 인프라 조성 부문에 있어서도 게임과 방송이 음악산업에 비해 많은 사업을 추진하였다. 특히 방송산업은 독립제작사를 위한 제작 지원 시스템을 많이 구축한 것으로 조사되었다. 법/제도/정책/정보 부문은 대체로 유사하였으나 게임과 방송산업이 좀 더 많은 연구사업을 추진한 것으로 나타났다. 그러나 전반적으로 연구사업 외에 공정거래, 저작권 보호 등에 관한 정책은 찾아보기 어려웠다.

표 3 -33 | 게임, 음악, 방송의 외부환경 조성사업 비교

구분	외부환경 조성			
	금융(자금 조달)	인프라 조성	법/제도/정책/정보	기타
게임	• 게임 투자조합 • 투 · 융자 제도 • 완성보증보험제	• 인큐베이팅 시설 운영 • e-스포츠 활성화 • GSP 운영 • 글로벌게임허브센터 구축	• 정보 및 시장분석 • 세미나 및 토론회 • 산업 진흥 계획 수립 • 법 · 제도 제정	• 게임문화 진흥 • 과몰입 예방
음악	• 문화산업 • 진흥기금 융자지원	• 음악산업 포럼 개최 • 한국음악데이터센터 구축 • 우수 신인음반 시상	• 산업 진흥 계획 수립 • 정책 연구 • 산업 정보 제공 • 법 · 제도	• 음악사랑 캠페인
방송	• 방송 진흥기금 • 문화산업 진흥 기금 • 방송영상투자 조합	• 디지털 방송영상 아카이브 구축 • 독립제작사 제작 지원 시스템 구축 • 지역 디지털미디어센터 구축 • DMS(Digital Magic Space) 구축	• 산업 진흥 계획 수립 • 정책 연구 • 정보 제공 • 법 · 제도	–

게임, 음악, 방송산업의 진흥정책을 분석틀에 의거하여 분석한 특징을 종합해보면 다음과 같다.

게임산업은 가치사슬 강화와 외부환경 조성 거의 모든 부문에서 많은 진흥정책을 추진하였다. 반면, 음악산업은 가치사슬 강화 부문에서 인력양성과 기술개발 사업을 추진하지 않았으며, 추진한 기획-제작, 유통-서비스 사업도 게임, 방송산업에 비해 많지 않았다. 방송산업의 경우에는 가치사슬 강화 부문에서 기술개발을 제외하고 나머지 기획-제작, 유통-서비스, 인력양성 사업은 게임과 마찬가지로 많은 사업을 활발하게 추진하

였다. 외부환경 조성에서도 방송산업은 금융 지원, 인프라, 법/제도/정책/정보 부문에서 사업을 추진하였다.

표 3-34 | 게임, 음악, 방송산업 진흥정책 비교

구분			게임	음악	방송
가치사슬 강화	주 활동	기획-제작	○	○	○
		유통-서비스	○	○	○
	지원 활동	인력양성	○	X	○
		기술개발	○	X	X
외부 환경조성		금융 지원	○	○	○
		인프라	○	○	○
		법/제도/정책/정보	○	○	○
기타			○	○	X

전체적으로 보면 게임과 방송산업은 거의 모든 부문에서 많은 사업을 유사하게 추진하였으며, 음악산업은 상대적으로 적은 수의 사업을 추진하였다. 이렇게 된 배경에는 게임과 방송산업은 산업진흥을 담당했던 게임산업개발원과 방송영상산업진흥원의 기관 이름에서도 알 수 있듯이 게임과 방송산업 진흥만을 담당하며 기관 전체적으로 사업을 추진한 반면, 음악산업 진흥을 담당했던 당시 한국문화콘텐츠진흥원은 음악뿐만 아니라 애니메이션, 캐릭터, 만화, 모바일 콘텐츠, 에듀테인먼트 콘텐츠 등의 산업 진흥도 같이 담당하고 있어 기관 전체가 아니라 팀 단위(음악산업팀)로 음악산업 진흥을 추진했기 때문으로 추정된다. 이러한 차이에도 불구하고 추진한 사업 내용은 대체로 유사하였다. 그리고 외부환경 조성사업의 경우 금융과 인프라 조성에 많이 주력하였으며, 법/제도/정보/정책 부문에서는

공정거래, 저작권 보호와 관련한 정책 실행보다는 연구사업을 많이 추진한 것으로 분석되었다.

이상과 같이 2000년부터 2009년까지 10년간의 게임, 음악, 방송산업의 산업 진흥정책을 콘텐츠산업 진흥정책 분석틀을 활용하여 분석해본 결과, 게임산업과 비교하여 방송산업은 기술개발 관련 진흥사업을 추진하지 않았고, 음악산업은 인력양성과 기술개발 진흥사업을 추진하지 않는 등 일부 차이는 있었으나, 게임과 방송산업은 거의 모든 부문에서 유사한 사업을 추진하였다. 따라서 게임, 음악, 방송(드라마)의 산업 및 기업별 성과의 차이를 지난 10년간 각각 다른 기관에서 추진해온 산업별 진흥정책의 차이에 의해 비롯되었다고 하기에는 한계가 있다고 판단된다.

한편, 지난 2010년 9월 우리나라 콘텐츠산업 진흥 주무 부처인 문화체육관광부와 콘텐츠산업 진흥을 총괄하고 있는 한국콘텐츠진흥원이 업계를 대상으로 그동안의 콘텐츠산업 진흥정책이 업계에 얼마나 도움이 되었는지 등을 알아보기 위한 설문조사[80]에서도 "'정부 정책 및 지원이 어느 정도 도움이 되는가?'라는 질문에 대해 '많은 도움'이라고 응답한 비율은 게임이 54.3%로 가장 많았고, 음악이 37.5%, 방송은 29.4%였다." 그러나 '많은 도움'과 '어느 정도 도움'이라고 응답한 비율을 합쳐보면, 게임 94.3%, 음악 100%, 방송 94.1%로 나타나 큰 차이가 없었다. 다시 말해 정부의 콘텐츠산업 진흥정책 및 지원에 대해 '많은 도움'이라고 응답한 비율은 게임

---

80 본 설문조사는 2010년 9월 3일부터 9월 15일까지 13일간 전국 258개 콘텐츠 기업을 대상으로 기업경영상의 애로사항, 정부의 지원정책이 기업에 어느 정도 도움이 되었는지 등을 중심으로 콘텐츠 기업 실태조사를 위해 현장방문 및 이메일 등을 활용해 추진한 것으로 유효 응답은 144개사였으며, 조사대상 기업의 장르별 분포는 게임이 50개사, 음악(공연 · 전시 포함) 11개사, 방송이 28개사였다. 문화체육관광부, 『콘텐츠 기업 현장 애로 실태조사 결과 보고』, 문화체육관광부, 2010, 53쪽.

이 가장 높으나, '많은 도움'과 '어느 정도 도움'이라고 응답한 비율을 합쳐보면, 전체 94% 이상으로 나타나 산업별로 큰 차이가 없었다.

표 3-35 | 정부 정책 및 지원의 도움 정도

(단위: %)

구분	많은 도움	어느 정도 도움	전혀 도움 안 됨	무응답	기타
게임	54.3	40.0	2.9	–	2.9
음악	37.5	62.5	–	–	–
방송	29.4	64.7	–	–	5.9

종합해보면 지난 2000년부터 2009년까지 추진했던 산업 진흥정책도 매우 유사하고, 이러한 산업 진흥정책에 대해 콘텐츠 업계에서도 크게 차이점을 느끼지 못하고 있다. 결론적으로 콘텐츠산업 진흥정책이 산업별 성과 창출에 도움이 되기는 하였으나, 게임, 음악, 방송(드라마)의 산업별 성과 차이를 산업 진흥정책의 차이에 의한 것, 즉 둘 사이의 연관성이 크다고 판단하는 데에는 한계가 있다고 할 수 있다.

그렇다면 산업별 성과의 차이는 어디에서 비롯된 것일까? 지난 10년간의 산업 진흥정책이 상당히 유사하고, 일정 부분 모두 도움이 되었다면 산업별 성과의 차이는 그동안의 산업 진흥정책이 직접적인 영향을 미치지 못한 근원적인 부분, 즉 수익을 창출하는 비즈니스 모델의 차이에서 비롯된 것으로 추정할 수 있다. 따라서 다음 장에서는 산업 진흥정책이 영향을 미치지 못한 근원적인 부분이라고 추정되는 콘텐츠산업의 비즈니스 모델에 관하여 자세하게 살펴보고자 한다.

제4장

비즈니스 성공 모델과 콘텐츠산업

비즈니스 모델 개념과 구성요소

1. 비즈니스 모델의 개념

국내 · 외에서 콘텐츠산업을 논함에 있어 '비즈니스 모델(Business Model)'이라는 용어는 거의 사용하지 않았다. 단지 국내의 경우에는 2000년대 초부터 인터넷을 활용하는 새로운 사업 아이디어들이 탄생한 경우 이를 새로운 BM, 즉 새로운 비즈니스 모델의 탄생이라고 표현하였다. 투자 유치를 할 경우 어떤 비즈니스 모델인가, 즉 어떤 비즈니스 형태를 통해 수익을 창출하려고 하는가, 그것이 매우 독특한 아이디어로서 기존에 없었던 모델인가, 아니면 기존에 있었던 것이라 하더라도 인터넷을 활용함으로써 수익을 창출하는 데 효과적인가 하는 논의가 있었다. 따라서 독특한 아이디어인 경우에는 이를 보호받고 경쟁자들의 진입을 막기 위하여 지적재산권 등록을 추진하기도 하였다.

이와 같은 비즈니스 모델에 대하여 임은모(2001)는 다음과 같이 언급하였다.

비즈니스 모델이란 이윤(profit)을 창출하는 프로세스라고 정의하면서 여기서 모델이란 '사업을 영위하고 이익을 창출하는 방식'을 의미한다고 언급하며 콘텐츠산업의 경우에는 비즈니스 모델에 따라 이익의 원천을 수수료, 회비, 광고 등으로 세분화할 수 있고, 콘텐츠 기업들은 최적의 수익모델과 핵심 성공 요소를 확보하고 경쟁 우위 사업에 투자 자원을 집중해야만 지속적인 성공을 담보할 수 있다.[1]

그는 비즈니스 모델에 대한 정의와 함께 콘텐츠산업 비즈니스 모델의 수익 원천과 지속적인 성공을 위한 요소들을 제시하였다. 무엇보다 인터넷 비즈니스가 아니라 콘텐츠산업에 대한 비즈니스 모델을 언급했다는 점에서 매우 큰 의의가 있다.

이외에 국내에서 콘텐츠산업을 비즈니스 모델이라는 관점으로 분석하거나 연구한 사례는 거의 찾아볼 수 없었다. 반면, 해외의 경우에는 국내와는 달리 비즈니스 모델과 관련한 연구가 많이 이루어졌다.

먼저, 해외에서의 비즈니스 모델이라는 개념, 정의에 대한 시각을 살펴보면 다음과 같다.

우선, Timmers(1998)는 "다양한 비즈니스 수행자와 그들의 역할을 포함하는 상품, 서비스, 정보 흐름의 구조이고, 이는 다양한 비즈니스 수행자에게 돌아가는 잠재적 혜택과 수익 원천에 대한 서술을 포함하는 것이다."[2]라고 하였다. 즉 비즈니스 모델이란 수익을 창출하는 데 필요한 핵심요소들의 흐름을 정리한 분석틀이며, 핵심 키워드는 상품 및 서비스의 흐름,

---

1   임은모, 『문화콘텐츠 비즈니스론』, 진한도서, 2001, 136-141쪽.

2   Paul, Timmers, "*Business Models for Electronic markets*", Vol. 8, No. 2, 1998, pp. 3-8.

잠재적 혜택과 수익 원천이라고 할 수 있다.

다음으로 Mahadevan(2000)의 경우에는 "비즈니스 모델은 구매자와 파트너에 대한 가치 흐름, 수익 흐름, 공급망의 논리적 흐름 등을 합하여 놓은 것이다."라고 하며 가치, 수익, 공급망을 주요 키워드로 제시하였다. 또한 Weill과 Vitale(2001)은 "비즈니스 모델에는 고객, 연합체, 공급자, 상품의 주요 흐름과 정보, 돈, 참여자에 대한 주요 혜택들의 역할 관계 등이 포함되며, 순수한 e-비즈니스 모델과 하이브리드(Hybrid)형 모델이 있다."[3]고 비즈니스 모델에 대한 개념을 흐름과 혜택이라는 관점으로 정의하였다.

한편 Headman과 Kalling(2001)은 "비즈니스 모델에 관한 학술적인 연구의 대부분은 정보기술을 활용하는 e-비즈니스에 관한 것이고, e-비즈니스 모델 연구는 비즈니스 모델의 전체적인 모습과 비즈니스 모델을 구성하는 요소들을 정의하는 것에 초점을 두고 있다."[4] Magretta(2002)는 "비즈니스 모델이란 비즈니스의 조각들이 어떻게 딱 맞추어지는지, 즉 어떻게 경쟁자들을 다루고 그들만의 차별화를 이루어내는지 하는 것을 전략적으로 기술한 비즈니스에 관한 스토리이다."[5]라고 주장하며 처음으로 경쟁자와의 차별화를 언급하였다. 또한 Osterwalder's(2002)의 경우에는 "비즈니스 모델에 대해 상품·서비스·인프라와 파트너 네트워크 그리고 고객 관계 자본과 재무적 측면의 4가지 축을 갖는 e-비즈니스"[6]로 포괄적 제안을

---

3 Peter Weill's, *"Do Some Business Model Perform Better than Others? A Study of the 1000 Largest US Firms"*, Sloan School of management MIT, 2004. 5, p. 4 재인용.

4 Peter Weill's, 위의 글, 3쪽 재인용.

5 Joan, Magretta, *"Why Business Models Matter"*, Harvard Business Review, 2002. pp. 3-8.

6 Osterwalder's, *"An Ontology for Developing e-Business Models"*, Proceeding of the International Conference on Decision Making and Decision Support in the internet age(IFIP), Cork, Ireland, 2002. p. 6.

하였다. Rappa(2003)는 "비즈니스 모델을 회사가 영속할 수 있는 비즈니스 방법과 회사가 어떻게 수익을 창출하는지, 그리고 가치사슬 단계에서 어디에 해당하는지에 관한 것을 명확하게 해주는 것이다."[7]라고 하며 지속적 수익 창출과 가치사슬을 강조하였다.

특히 Peter Weill's(2004)의 경우에는 "이들 비즈니스와 e-비즈니스 모델에 대한 정의들의 공통점은 기업들이 어떻게 돈을 버는가, 즉 수익 창출 방법이 핵심이다. 어떤 경우에는 수익 창출을 넘어서 가치 창출이 중요하다. 또한 비즈니스 모델은 어떤 비즈니스를 하는가와 그 비즈니스를 통해 어떻게 돈을 버는가 하는 두 가지 요소, 즉 어떤 비즈니스를 어떻게 하여 수익을 창출하는가 하는 비즈니스의 대상과 방법이라는 두 가지 요소를 어떻게 조합하는가에 따라 유형을 분류할 수 있으며, 유형을 분류함에 있어서는 다음과 같은 4가지에 초점을 두었다. 첫째는 직관적인 합리성, 둘째는 포괄성, 셋째는 분명한 정의, 넷째는 콘셉트적인 세련됨이다. 유형 분류는 어떤 비즈니스를 하는가에 대한 관점을 토대로 하고 있다."고 비즈니스 모델의 정의와 분류 방안을 제시하였다. Peter Weill's(2004)가 제시한 분류 방안을 자세히 살펴보면 다음과 같다.

첫째, 어떤 형태의 권리를 팔고 있는가에 따라 창작자(creator), 유통사업자(distributor), 주인(landlord), 중개자(broker)로 구분하였다. 여기서 주인이란 호텔과 같이 특정 기간에 자산에 대한 사용 권리를 판매하는 것을 말하며, 중개자는 중개수수료를 받는 보험중개인 같은 것을 말한다. 한편 창작자와 유통사업자의 구분에서는 비록 생산을 외주로 하고 있더라도 상품의

---

7   Liyuan's, Cheng, *Managing the Digital Enterprise Business Models on the web*, INFS7040 E-Commerce for Managers Semester 2, 2008. p. 7 재인용.

고안(design)에 상당 부분 역할을 했다면 창작자로 보아야 한다고 창작자와 유통사업자의 구분을 분명하게 제시하였다.

둘째, 어떤 형태의 자산(asset)이 관여되어 있는가에 따라 물적자산(집, 컴퓨터 등), 재무자산(주식, 채권 등), 무형자산(특허권, 상표권 등), 마지막으로 사람의 시간과 노력이 들어가는 것을 사람(지식 등)으로 구분하여 총 16가지의 분류체계를 제시하였다. 그의 연구는 비즈니스 모델의 개념 정립을 넘어서 유형 분류까지 제시하였다는 데 의의를 찾을 수 있다.

표 4-1 | Peter Weill's가 제시한 4가지 기본 비즈니스 모델 유형

어떤 권리를 판매하는가?	그 비즈니스가 어느 정도 자산을 변형시키는가?	
	매우 많음	한정적임
자산의 오너십	창작자	유통사업자
자산의 사용	주인	
판매자와 구매자의 연결	중개자	

출처: Peter Weill's, *"Do Some Business Models Perform Better than others? A Study of the 1000 Largest US Firms"*, MIT Sloan School of Management Working Paper No. 226, 2004. p. 31

표 4-2 | Peter Weill's가 제시한 16가지 상세 비즈니스 모델 유형

기본 비즈니스 모델 유형	어떤 자산이 연관되는가?			
	재무자산	물적자산	무형자산	사람
창작자	-	-	-	-
유통사업자	-	-	-	-
주인	-	-	-	-
중개자	-	-	-	-

출처: Peter Weill's, *"Do Some Business Models Perform Better than others? A Study of the 1000 Largest US Firms"*, MIT Sloan School of Management Working Paper No. 226, 2004. p. 31

한편 David Watson(2005)은 "비즈니스 모델은 회사 운영에 필요한 구성, 기능, 프로세스 운영에 필요한 비용과 고객가치를 기술한 것, 즉 실제로 비즈니스 엔진(Engine)이 운용되는지를 기술한 것이며, 비즈니스 모델의 목적은 저비용(Low Cost)과 높은 가치를 통해 이익을 극대화하는 것이다."[8]라고 하며 비용은 고객가치, 이익을 주요 키워드로 제시하였다. 또한 Amit, Zott(2011)는 "비즈니스 모델 비즈니스 기회를 활용하여 가치를 창조하기 위해 거래, 구조, 관리에 대한 창의적 고안이다."[9]라고 간단하게 언급하였다.

한국문화콘텐츠진흥원(2008)의 경우에는 "비즈니스 모델은 사업을 통해 수익을 창출하는 구조이며, 콘텐츠의 기획-제작-유통-소비 등의 가치사슬에 기업, 거래처, 소비자 등의 관계자들 간에 흐르는 상품, 정보, 돈의 흐름을 나타내는 체계로서 기업들이 추구하는 비즈니스 모델에 따라 성장 전략과 정책 수요도 달라진다. 비즈니스 모델은 수익의 원천에 따라 상거래 모델(Commerce Model), 이용료 모델(Usage Fee Model), 제휴 수수료 모델(Affiliate Model), 광고 모델(Advertisement Model), 가입비 모델(Membership Fee Model), 가격지향형 모델, 편의/신속성 모델, 맞춤 상품/서비스 모델 등이 있다."[10]고 비즈니스 모델의 개념과 수익 원천에 따른 유형을 제시하였다.

Osterwalder's(2005)는 "비즈니스 모델은 비즈니스(business)와 모델(model)의 합성어로, 여기서 비즈니스란 상품이나 서비스를 제공하기 위한 활동

---

8 David Watson, *Business Model*, Harriman House ltd, 2005. p. 1.

9 Rapahael Amit and Christoph Zott, *Value Creation in e-Business*, Strategic management Journal, 22, 2001. p. 493.

10 한국문화콘텐츠진흥원, 『방통융합시대 콘텐츠 OSMU 비즈니스 모델 분석 및 개발연구』, 2008, 10쪽.

으로서 재무, 상용화, 산업적 측면을 포함하고 있다. 모델이란 복잡한 객체나 프로세스에 대한 표현이나 묘사를 뜻하므로 결국 목표를 가진 다양한 참여자, 개념과 서로 간의 관계를 포함하는 개념적인 도구로서 특정한 기업의 사업 논리를 나타내는 것이다 즉, 비즈니스 모델은 요소들의 집합과 그들의 관계를 포함하는 콘셉트적인 툴(tool)이며 특정 기업의 사업 논리를 나타내는 것으로 창작, 마케팅, 가치의 전달, 관련 자본, 이익 창출, 지속적인 수익 창출 흐름에 대한 회사와 파트너와의 네트워크 구조와 하나 또는 여러 계층의 고객에게 회사가 제공하는 가치를 나타내는 것"[11]으로 개념을 정의하였다.

지금까지 언급한 비즈니스 모델 개념에서 제시된 핵심 키워드를 정리해보면 다음과 같다.

표 4-3 | 비즈니스 모델 정의 핵심 키워드 정리

구 분	핵심 키워드
Timmers	잠재적 혜택, 수익 원천
Mahadevan	가치, 흐름, 공급망
Magretta	경쟁자와의 차별화
Rappa	수익 창출, 가치 창출
Amit, Zott	창의적 가치
임은모	수익 창출
한국문화콘텐츠진흥원	이익, 가치사슬
Osterwalder's	이익 창출, 가치

---

11 Alexander Osterwalder's, *Clarifying business models: origins, present, and future of the concept*, Communications of AIS, Vol. 15, Article, 2005, p. 5.

이 핵심 키워드를 관련 키워드로 재정리해보면 다음과 같다.

표 4-4 | 비즈니스 모델 정의 핵심 키워드 재정리

핵심 키워드	관련 키워드
수익 창출	가치, 잠재적 혜택, 수익 원천, 창의적 가치
가치사슬	흐름, 공급망, 비즈니스 활동
고객	고객
마케팅	경쟁자와의 차별화
기 타	주인, 중개자

결국 비즈니스 모델이란 비즈니스의 대상, 즉 어떤 상품 또는 서비스로 어떻게 수익을 지속적으로 창출할 것인가를 가치사슬의 위치 등 핵심 요소를 중심으로 표현한 분석틀이라고 할 수 있다. 여기서 중요한 것은 수익 창출 방법과 관련된 요소들, 즉 어떤 것들이 수익 창출에 직접적인 영향을 주는 핵심요소인가를 선별하는 것이며, 이를 구성하는 데 있어서는 해당 비즈니스 또는 산업의 특성이 잘 드러나도록 하는 것이 필요하다.

Alexander Osterwalder's(2005)는 "비즈니스 모델과 비즈니스 프로세스 모델의 차이점에 대해 비즈니스 모델은 일반적으로 가치를 창조하거나 상용화하기 위한 기업 논리라는 관점에서의 이해인 반면, 비즈니스 프로세스 모델은 비즈니스 사례가 어떤 과정으로 적용되는가에 보다 집중하는 것을 말한다."고 논리의 관점과 사례로 '비즈니스 모델'과 '비즈니스 프로세스 모델'의 차이점을 정리해주었고, '전략'과 '비즈니스 모델'의 차이에 대해서는 "비즈니스 모델은 사업을 위한 각 구성 요소들이 서로 잘 어우러져서 어떻게 지속되는가에 초점을 두고 있는 반면, 전략은 경쟁우위를 어떻게 확보할 것인가에 관심을 두고 있다."고 이 둘 사이의 개념을 정리하였다. 비즈니스 모델과 비즈니스 프로세스의 개념에 대해서는 "논리와 사례로 명확히 구분되는 반면, 전략과 비즈니스 모델은 약간 혼동될 수 있는데 비즈니스 모델이라 함은 수익을 창출하는 데 핵심이 되는 요소들을 논리적으로 나열한 것이라면, 전략은 경쟁 기업과의 경쟁에서 어떻게 우위를 차지할 것인가 하는 방법론적인 접근 방식을 표현한 것으로 이해할 수 있다."[12]고 전략과 비즈니스 모델의 개념 차이를 설명하였다.

2. 비즈니스 모델의 유용성

비즈니스 모델이란 비즈니스의 대상, 즉 어떤 상품 또는 서비스로 어떻게 수익을 지속적으로 창출할 것인가를 가치사슬의 위치 등 핵심요소를 중심으로 표현한 분석틀이라고 하였다. 그렇다면 비즈니스 모델은 어떤 유용성이 있는 것일까? 비즈니스 모델의 유용성에 대해 Henry Chesbrough's(2002)는 "첫째, 고객에 대한 가치제안(value proposition)을 분명히 나타내준다. 둘째, 어떤 유저를 대상으로 하는지 마켓 세그멘테이션(market segmentation)을 발견하게 해준다. 셋째, 가치사슬의 구조를 분명하게 해준다. 넷째, 비용구조와 잠재적 이익을 추정할 수 있도록 해준다. 다섯째, 가치 네트워크(value network) 내에서의 위치를 알려준다. 마지막 여섯째는 경쟁

---

12 Alexander Osterwalder's, 앞의 글, 12쪽.

전략을 나타내준다."[13]고 주장하였다. 이에 반해 Alexander Osterwalder's(2005)는 비즈니스 모델이 어떤 면에서 도움이 되는지 그 유용성에 대해 다음과 같이 주장하였다.[14]

첫째, 비즈니스 모델은 비즈니스 논리에 대한 개념을 잡는 데 도움을 준다. 둘째, 시각화를 통해 복잡한 정보를 처리하는 데 도움을 준다. 셋째, 비즈니스를 이해하는 데 도움을 준다. 넷째, 소통에 도움을 준다. 앞에서 언급한 것처럼 비즈니스 모델 콘셉트는 기업의 비즈니스 논리의 개념을 잡고, 이해하고 시각화하는 데 도움을 준다. 다섯째, 분석하는 데 도움을 준다. 비즈니스 모델은 기업의 비즈니스 논리를 측정하고, 관찰하고, 비교하는 데 도움이 된다. 따라서 비즈니스 모델에 대해 개념을 잡으면 관련한 판단을 확실하게 하는 데 매우 유용하다. 기업의 비즈니스 논리는 내·외부 요인에 의해 지속적으로 변화한다. 따라서 비즈니스 모델에 대한 구조적인 접근은 시간이 경과함에 따라 변화하는 요소들을 이해하는 데 도움이 된다. 또한 비교하는 데 도움을 준다. 비즈니스 모델의 구조적 접근은 경쟁사의 비즈니스 모델과 비교하는 것을 가능케 한다. 완전히 다른 산업과 비즈니스 모델을 비교해보는 것은 새로운 통찰력을 제공할 뿐 아니라 비즈니스 모델을 혁신하는 데에도 도움이 된다.[15]

---

13 Henry Chesbrough's, *"The Role of the business model in capturing value from innovation: evidence from Xerox Corporation's technology spin-off companies"*, Industries and Corporate Change, Volume 11, No. 3, pp. 533-534.

14 Henry Chesbrough's, 위의 글, 19-24쪽 참조.

15 Alexander Osterwalder's, 앞의 글. 19-24쪽.

종합해보면 비즈니스 모델은 가치제안, 마켓 세그멘테이션, 가치사슬, 비용구조와 잠재적 이익, 가치 네트워크, 경쟁전략을 분명하게 하는 데 도움을 준다. 또한 해당 기업 또는 산업의 비즈니스 논리에 대한 개념을 잡고, 이해하고, 소통하고, 분석하고, 관리하는 데 유용할 뿐 아니라 변화 요소를 이해하고 환경 변화에 빠르게 대응할 수 있도록 해준다. 특히 경쟁사 또는 타 산업 등과의 비즈니스 모델 비교는 통찰력을 제공해줄 뿐 아니라 비즈니스 모델을 혁신해가는 데 매우 도움을 주는 방법론이다.

David Waterman(2001)은 기술과 경제적 측면에서의 비즈니스 모델과 관련 미디어 분야에 인터넷을 활용하는 경우, 다음의 5가지가 도움이 된다고 하였다. "첫째는 전달비용과 유지비용의 축소, 둘째는 좀 더 효율적인 상호성, 셋째는 좀 더 효율적인 광고와 스폰서십(sponsorship), 넷째는 좀 더 효율적인 직접 지불(direct pricing)과 묶음 판매(product bundling), 다섯째는 저비용의 복사(copying)와 공유(sharing)이다."[16]

결국, 인터넷 기술은 프로그램 유통 등의 전달 비용을 낮추어줄 뿐 아니라, 효과적인 광고, 스폰서십, 지불 방식, 판매 방식 등 기업이 수익을 창출하는 데 크게 도움이 되는 비즈니스 모델을 가능하게 해준다고 정리할 수 있다.

---

[16] David Waterman, *Internet TV: Business Models and Program Content*, the 29th Annual TPRC Research Conference on Information, Communication, and Internet Policy, 2001. p. 2.

3. 비즈니스 모델의 구성요소

앞에서 언급한 바와 같이 비즈니스 모델은 해당 기업 또는 산업의 비즈니스 논리에 대한 개념을 잡고, 이해하고, 소통하고, 분석하고, 관리하는 데 유용할 뿐 아니라 변화 요소를 이해하고 환경 변화에 빠르게 대응할 수 있도록 해준다. 특히, 경쟁사 또는 타 산업 등과의 비즈니스 모델 비교는 통찰력을 제공해줄 뿐 아니라 비즈니스 모델을 혁신해가는 데 매우 도움을 준다고 많은 전문가들이 비즈니스 모델의 유용성에 대해 언급하였다.

그렇다면 비즈니스 모델이 공통적으로 갖추어야 할 구성요소에는 어떤 것이 있을까? 이에 대해 Osterwalder's(2005)는 "비즈니스 모델을 상품, 고객접촉, 인프라 관리, 재무적 측면 등 4개로 구분하고 가치제안, 타깃고객, 유통채널, 고객관계, 가치구성, 핵심 경쟁력, 파트너 네트워크, 비용구조, 수익모델 9가지가 비즈니스 모델의 구성요소이다."라고 주장하였다.[17]

표 4-5 | Osterwalder's의 9가지 비즈니스 모델 구성요소

구분	구성	내용
상품	가치제안	제공하는 상품이나 서비스에 대한 전체적인 개요
고객 접촉	타깃고객	가치를 제공하고자 하는 대상 고객에 대한 내용
	유통채널	고객과 접촉할 수 있는 다양한 수단에 대한 내용
	고객관계	회사와 대상 고객과의 연결관계 설명

---

17 Alexander Osterwalder's, 앞의 글, 18쪽.

(계속)

구분	구성	내용
인프라 관리	가치구성	비즈니스 모델 수행에 필요한 활동과 자원의 배분에 관한 내용
	핵심 경쟁력	비즈니스 모델을 실행하는 데 필요한 핵심 경쟁력
	파트너 네트워크	가치를 효율적으로 제공하고 상용화하는 데 필요한 타 회사와의 협력 네트워크를 표현
재무적 측면	비용구조	비즈니스 모델을 수행하는 데 소요되는 총 비용 흐름도
	수익모델	다양한 수익 활동을 통해 회사가 돈을 버는 방법 기술

출처: Alexander Osterwalder's, "clarifying business models: origings, present, and furure of the concept", Communications of AIS, Volume 15, Article, 2005, 18쪽

David Watson(2005)은 "비즈니스 모델이 효과성을 가지기 위해서는 저가격과 차별화가 필요한데, 이 두 가지는 통합적으로 관리되어야 하고 지속성을 가져야 한다. 구체적으로 효과적인 비즈니스 모델이란 일반적으로는 비용을 최소화하고, 최대한 효율적으로 수익을 창출하여 가치를 최대화하는 것과 일상적인 비즈니스 프로세스에 전체적이면서도 효과적인 구조를 제공하는 것이다. 이를 위해서는 고객의 동인(動因)과 가치가 반영되어야 하며. 이것이 바로 전통적인 생산 · 판매 중심의 모델과 현대적이며 마케팅 중심적인 모델과 구별되는 점이다."[18]라고 하며 수익 창출을 위한 마케팅 활동을 강조하였다. 마케팅이란 궁극적으로 수익을 창출하기 위한 기획-제작-유통-고객이라는 가치사슬 단계에서의 전략적 활동이다. 따라서 마케팅 활동과 연계한 비즈니스 모델의 구성요소 설명은 매우 설득력이 있다고 할 수 있다. 이런 마케팅적 접근에 대해 좀 더 구체적으로 언급한 Ben Walmsley(2009)는 "마케팅 관점에서 효과적인 비즈니스 모델은

---

[18] David Watson, *Business Model*, Harriman House Ltd, 2005. pp. 2-3.

마케팅 믹스(marketing mix)인 4Ps(Product, Price, Place, Promotion)에 고객가치를 부가해야 한다."[19]고 효과적인 비즈니스 모델이 갖추어야 할 요소로 마케팅 활동을 구체적으로 언급하였다.

Mark W. Johnson's는 비즈니스 모델이 갖추어야 할 구성요소로 '고객가치 제안(Customer Value Proposition), 수익 창출 공식(Profit Formula), 핵심 자원과 프로세스(Key Resource & Processes)라는 3가지를 제안하면서 수익 창출 공식은 회사가 어떻게 가치를 창출하고 이를 고객에게 전달할 것인가 하는 청사진을 나타내고, 수익모델(Profit Model)과 비용구조, 이익모델(Margin Model), 자원속도(Resource Velocity)라는 4가지로 구성된다고 설명하고 있다.[20] 비즈니스 모델의 구성요소에 대한 여러 가지 선행 연구를 바탕으로 다음 절에서는 비즈니스 모델의 핵심 구성요소를 추출해내고 이를 바탕으로 비즈니스 모델의 분석틀을 새롭게 제안해보고자 한다.

19 Ben Walmsley, Key Issues in the Arts and Entertainment Industry "*The 21st Business model*" p. 2, 〈http://www.goodfellowpublishers.com/free_files/Chapter2-14bf1934dbf53e422daa0 2de47abc939.pdf〉.

20 Mark W. Johnson's, *Reinventing Your Business Model*, Harvard Business Review, 2008.12, pp. 3-4.

콘텐츠산업의 성공 비즈니스 모델

1. 성공 비즈니스 모델의 핵심요소

앞장에서 "비즈니스 모델이란 비즈니스의 대상, 즉 어떤 상품 또는 서비스로 어떻게 수익을 지속적으로 창출할 것인가를 가치사슬의 위치 등 핵심요소를 중심으로 표현한 분석틀이다."라고 정의하였다. 또한 비즈니스 모델은 해당 기업 또는 산업의 비즈니스 논리에 대한 개념을 잡고, 이해하고, 소통하고, 분석하고, 관리하는 데 유용할 뿐 아니라 변화 요소를 이해하고 환경 변화에 빠르게 대응할 수 있도록 해준다. 특히 경쟁사 또는 타 산업 등과의 비즈니스 모델 비교는 통찰력을 제공해줄 뿐 아니라 비즈니스 모델을 혁신해가는 데 매우 도움을 주는 방법론이다.

이러한 비즈니스 모델의 개념과 유용성은 산업 일반론적 유용성인 만큼 콘텐츠산업에서도 유효하다고 할 수 있다. 따라서 일반론적 비즈니스 모델의 유용성을 콘텐츠산업에 적용해보면, 콘텐츠산업의 비즈니스 모델은 수익을 창출하는 콘텐츠산업의 논리에 대한 개념을 잡고, 콘텐츠 비즈니스의 핵심 요인들을 파악하고 이해하는 데 도움을 줄 뿐 아니라 소통하고, 분석하고, 관리하는 데 유용하다. 그뿐만 아니라 변화 요소를 이해하고 환경 변화에 빠르게 대응할 수 있도록 해준다고 할 수 있다. 특히, 경쟁사 또는 타 산업 등과의 비즈니스 모델 비교는 콘텐츠산업에 대한 통찰력을 제공해줄 뿐 아니라 콘텐츠산업의 비즈니스 모델을 혁신해가는 데 매우 도움을 주는 툴이자 분석틀이다. 특히 콘텐츠 비즈니스 모델에 대한 구조적인 접근은 시간이 경과함에 따라 변화하는 콘텐츠산업의 핵심요소들을 이해하는 데 도움을 준다고 할 수 있다.

선행 연구를 통해 파악된 일반론적 비즈니스 모델의 개념과 비즈니스 모델의 구성요소와 함께 콘텐츠산업의 특성을 고려하여 어떤 콘텐츠 비즈니스 모델이 수익을 창출하는 데 더 유용한 것인지, 산업별로는 현재 어떤 콘텐츠산업이 수익을 창출하는 데 더 유용한 또는 매력적인 비즈니스 모델을 가지고 있는지를 판단해볼 수 있는 콘텐츠산업 비즈니스 모델 분석 툴이자 분석틀을 구성해보고자 하였다.

따라서 콘텐츠산업 비즈니스 모델 분석틀의 구성은 콘텐츠산업의 수익 창출에 직 · 간접적인 영향을 미치는 핵심 요소를 추출하는 것에서 시작하되, 비즈니스 모델의 개념과 비즈니스 모델의 구성요소 등의 선행 연구에서 제시된 비즈니스 모델 핵심 키워드를 활용하여 〈표 4-6〉과 같이 구성하였다.

표 4-6 | 비즈니스 모델 핵심 키워드

구 분		내 용
비즈니스 모델의 개념	비즈니스 모델 핵심 키워드 재정리	• 수익 창출 • 가치사슬 • 고객 • 마케팅
비즈니스 모델의 구성요소	Alexander Osterwalder's의 9가지 비즈니스 모델 구성요소	• 가치제안 • 타깃고객 • 유통채널 • 고객관계 • 가치구성 • 핵심 경쟁력 • 파트너 네트워크 • 비용구조 • 수익모델
	David Watson	• 마케팅(저가격, 차별화)
	Ben Walmsley	• 마케팅 믹스인 4Ps에 고객가치
	Mark W. Johnson's	• 고객가치 제안 • 수익 창출 공식 • 핵심 자원과 프로세스

고객이 어떤 방식으로 얼마나 지급하는지, 고객·기업·공급자 사이에 창출된 가치는 어떻게 배분하는지, 가치사슬에서는 어느 단계에 위치하는지 등 비즈니스 모델의 개념에서 정리한 핵심 키워드, 즉 수익창출, 가치사슬, 고객, 마케팅과 함께 Alexander Osterwalder's가 제시한 비즈니스 모델의 9가지 구성요소, 즉 가치제안, 타깃고객, 유통채널, 고객관계, 가치구성, 핵심 경쟁력, 파트너 네트워크, 비용구조, 수익모델 그리고 기타 연구자들이 제시한 매출과 수익, 마케팅 믹스를 대상으로 유사한 의미를 갖는 것을 하나로 통합하여 〈표 4-7〉과 같이 가치사슬, 마케팅, 수익모델을 비즈니스 모델 구성의 3가지 핵심요소로 선정하였다.

표 4-7 | 비즈니스 모델 구성의 핵심요소

핵심요소	유사 요소
가치사슬	• 파트너 네트워크 • 고객가치 제안
마케팅	• 타깃고객 • 고객 • 유통채널 • 비용구조 • 마케팅 믹스인 4Ps에 고객가치 • 핵심 자원과 프로세스
수익모델	• 수익 창출 • 가치제안 • 가치구성 • 비즈니스를 통해 얻는 매출과 수익 • 수익 창출 공식

선행 연구를 통해 얻은 이 3가지 핵심요소는 일반론적 비즈니스 모델을 구성하는 핵심요소로서 콘텐츠산업의 특성이 반영된 것은 아니다. 물론 콘텐츠산업도 넓은 범위의 일반 산업에 포함된다고 할 수도 있으나, 본 연구에서는 콘텐츠산업의 특성을 고려하여 콘텐츠산업 수익모델의 하나인 수익 다변화를 콘텐츠 비즈니스 모델의 핵심요소로 선정하였다.

이상의 4가지 핵심요소, 즉 가치사슬, 마케팅, 수익모델, 수익 다변화는 기업 내부의 경영 활동에 초점이 많이 맞추어져 있는 핵심요소라고 할 수 있다. 일반적인 비즈니스 모델의 구성요소는 기업 내부의 수익 창출 활동에 초점을 두고 있다. 그러나 기업들이 비즈니스 활동을 통해 수익을 창출하는 데 있어 외부환경 요소는 직접적인 영향을 미치게 된다. 따라서 어떤 콘텐츠 비즈니스 모델이 수익을 창출하는 데 우위에 있는지를 비교하기 위해서는 외부환경적인 요소도 함께 고려하여야 한다. 왜냐하면 콘텐츠에

표 4-8 | 콘텐츠산업 비즈니스 모델 비교를 위한 핵심요소

구분		핵심요소
내부적 요소	일반적 비즈니스 모델 구성 핵심요소	• 가치사슬 • 마케팅 • 수익모델
	콘텐츠산업의 특성을 고려한 수익모델	• 수익 다변화
	지속 성장	• 노하우
외부적 요소	콘텐츠산업 특성	• 저작권 보유 • 저작권 보호
	산업 일반	• 공정거래 • 정부 규제

따라 외부환경이 다를 수 있으며 환경적 요소가 수익 창출에 직접적인 영향을 미치기 때문이다. 따라서 일반론적인 비즈니스 모델이 가지고 있는 한계를 극복하기 위하여 외부환경 요소를 함께 고려하여 비즈니스 모델을 분석하는 분석틀을 구성하였다. 고려한 외부환경 요소로는 먼저 콘텐츠산업의 특성을 고려하여 콘텐츠 기업이 지적재산권을 보유할 수 있는지와 함께 지적재산권이 잘 보호되고 있는지를 고려하였으며, 일반 산업에서도 공통적으로 적용되는 요소로 수익 창출 활동을 위한 비즈니스 모델을 실현함에 있어 공정한 거래를 할 수 있는 환경인지, 또 정부의 간섭이나 규제 정도를 비즈니스 모델 비교를 위한 요소로 추가하였다. 마지막으로 비즈니스 모델을 비교하는 데 핵심적 요소는 아니라고 할 수도 있으나 콘텐츠는 산업에 따라 기획-제작-유통-서비스의 각 단계를 기업 내부 구성원이 아니라 외부 기업 또는 프리랜서 등에 의존하는 경우가 많아 관련 노하우가 기업 내부에 축적되지 못하는 경우가 있다. 따라서 콘텐츠산업의 비즈니스 모델을 비교하는 데 있어 노하우가 기업 내부에 축적되는지 여부

는 콘텐츠 기업의 지속 성장에 영향을 끼치는 중요한 요소라고 할 수 있어 노하우도 콘텐츠 비즈니스 모델 비교를 위한 하나의 핵심요소로 추가하였다.

이상 콘텐츠산업 비즈니스 모델 비교를 위한 9가지 핵심요소를 세부적으로 살펴보면 다음과 같다.

1) 가치사슬

가치사슬(value chain)이란 부가가치를 창출하는 일련의 과정을 나타낸 것으로 콘텐츠산업의 경우 기획-제작-유통-서비스의 단계를 거쳐 수익을 창출하게 된다. 따라서 어떤 콘텐츠 기업이 가치사슬의 전체 단계를 주도할 수 있다면 수익을 창출하는 데 있어 가치사슬 상의 다른 기업에게 의존하지 않고 주체적으로 수익 창출 활동을 할 수 있게 된다. 만약 가치사슬 단계에서 기획-제작만 담당하는 제작사라면 유통-서비스를 담당하는 유통사에게 제작한 콘텐츠의 유통을 의존해야 한다. 따라서 제작사는 유통사와의 거래에서 유리한 조건으로 계약을 하여야 수익을 창출하는 데 유리하며 그렇게 하기 위해서는 제작사가 유통사와의 거래에서 주도권을 확보할 수 있어야 한다. 결국 기획-제작-유통-서비스의 가치사슬 전 단계를 제작사가 얼마나 주도할 수 있는가 하는 것은 콘텐츠 기업의 수익 창출에 크게 영향을 주게 된다.

2) 마케팅

마케팅(marketing)이란 수익을 창출하기 위한 일련의 전략적 활동으로 미국마케팅학회(AMA: American Marketing Association)에서는 마케팅을 "개인과 조직의 목표를 만족시키는 교환을 만들어내기 위해 아이디어, 제품, 서비스의 고안, 가격 책정, 촉진 그리고 유통을 기획하고 실행하는 과정"이라고 정의하고 있다. 즉 마케팅이란 표적 소비자를 선정하고, 그들의 욕구를 충족시켜줄 수 있는 제품을 만들어 경쟁사보다 우월한 고객가치를 창출·전달·커뮤니케이션함으로써 고객을 끌어들이고 유지하여 이익을 얻는 과정이라고 할 수 있다.[21] 즉 마케팅이란 수익을 창출하기 위해 제품을 전략적으로 기획하고 제작하여 가격을 책정하고 프로모션(promotion)하여 유통, 서비스하는 과정이라고 할 수 있다.

이렇게 수익 창출을 위한 전략적 활동인 마케팅을 구체적으로 실행하기 위한 프로세스는 일반적으로, 시장조사(research)를 바탕으로 어떤 고객층 또는 어떤 시장을 대상으로 할 것인지를 정하기 위해 고객 또는 시장을 세부적으로 그루핑(grouping)해보는 시장세분화(segmentation)를 통해 대상고객을 정하는 타깃팅(targeting) 단계를 거쳐 그 대상 고객 또는 시장에서 어떤 위치를 차지하려고 하는지, 다른 경쟁 상품 또는 서비스와 어떻게 차별화 하려고 하는지를 정하는 포지셔닝(positioning) 단계를 거치게 되는데, 이 3가지 단계를 총칭하여 'STP(Segmentation, Targeting, Positioning) 전략'이라고 한다. 그다음은 마케팅 믹스라고 하는 4가지 요소(4Ps), 즉 제품(Product), 가격(Price), 유통(Place), 프로모션(Promotion)을 전략적으로 실행하게 된다.

---

21 이명천·김요한 지음, 『문화콘텐츠 마케팅』, 커뮤니케이션북스, 2006, 123-128쪽.

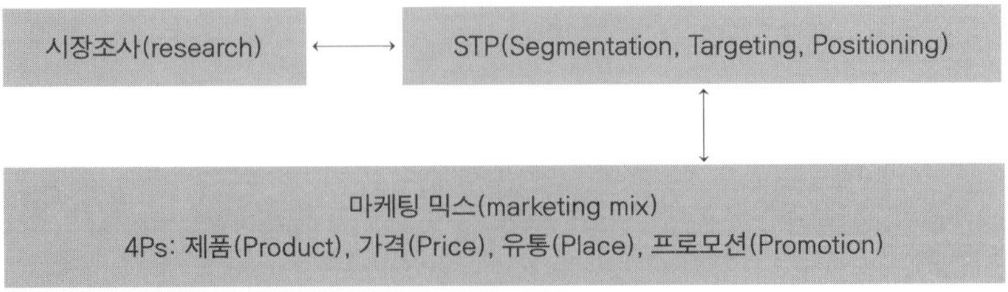

| 시장조사(research) | ⟷ | STP(Segmentation, Targeting, Positioning) |

$$\updownarrow$$

| 마케팅 믹스(marketing mix)
4Ps: 제품(Product), 가격(Price), 유통(Place), 프로모션(Promotion) |

그림 4-1 | 마케팅 프로세스

이러한 마케팅의 개념과 프로세스는 콘텐츠산업에도 그대로 적용된다고 할 수 있다. 따라서 수익을 창출하기 위한 일련의 전략적 활동인 마케팅과 관련하여 콘텐츠 기업이 마케팅 프로세스를 주도적으로 추진할 수 있는가 하는 것은 수익 창출과 매우 밀접한 관련이 있는 중요한 요소라고 할 수 있다.

3) 수익모델

콘텐츠 기업이 무엇을 가지고 어떻게 수익을 창출하는가 하는 것을 나타내는 수익모델은 비즈니스 모델의 핵심이라고 할 수 있다. 왜냐하면 수익모델은 수익이 어디에서 어떻게 발생하는지, 기업의 노력에 따라 수익을 증가시킬 수 있는 것인지, 또한 최종 고객의 매출액이 증가하면 비례해서 수익도 증가하는지 등 기업이 효율적이고 효과적으로 수익을 창출할 수 있는지를 나타내주기 때문이다. 수익모델은 독창적이고 독점적일수록 좋은 모델이라고 할 수 있으나, 콘텐츠 기업의 비즈니스 모델을 비교·분석하는 데 있어서는 객관적으로 판단할 수 있어야 하기 때문에 이러한 면보다는 앞에서 언급한 내용 중 하나이며 수익 창출에 결정적인 요소인 최종 고객의 매출액이 증가하면 수익도 비례해서 증가하는 열린 구조의 수익모델인가 하는 것에 초점을 두고자 한다.

4) 수익 다변화

앞에서 언급한 수익모델은 콘텐츠 기업이 수익을 창출하는 주력 활동이라고 한다면, 수익 다변화는 주력 수익 활동 외에 부가적으로 수익을 창출하는 것을 말한다. 즉, 수익 다변화는 콘텐츠에서 파생되는 캐릭터 또는 스토리를 통해 부가적으로 수익을 창출하는 OSMU(One Source Multi Use) 활동이나 가수 또는 드라마 출연자들의 스타 마케팅, 콘텐츠를 다양한 미디어에 서비스하며 수익을 창출하는 트랜스미디어(Trans-Media) 등 부가적인 수익 창출 활동을 말하는 것으로 콘텐츠 기업의 비즈니스 모델을 비교하는 데 있어 핵심적인 요소라고 할 수 있다.

5) 노하우

콘텐츠 기업이 부가가치를 창출하는 일련의 과정인 기획-제작-유통-서비스의 가치사슬과 수익을 창출하기 위한 전략적 활동인 마케팅을 추진하는 과정에서 많은 시행착오를 겪으며 기업 나름대로의 노하우가 생기게 된다. 이러한 노하우는 수익을 창출하기 위한 기업 내부의 경쟁력을 높여줄 뿐 아니라 기획-제작-유통-서비스의 각 단계를 효율화하는 데도 도움을 주는 기업의 핵심 역량이다. 따라서 콘텐츠 기업의 가치사슬 및 마케팅 프로세스의 각 단계에서 생기는 노하우가 기업 내부에 축적되는지 여부는 콘텐츠 기업의 수익 창출은 물론 지속 성장에 있어 매우 중요한 요소라고 할 수 있다. 따라서 기획-제작-유통-서비스 및 마케팅 프로세스를 자체적으로 주도하지 못하거나 많은 부분을 외부 인력에 의존하는 경우 수익 창출을 통한 지속 성장에 한계가 있을 수 있다.

6) 지적재산권 보유

콘텐츠 기업에게 지적재산권은 수익을 창출하는 근간이라고 할 수 있다. 물론 저작권을 보유하지 않은 상태에서도 수익을 창출할 수 있는데, 이러한 경우는 콘텐츠를 유통시키는 유통사업자인 경우에는 지적재산권을 보유하지 않고 콘텐츠의 유통 수수료 또는 광고 등으로 수익을 창출할 수 있다. 그러나 콘텐츠 유통사업자가 아니라 콘텐츠 제작자인 경우 자체 제작한 콘텐츠의 지적재산권을 보유하고 있어야 지속적으로 수익을 창출할 수 있을 뿐 아니라 수익 다변화 등을 추진할 수 있기 때문에 지적재산권을 보유하고 있는가 여부는 콘텐츠 제작사의 비즈니스 모델에 있어 빼놓을 수 없는 요소이다. 이에 대해 유진룡(2005)은 콘텐츠산업의 특성을 설명하면서 "문화산업은 창의성과 상상력을 바탕으로 한 창작산업이다. 이러한 문화산업은 지적재산권을 통해 수익을 창출하는 저작권산업이라고 할 수 있다."[22]고 지적재산권이 콘텐츠산업 수익 창출의 원천임을 언급하였다.

---

22   유진룡,『한국의 문화콘텐츠산업정책과 혁신체제에 관한 연구』, 한양대학교 대학원, 2005년 2월, 13쪽.

7) 지적재산권 보호

앞에서 언급한 바와 같이 콘텐츠산업의 수익 창출 원천이자 콘텐츠 기업 비즈니스의 근간은 지적재산권이다. 따라서 콘텐츠 기업이 보유하고 있는 지적재산권이 법적·제도적 장치에 의해 잘 보호되지 않는다면 콘텐츠 기업은 수익을 창출하기가 어렵다. 따라서 지적재산권의 보호 정도는 콘텐츠 기업이 수익을 창출하는 데 직접적인 영향을 미치게 된다.

8) 공정거래

콘텐츠 기업이 수익을 창출하기 위한 비즈니스를 추진함에 있어 기획-제작-유통-서비스의 가치사슬 전체를 주도하지 않고 기획-제작만을 담당하는 제작사라면 기획-제작한 콘텐츠를 유통시키는 유통사와 거래를 하여야 한다. 또한 기획-제작-유통-서비스를 모두 주도하는 제작사이자 유통사의 경우에도 타사와 경쟁하게 된다. 이렇게 제작사와 유통사와의 거래, 타사와의 경쟁에 있어 동등한 입장에서 공정하게 거래하지 못한다면 수익을 창출하는 데 많은 영향을 받게 된다. 특히 유통을 담당하는 유통사가 방송사, 통신사와 같이 대기업인 경우 중소 콘텐츠 제작사에게 불리한 조건으로 거래를 요구하는 경우가 많아 공정거래 여부는 콘텐츠 제작사의 수익 창출에 매우 중요한 요소라고 할 수 있다.

9) 정부 규제

어떠한 산업이든 정부에서 간섭을 하거나 규제를 많이 하게 되면 수익을 창출하는 데 어려움을 겪게 된다. 콘텐츠산업도 마찬가지이다. 콘텐츠의 기획-제작-유통-서비스 등 가치사슬 단계에서 정부에서 간섭하거나 규제를 많이 하는 경우에는 콘텐츠 기업의 수익 창출에 직접적인 영향을 미치게 된다. 실제로 콘텐츠 비즈니스를 영위함에 있어 기획-제작-유통-서비스의 가치사슬 상에서 정부로부터 허가를 득해야 하거나 서비스 시간 등을 규제하는 등 일정 부분 제약이 있는 경우에는 수익을 창출하는 데 지장을 초래하게 된다. 따라서 정부의 간섭이나 규제가 적은가 하는 것은 비즈니스 모델을 비교하는 데 있어 빠뜨릴 수 없는 핵심요소라고 할 수 있다.

2. 콘텐츠산업의 성공 비즈니스 모델

콘텐츠 기업이 수익을 창출하는 데 있어 직·간접적으로 영향을 미치는 9가지 핵심요소를 중심으로 콘텐츠 기업의 성공적인 비즈니스 모델 분석틀을 〈표 4-9〉와 같이 새롭게 고안하였다. 분석틀 위쪽의 기획-제작-유통-서비스는 가치사슬의 각 단계를 나타내며, STP-P-3Ps는 앞에서 언급한 마케팅 프로세스를 나타낸다. 가치사슬과 함께 마케팅 프로세스를 이해할 수 있도록 마지막에 C(Customer), 즉 고객을 추가하였다.

표 4-9 | 콘텐츠산업의 성공 비즈니스 모델 분석틀

구분		기획	제작	유통	서비스
		STP	P	3Ps	C
내 부 요 소	가치사슬	• 기획-제작-유통-서비스의 가치사슬에서 주도적 위치에 있는가?			
	마케팅	• 마케팅 프로세스인 STP-4Ps를 주도적으로 실행할 수 있는가?			
	수익모델	• 최종 고객 대상의 매출이 증가하면 수익도 비례하여 증가하는가?			
	수익 다변화	• 다양한 부가수익 창출이 가능한가?			
	노하우	• 기획-제작-유통-서비스 및 마케팅 프로세스의 노하우가 내부에 축적되는가?			
외 부 요 소	저작권 보유	• 지적저작권을 보유할 수 있는가?			
	저작권 보호	• 법적·제도적 장치가 잘되어 있어 저작권이 잘 보호되고 있는가?			
	공정거래	• 가치사슬 단계에서 공정거래가 잘 이루어지고 있는가?			
	정부 규제	• 기획-제작-유통-서비스 각 단계에서 정부의 간섭이나 규제가 적은가?			

비즈니스 성공 모델로 본
게임 · 음악 · 방송(드라마) 분석

1. 비즈니스 성공 모델로 본 게임산업

게임산업은 지난 10년간 커다란 변화를 맞이하였는데, 변화의 핵심은 바로 주력 플랫폼의 변화이다. 즉 게임산업을 리드하는 주력 플랫폼이 아케이드에서 온라인게임으로 변화한 것이다. 앞장에서 살펴본 바와 같이 지난 2000년 전체 게임산업에서 아케이드게임이 차지한 비중은 51.4%였다. 따라서 아케이드게임이 게임산업의 주력 플랫폼이었으며 온라인게임의 비중은 6.5%에 불과하였다. 그러나 10년이 지난 2009년에는 아케이드게임의 비중은 0.9%로 대폭 줄어든 반면, 온라인게임은 56.4%를 차지하며 게임산업의 주력 플랫폼으로 게임산업을 이끌어가고 있다.

이렇게 게임산업을 이끌어가고 있는 주력 플랫폼의 변화는 게임산업의 사업구조의 변화만을 의미하는 것이 아니라 비즈니스 모델의 변화를 의미한다. 즉, 수익을 창출하는 수익모델뿐 아니라 가치사슬에서의 위치, 수익을 창출하는 데 영향을 미치는 핵심요소 또한 달라진 것을 의미한다. 이를 비즈니스 성공 모델 분석틀을 근간으로 세부적으로 살펴보면 다음과 같다.

1) 가치사슬과 마케팅

아케이드게임의 경우에는 게임 제작사가 아케이드게임을 제작하여 유통사에게 아케이드게임을 판매하고, 또 게임 유통사는 아케이드게임장을 운영하는 서비스 사업자에게 아케이드게임을 공급하는 형태로 가치사슬에서 게임 제작자, 유통사업자, 서비스사업자가 각각 구분되어 있다. 따라서 게임 제작사는 기획-제작-유통-서비스의 가치사슬 단계에서 기획-제작만 주도할 수 있었다. 또한 마케팅 측면에서도 4Ps 중 STP와 제작만 담당하며 전체 마케팅을 주도할 수는 없었다.

아케이드게임에서 온라인게임으로의 주력 플랫폼 변화는 대리점 등의 유통망을 활용하는 아날로그형 비즈니스 모델에서 인터넷망을 활용하는 디지털형 비즈니스 모델로 진화한 것을 의미한다. 이처럼 디지털형 비즈니스 모델인 온라인게임의 경우에는 게임 제작사가 기획-제작-유통-서비스, 즉 가치사슬의 모든 단계뿐 아니라 마케팅 측면에서도 수익 창출을 위한 전략적 활동인 STP-4Ps-C를 주도적으로 추진할 수 있다. 이는 온라인게임 제작사가 단순히 게임만 제작하는 것이 아니라 유통을 포함한 고객 서비스까지 담당할 수 있어 중간 유통사와 관계없이 자신들의 능력과 노력 여하에 따라 수익을 많이 창출할 수 있는 열린 구조의 비즈니스 모델이라고 할 수 있다.

2) 수익모델

비즈니스 모델에서 수익모델은 자동차의 엔진이 자동차의 성능을 좌우하는 핵심요소인 것처럼 분석 대상의 비즈니스가 수익을 어떻게, 얼마나 잘 창출할 수 있는지를 좌우하는 핵심요소이다.

온라인게임을 제작하는 게임 제작사의 주력 수익모델을 살펴보면 다음과 같다. 온라인게임사의 비즈니스 모델은 게임 제작사가 온라인게임을 기획-제작하여 온라인망을 통해 고객에서 직접 유통-서비스한다. 물론 최근에는 온라인게임을 기획-제작만 하고 유통-서비스는 다른 회사에게 의존하는 형태로 비즈니스를 하는 회사들도 많이 생겨나고 있으나 온라인게임 회사들은 자체 제작한 온라인게임을 직접 유통-서비스할 것인지, 아니면 다른 회사에 유통-서비스를 맡길 것인지를 온라인게임 회사가 주체적으로 판단하고 선택할 수 있다.

이러한 온라인게임의 수익모델은 온라인으로 서비스하는 게임을 이용하는 이용자들로부터 게임을 이용하는 대가로 월정액을 받거나, 게임을 무료로 이용하되 게임에 필요한 아이템을 구매하도록 부분 유료화하는 일종의 B2C 비즈니스이다. 또한 게임에 광고를 유치하여 수익을 창출하기도 한다. 이와 같은 온라인게임의 수익모델은 게임을 이용하는 최종 고객 대상의 매출액이 증가하면 수익도 따라서 증가하며 기획-제작-유통-서비스의 모든 가치사슬 과정을 주도할 수 있기 때문에 매출액 대비 이익률도 게임 회사의 노력 여하에 따라 증가시킬 수 있는 모델이다.

3) 수익 다변화

온라인게임은 수익 다변화의 일환으로 게임 캐릭터를 활용하여 캐릭터 상품 등을 제작하고자 하는 회사들에 캐릭터 사용 권리를 허락하는 대가로 일정 부분 수수료를 받는 라이선싱 비즈니스를 펼치거나, 게임 캐릭터와 스토리를 활용하여 애니메이션을 제작하거나, 만화책 등을 출판하는 OSMU 전략 등을 통해 다양한 수익을 창출할 수 있으며 사례를 살펴보면 다음과 같다.

"게임업계에서 OSMU 사업을 적절하게 활용하고 있는 기업은 넥슨이다. 넥슨은 지난 2005년부터 게임 캐릭터를 활용한 다양한 상품을 만들어내고, 게임 콘텐츠를 활용한 애니메이션, 뮤지컬, 테마파크 사업도 진행하고 있다. 국내 최고 인기 게임인 '메이플스토리'와 '카트라이더'가 넥슨 콘텐츠사업의 대표 효자 게임이다. 여기에 등장하는 '다오'와 '배찌'는 책과 음료수, 양말, 자전거, 시계 등 무려 700여 종의 관련 상품으로 제작돼 판매되고 있다. 특히 관련서적인 '메이플스토리 코믹'은 현재까지 1,000만 부 이상의 판매를 기록했고, 1~42권 모두 베스트셀러에 올랐다."[23]

23 "넥슨의 이유있는 1등… 'OSMU 중요성 부각'", 「뉴시스」 2010.11.21.

4) 노하우

온라인게임 회사들이 기획-제작-유통-서비스를 회사 자체에서 주도할 수 있다는 의미는 비즈니스를 추진함에 있어 가치사슬의 모든 단계에서 생겨나는 노하우가 기업 내부에 축적된다는 것을 의미하며 이는 비즈니스를 지속 추진함에 따라 가치사슬의 효율성이 지속적으로 제고되고 기업의 경쟁력이 높아져 기업의 지속 경영에 도움을 준다고 할 수 있다. 게임의 노하우와 관련하여 이수희 외(2010)는 "해외시장 개척을 위해 그동안 쌓아온 온라인게임 제작 노하우를 바탕으로 좀 더 세분화된 게임들을 제작해야 한다"고 노하우의 중요성을 언급하였다.[24]

5) 저작권 보유

콘텐츠산업에 있어 수익모델의 근간은 저작권이다. 특히, 수익 다변화의 경우에는 저작권이 없으면 추진이 불가능하다. 따라서 온라인게임 회사들이 OSMU 등으로 수익 다변화를 펼칠 수 있는 이유는 온라인게임에 대한 저작권을 게임 제작사가 보유할 수 있기 때문이다.

---

24 이수희 · 정진섭, 『온라인게임 산업의 중국시장 경쟁전략』, 무역학회지, 제34권 제2호, 2009. 4, 319쪽.

6) 저작권 보호

외부환경 요소 중 하나인 저작권 보호는 법적·제도적 장치가 잘되어 있어서 저작권이 잘 보호되고 있는가 하는 점인데, 특히 디지털형 비즈니스 모델에 있어서는 수익을 창출하는 데 매우 중요한 요소이다. 디지털 형 비즈니스 모델인 온라인게임의 경우, 불법 유통 등의 문제가 거의 없는 만큼 저작권 보호는 비교적 잘되어 있다고 할 수 있다.

7) 공정거래

비즈니스에 있어서 공정거래 문제는 제작사와 유통사가 분리되어 있는 경우, 자본력과 유통 능력을 지닌 유통사들이 중소 콘텐츠 제작사들과의 거래에 있어 유통사에게 일방적으로 유리한 조건으로 거래를 하는 것에서 비롯되는 경우가 많다. 온라인게임의 경우에는 온라인 제작사들이 대부분 게임을 제작할 뿐 아니라 유통까지 담당하고 있어 제작사와 유통사간의 공정거래는 크게 문제가 되지 않고 있다고 할 수 있다. 게임 제작사와 유통사(또는 퍼블리셔[25])가 분리되어 있는 경우에도 거래에 크게 문제가 되지 않고 있다. 실제 업계에서는 "통상 온라인게임의 경우 개발사와 퍼블리셔의

---

25 『2003 게임백서』, 한국게임산업개발원, 2003, 73쪽 참조. 퍼블리셔와 개발사의 관계는 보통 퍼블리셔는 홍보와 마케팅을 전담하고 개발사는 게임 개발에 주력하게 되는데, 수익은 4:6 정도로 분배하고 있다. 한편 퍼블리셔가 서버운영 및 기타 서비스 기능까지 담당할 때는 경우에 따라 5:5 또는 6:4 정도로 비율이 조정된다.

수익 배분은 50 대 50 수준"[26]이라고 밝히고 있다. 이와 관련 게임산업개발원(2006)에 의하면 "포털을 통해 런칭한 경험이 있는 경우 퍼블리셔에의 진입 및 계약 조건은 훨씬 개선된다. 개발사는 퍼블리셔로부터 5~10억가량의 프로젝트 투자를 받으며 수익의 70%를 개발사가 확보할 수 있게 된다."[27]고 유통사인 퍼블리셔와 게임 개발사의 수익 배분 현황을 밝히고 있다.

8) 정부 규제

정부 규제는 온라인게임의 기획-제작-유통-서비스의 가치사슬에서 정부의 규제나 간섭이 적은가 하는 것이다. 온라인게임의 경우에는 게임 개발을 완료하고 서비스하기 위해서는 정부로부터 반드시 등급 심사를 거쳐야 한다. 또한 최근에는 온라인게임이 청소년에게 유해하다는 여론과 함께 온라인게임을 과하게 사용하는 과몰입으로부터 청소년을 보호한다는 명분하에 일정 기간 온라인게임 사용을 금지하는 제도(셧다운제)를 도입하는 등 정부의 규제가 증가하고 있는 상황이다. 이런 정부의 게임 규제 강화에 대해 게임 관계자는 다음과 같이 언급하였다.

    김성곤 게임산업협회 사무국장은 "웬만해서 경기 영향을 받지 않던

---

26 "스페셜포스, 사실상 네오위즈 품 떠나… 시장 변화 주목", 「아이뉴스 24」, 2006년 6월 30일자.

27 게임산업개발원, 『국내 게임산업 플랫폼별 유통구조 및 과금체계 개선방안 연구』, KGDI 연구 보고서 06-017, 2006. 6.

게임산업이 최근 규제가 많고 이미지가 안 좋은 쪽으로 흘러가 기가 꺾였다."면서 "게임 소비도 줄고 인재 수급, 투자가 말라 대 · 중소기업 가릴 것 없이 힘들다."고 말했다. 또 중국에 밀리며 온라인게임 종주국의 옛 영광은 사라지고 국내 시장도 리그오브레전드(LOL), 디아블로3 등 외국산 게임이 점령하면서 게임사들은 힘겨운 경쟁을 하고 있다.[28]

이처럼 최근 게임 관련 정부 규제가 증가하면서 게임 업계의 수익 창출에 영향을 미치고 있다.

온라인게임 비즈니스 모델 분석 결과를 종합하면 〈표 4-10〉과 같다.

표 4-10 | 온라인게임 비즈니스 모델 분석 결과

구분		기획	제작	유통	서비스	결과
		STP	P	3Ps	C	
내부요소	가치사슬	창작자이자 유통사업자로서 기획-제작-유통-고객 대응 등을 모두 주도할 수 있음				◎
	마케팅	STP-4Ps를 모두 주도할 수 있음				◎
	수익모델	최종 고객 대상의 매출액이 증가하면 수익도 증가하는 사용료와 판매가 결합된 모델				◎
	수익 다변화	캐릭터 및 스토리 기반의 OSMU 전개 가능				◎
	노하우	가치사슬, 마케팅 전 프로세스의 노하우가 기업 내부에 축적됨				◎
외부요소	저작권 보유	지적재산권을 보유할 수 있음				◎
	저작권 보호	잘 보호되고 있음				◎
	공정거래	잘되고 있음				◎
	정부 규제	등급 심사, 청소년 보호, 게임 과몰입 등 규제가 많음				X

---

28 "게임사 셧다운제 등 규제에 휘청", 「파이낸셜뉴스」, 2012년 7월 31일자.

2. 비즈니스 성공 모델로 본 음악산업

음악산업의 경우도 게임산업과 같이 지난 10년 동안에 큰 변화가 있었다. 변화의 핵심은 음악산업이 2000년 음반에서 2004년을 기점으로 사업 구조가 디지털음악으로 전환된 것이다. 사업 구조의 전환은 게임과 마찬가지로 아날로그형에서 디지털형으로 비즈니스 모델이 변화했다는 것을 의미한다. 음악산업에 있어 디지털음악으로의 전환 외에 중요한 요소가 하나 더 있다. 바로 노래방이다. 1991년에 처음 등장한 노래방은 2009년 기준 3만 5,684개, 매출액 2조 7,407억 원으로 음악산업 전체 매출액의 48.9%를 차지하고 있다.

1) 가치사슬과 마케팅

음악산업도 게임산업과 같이 디지털형으로 비즈니스 모델이 변화하였으나 핵심적인 차이점은 게임이 게임 제작사가 기획-제작-유통-서비스까지 주도하는 완결형으로 진화한 반면, 음악은 디지털형으로 비즈니스 모델이 진화하였음에도 불구하고 음악 제작사는 가치사슬의 기획-제작만 담당하고 유통-서비스는 통신회사들이 담당하는 구조가 되었다. 마케팅 측면에서도 유통은 통신사가 담당하고 음악 제작사는 STP-4Ps 중 STP와 2Ps, 즉 제작, 프로모션만 주도할 수 있게 되었다.

2) 수익모델

음악산업의 경우 음악 제작사의 주력 수익모델은 앞에서 살펴본 바와 같이 디지털음악을 중심으로 음악 제작사가 음악을 기획-제작하여 유통 사업자인 통신회사들에게 음원을 공급하고 판매된 음원 가격의 일부를 나누어 받는 형태의 B2B(Business To Business) 비즈니스이다.

그리고 최종 고객 대상의 매출액이 증가하면 수익도 증가하는가 하는 것에 대해서는 음악 제작사는 일종의 B2B 비즈니스이나 통신사에 음원을 판매하고 판매 대금을 받는 구조가 아니라, 유통사업자인 통신사들이 최종 고객 대상으로 서비스하여 받는 사용료나 음원 판매 금액의 일부 나누어 받는 모델이어서 최종 고객 대상의 매출액이 증가하면 음악 제작사의 매출도 증가한다. 단, 중요한 문제는 수익을 통신사와 제작사가 어떤 비율로 나누어 가지는가 하는 것이다.

이에 대해 김선진(2011)은 다음과 같이 주장하였다.

> 현재 디지털음악, 특히 모바일음악의 경우 통신사가 갖는 수익 비중이 적게는 20%에서 많게는 50%로 일본의 9%, 중국의 17%와 비교하더라도 지나치게 높다고 할 수 있다. 소비자가 지불하는 총 비용을 고려하면 통신사의 몫은 더욱 커진다. 이는 데이터 통신비가 별도로 부가되기 때문이다. 일반적으로 음반이 오프라인에서 유통될 경우 출고 가격의 30% 안팎이 유통 비용이고 70%가 콘텐츠 공급자의 몫이 되지만, 온라인 유통의 경우에는 콘텐츠 공급자의 몫이 판매 가격의 5~20% 수준에 불과해 시장 구조를 왜곡하고 콘텐츠의 활성화를 저해하는 요소로 작용하고 있다. 이는 향후 디지털콘텐츠 시장이 활성화됨에 따라 콘

텐츠 제공자의 협상력이 높아지게 되면 개선될 것으로 보이나 제작·
유통·소비의 전 가치사슬이 수직적 통합 양상을 보이고 있는 경우에
는 기대하기 어려울 수 있다는 점에서 공정한 시장 경쟁 차원에서 해결
해야 할 과제로 인식하고 있다. 이는 또한 건전한 콘텐츠 생태계 환경을
조성함으로써 공존·상생을 통한 디지털음악시장의 건강한 성장을 위
해서도 반드시 해결되어야 한다.[29]

이와 관련해 음악권리자 단체는 "미국 애플의 아이튠스((iTunes)는 음원
판매 수익의 70%를 저작권자에게 지급하는 데 반해, 국내 음악사업자는
통상 스트리밍(streaming) 서비스 35%, 다운로드 40%, 모바일 25% 정도를
지급해 저평가된 상황"이라고 주장하고 음원 판매 수익의 분배 구조 개
선을 촉구[30]하고 있다. 한편 고정민(2008)은 이에 대해 다음과 같이 언급하
였다.

> 우리나라의 온라인음악이 수익의 대부분을 차지하고 있고 소비자들
> 의 음악 사용이 크게 증가하고 있음에도 불구하고 음원업자들이 온라
> 인으로부터 받는 수익은 과거 오프라인으로부터 받는 수익보다 줄어든
> 게 현실이다. 외국이나 모바일게임 등의 수익 배분 비율에 비해서도 우
> 리나라 음원 권리자의 배분 비율은 매우 적다. 또한 수익 배분 주체에
> 이동통신사, 권리자 외 다수의 유통 개체 개입으로 상대적으로 권리자
> 의 몫이 작아지는 구조이다. 음원 권리자의 수익이 어느 정도 보장되어

---

29 김선진 외 7명, 『디지털엔터테인먼트』, MSD미디어, 2011, 121쪽.

30 KT, 『국내 디지털음악의 새로운 변화』, DIGIECO 동향 보고서, 2012년 4월 2주차, 5쪽.

야만 음악 업계는 재투자와 음악 제작이 가능하기 때문에 일정한 수익은 반드시 보장되어야 한다. 음원업자들이 도태된다면 음악산업은 공멸할 수밖에 없을 것이다.[31]

이처럼 통신사와 제작사의 수익 배분과 관련하여 통신사업자의 배분율이 해외 사례와 비교해보았을 때 높은 편이다. 따라서 음악산업의 경우, 최종 고객의 매출액이 증가하면 제작사의 수익도 증가하기는 하나 게임산업과 비교하면 수익률이 낮다고 할 수 있다.

3) 수익 다변화

음악 제작사의 경우 가수들이 제작사에 소속되어 있어 가수들을 활용한 스타 마케팅 등을 활용한 수익 다변화가 가능하다. 실제 SM엔터테인먼트의 경우, 2010년 매출액의 30%인 약 261억 원을 소속 가수들이 CF활동, 드라마 출연 등 스타 마케팅을 통해 창출하였다.[32]

---

31 고정민, 『음악산업의 동향과 발전방향』, 음악산업 진흥을 위한 국제 토론회, 2008년 11월 12일, 24쪽.

32 한국콘텐츠진흥원, 『음악(음원)산업 상장사 매출구조(2010년 기준)』, 내부 보고서, 2011 참조.

4) 노하우

기획-제작-유통-서비스 노하우가 내부에 축적되는가 하는 점에 있어서 음악 제작사의 경우, 가치사슬의 기획-제작과 마케팅 프로세스 상의 2Ps(Product, Promotion)에 대한 노하우는 기업 내부에 축적 가능하다. 실제로 음악산업을 대표하는 제작사들은 가수들의 교육, 훈련 등의 프로그램을 그동안 축적된 노하우를 바탕으로 시스템화하여 운영 중에 있다. 이에 대해 SM엔터테인먼트의 이수만 회장은 다음과 같이 언급하였다.

> SM은 3~7년 후 바뀔 얼굴과 모습, 목소리까지 시뮬레이션해 가능성 있는 인재를 발굴하고 이들에게 노래, 춤, 연기, 작곡, 외국어까지 교육시키며 글로벌 아티스트로 성장시킨다. SM은 독보적인 캐스팅과 훈련, 프로듀싱 시스템을 기반으로 음악과 유행, 문화의 트렌드를 분석한다.[33]

한국콘텐츠진흥원(2011)도 K-POP의 경쟁력으로서 "탄탄한 기본기를 구축하는 한국형 아이돌 시스템"에 대하여 다음과 같이 언급하였다.

> 한국 아이돌 그룹은 캐스팅(오디션) → 트레이닝(연습생) → 프로듀싱 → 프로모션 등으로 이루어진 기획사의 단계별 시스템으로 일정 수준 이상의 콘텐츠를 대량으로 빠르게 생산할 수 있는 시스템을 구축하였다.[34]

---

33 "3단계 완벽 현지화 전략… 다음 타깃은 13억 中시장" 이수만 SM 회장의 야심, 「동아일보」, 2011년 6월 13일자.

34 한국콘텐츠진흥원, 『K-POP이 주도하는 신한류 현황과 과제』, KOCCA 포커스, 통권 31호, 2011년 3월 15일자, 14쪽.

이렇게 음악 기획사들은 그동안의 노하우를 바탕으로 아이돌 육성 시스템을 구축하여 경쟁력 있는 콘텐츠를 지속 생산하고 있다.

5) 저작권 보유

음악산업에 있어서 수익 창출의 근간인 음원에 대한 저작권은 음악 제작사를 비롯하여 작사가, 작곡가, 연주자 등이 함께 저작권을 보유하고 있으며, 이에 따라 음원에서 발생하는 수익은 저작권 보유권자들이 나누어 갖고 있다. 실제 저작권 보유 현황을 살펴보면 다음과 같다.

> 디지털 서비스를 위한 지적재산권은 음악을 창작하는 작곡가, 작사가, 편곡자의 권리를 보호하는 한국음악저작권협회에서 관리하는 저작권, 음원 유통 및 디지털 음원 대리중계의 권한을 보호하는 신탁단체인 한국음원제작자협회의 저작인접권, 그리고 아티스트와 연주자의 권한을 보호하는 한국음악실연자연합회의 실연권으로 구분된다.[35]

6) 저작권 보호

외부환경 요소 중 하나인 저작권 보호는 법적 · 제도적 장치가 잘되어

---

35 문화체육관광부 · 한국콘텐츠진흥원, 『2009년 음악산업백서』, 문화체육관광부 · 한국콘텐츠진흥원, 2009, 120쪽.

있어서 저작권이 잘 보호되고 있는가 하는 점인데, 특히 디지털형 비즈니스 모델에서는 수익을 창출하는 데 있어 매우 중요한 요소이다. 디지털 형 비즈니스 모델인 디지털음악의 경우 불법 유통 등의 문제는 매우 심각하다. 실제로 2009년의 경우 불법 음악 유통량이 17억 6,700만 곡이나 되며 금액으로는 2,481억 원에 이른다.[36]

한편 고정민(2011)은 국내 음악산업의 문제점을 다음과 같이 지적하고 있다.

> 지속적인 단속으로 불법 유통이 많이 줄어들었으나 여전히 블로그나 카페 등에서 불법 음악 파일이 공유되고 있다. 또한 인터넷 이용자 1인당 평균 48곡을 불법적으로 다운로드하거나 스트리밍 등의 불법 서비스를 이용하고 있으며 2009년 한 해 동안 음악, 영화, 방송, 출판, 게임 중 불법 복제물 이용 경험이 가장 많은 분야는 음악으로서 전체 시장의 28.5%를 차지한다.[37]

이처럼 음악산업의 저작권 보호는 과거에 비해 많이 줄어들기는 하였으나 아직도 많은 문제를 안고 있다.

7) 공정거래

비즈니스에서 공정거래 문제는 제작사와 유통사가 분리되어 있는 경우

---

36 문화체육관광부, 『2010년 음악산업백서』, 문화체육관광부, 2010, 157쪽.
37 고정민, 『음악산업 유통 현황과 활성화 방안』, KOCCA, 2011년 7월 19일, 8쪽.

자본력과 유통 능력을 지닌 유통사들이 중소 콘텐츠 제작사들과의 거래에 있어 유통사에게 일방적으로 유리한 조건으로 거래하는 것에서 비롯되는 경우가 많다고 앞에서 언급하였다. 디지털음악의 경우 제작사와 유통사가 분리되어 있고 유통사인 통신회사들의 영향력이 매우 커 서술한 바와 같이 수익모델에서 수익을 얼마의 비율로 나눌 것인가 하는 점에서 유통사인 통신회사들이 다른 국가들과 비교해서 많은 비율을 가져가고 있어 음악 제작사들이 공정거래 문제에 대한 이슈 제기를 계속하고 있는 상황이다.

8) 정부 규제

정부 규제는 음악 분야의 기획-제작-유통-서비스의 가치사슬에서 정부의 규제나 간섭이 적은가 하는 것이다. 음악은 가수와의 계약관계, 노래가사심의, 뮤직비디오 등급 분류 등 정부 규제가 일부 존재한다. 노래가사심의와 관련하여 권오성(2012)은 다음과 같이 문제점을 지적하였다.

> 여성가족부 산하 청소년보호위원회의 대중가요 청소년 유해 매체물 판정이 있었다. 특히 청소년들에게 음주와 흡연을 조장할 수 있는 가사가 담긴 곡에 대해 19금(禁) 판정이 내려지면서 가요 심의에 대한 논란이 다시금 불거졌다. 19금 판정이 내려진 곡이 담긴 음반은 청소년에게 판매할 수 없고 오전 7시부터 오후 10시까지는 방송에서도 틀 수 없다. 사실상 금지곡으로 지정되었다고 봐도 되는 이유이다.
>
> (중략)

미국이나 일본, 유럽 등 대중음악이 문화의 일정 요소로 자리 잡은 국가들은 자율 규제 방식을 취하고 있다.[38]

또한 최근 정부가 인터넷 뮤직비디오 등급 분류제[39]를 도입하여 음악산업 관련 규제가 확대되었다.

음악 제작사의 비즈니스 모델을 분석한 결과는 〈표 4-11〉과 같다.

표 4-11 | 음악 제작사(디지털음악) 비즈니스 모델 분석 결과

구분		기획 STP	제작 P	유통 3Ps	서비스 C	음악
내부요소	가치사슬	기획-제작만 주도		(방송사가 주도)		△
	마케팅	STP-2P 주도		(통신사가 주도)		△
	수익모델	최종 고객의 매출액이 증가하며 수익도 비례하나 비율이 높지는 않음		-		△
	수익 다변화	소속 가수를 활용한 스타 마케팅 가능		-		◎
	노하우	• 기획-제작 축적 가능 • STP-2P 축적 가능		-		△

38 "심의, 창작의 자유 무시하는 과거의 망령", 「매일신문」, 2012년 10월 29일자.

39 "오는 8월 18일부터 인터넷에 뮤직비디오를 공개하려면 사전에 반드시 영상물등급위원회의 심의를 거쳐 등급을 분류 받아야 하는 '인터넷 뮤직비디오 등급 분류 제도'가 시행된다. 이는 지난 2월 개정된 〈영화 및 비디오물의 진흥에 관한 법률〉에 따른 것으로 법이 시행되면 사전등급 심의를 받지 않은 뮤직비디오는 인터넷에 게재될 수 없다.", 「디지털타임즈」, 2012년 8월 15일자.

(계속)

구분		기획	제작	유통	서비스	음악
		STP	P	3Ps	C	
외부요소	저작권 보유	작사가, 작곡가, 연주자 등과 공동 소유		–		O
	저작권 보호	불법 유통 만연		–		X
	공정거래	유통사인 통신사와 수익 배분 등 공정거래 이슈 존재		–		X
	정부 규제	정부 규제나 간섭은 일부 있음		–		△

3. 비즈니스 성공 모델로 본 방송(드라마)산업

방송산업의 경우, 지난 10년간 크게 변화한 것은 지상파 방송 사업자 수가 지난 2000년 40개사에서 2009년 60개사로, 채널 사업자 수가 지난 2009년 42개사에서 2009년 184개사로 대폭 늘어나 방송 프로그램의 수요가 크게 증가하였다는 점과 방송 프로그램을 제작하는 독립제작사를 활성화하기 위한 방안으로 도입된 지상파 방송사의 외주 제작 의무 편성 비율이 2000년 20% 이상에서 2009년 20~40% 이상으로 확대된 것을 들 수 있다.

1) 가치사슬과 마케팅

방송산업은 지난 10년간 여러 가지 변화에도 불구하고 방송 프로그램

(드라마) 제작을 전문으로 하고 있는 독립제작사의 비즈니스 모델은 변화하지 않았다. 독립제작사가 드라마를 제작하여 방송사에 납품하는 형태의 비즈니스로, 독립제작사는 10년 전 아케이드게임과 같이 가치사슬에서 기획-제작만 담당하고 있다. 따라서 마케팅 측면에서도 독립제작사가 STP-4Ps 중 STP와 1P, 즉 제작만 주도할 수 있는 모델이다.

2) 수익모델

방송산업에서 독립제작사의 수익모델은 독립제작사가 방송 프로그램(드라마)을 제작하여 방송사에게 제공하고 일정 금액을 받는 단순 용역형 모델이다. 따라서 최종 고객 대상의 매출액이 증가하면 수익도 증가하는가 하는 것에 대해 독립제작사는 일종의 B2B 비즈니스로 한 번 콘텐츠를 판매하면 최종 고객 대상의 매출이 증가해도 수익이 창출되지 않는다. 유통사업자인 방송사의 경우에는 광고를 통해 대부분의 수익을 창출하고 있으며, 광고 수익은 드라마의 시청률과 밀접한 관계가 있어 드라마의 시청률이 높은 경우 방송사는 많은 수익을 창출할 수 있는 구조를 가지고 있다. 그러나 독립제작사의 경우에는 드라마 시청률이 높게 나오는 경우에도 시청률과 수익이 연동되지 않기 때문에 수익이 증가하지 않는다. 따라서 현재의 수익모델로 독립제작사가 수익을 많이 창출하기 위해서는 제작에 소요된 제작 원가보다 판매가가 훨씬 높아야 가능해진다. 그러나 현실은 독립제작사가 방송사로부터 편당 제작비의 60~70%밖에 받지 못하고 있는 실정이다. 이와 같은 외주 제작사의 적자 구조에 대해 노동렬(2011)은 다음과 같이 언급하였다.

수익이 발생하기 어려운 구조로 드라마를 구성하고, 방송사로부터 지급받는 제작비 비중이 수익의 대부분을 차지하고, 저작권 확보마저도 어려움이 있는 환경에서 드라마를 제작하는 것은 구조적인 악순환의 고리로 이어지게 된다.[40]

국정 감사에서 공개된 내용에 따르면, 2009년 10월에서 12월까지 KBS에서 20부작으로 방영되었던 〈아이리스〉도 총 제작비 2,000억 원 가운데 KBS 부담은 30억 원에 그쳤다고 지적하고 있으며, 2010년 6월에서 9월까지 총 30부작으로 KBS2 TV에서 방영된 〈제빵왕 김탁구〉는 시청률 50%를 돌파하고 엄청난 인기를 얻었으며 이를 방영한 KBS는 163억 원이 넘는 수익을 올린 것으로 알려져 있으나, 이 드라마를 제작한 독립제작사인 삼화네트웍스는 KBS로부터 제작비를 포함해 40억 원 정도밖에 받지 못한 것으로 알려졌다.[41]

3) 수익 다변화

독립제작사가 수익 다변화를 추진할 수 있는 방법은 여러 가지가 존재한다. 이를 세부적으로 살펴보면 첫째, 방송 프로그램(드라마)에서 파생되는 캐릭터 또는 브랜드의 사용권을 타 기업에 부여하는 라이선싱 비즈니스

---

40 노동렬, 『한국 드라마시장의 경쟁구도』, 2011 방송콘텐츠상생협력 세미나, KOCCA 외, 2011년 5월 25일, 3쪽.

41 이은주, "'한예조 사태'로 본 드라마 외주제작 시스템(http://www.seoul.co.kr/news/newsView.php?id=20100901024004)", 「서울신문」, 2010년 9월 1일자.

(licensing business)를 펼치며 수익을 창출할 수 있다. 또한 방송 프로그램(드라마)의 포맷을 해외에 판매하는 포맷 비즈니스를 통해 수익을 창출할 수 있으며 방송 프로그램(드라마)을 다양한 미디어에 다양한 형태로 서비스하는 트랜스미디어(Trans-Media) 비즈니스를 활용하여 수익을 창출할 수도 있다. 이러한 방식의 수익 다변화는 방송 프로그램(드라마)의 저작권을 근간으로 이루어진다. 그러나 독립제작사가 제작한 드라마의 경우에도 저작권을 대부분 방송사가 소유하기 때문에 제작사들은 수익 다변화를 도모하기가 어려운 상황이다. 이에 대해 언론사에서 독립제작사의 관계자를 인터뷰한 내용을 살펴보면 다음과 같다.

> "외주 제작사는 경쟁이 치열해 대박이 나도 수지타산을 맞추기가 힘들다. 'DVD, 드라마 관련 캐릭터 상품 등 2차 판권만 줘도 제작사가 먹고살 수 있는데 이 또한 방송사가 가져간다.'면서 '한류스타가 출연한 작품은 보통 방송사가 5년씩 2차 판권을 갖는다. 편성이 급한 제작사는 이를 수용할 수밖에 없는데 한류스타의 높은 출연료만 떠안고, 수익은 방송사가 갖는다.'고 말했다."[42]

한편 이문행(2003)은 「방송콘텐츠의 수익창출 구조에 관한 연구」에서 "방송콘텐츠가 확보할 수 있는 총체적인 수익모델을 분석해본 결과, 기존 연구에서 지적되었던 채널 간 유통뿐만 아니라 매우 다양한 수익 창구가 있다는 것을 알 수 있었다. 또한 방송콘텐츠의 시청률 성공은 이러한 다양

---

[42] "외주제작 임금체불 · 과로 '노동착취'…'연기로만 먹고살기 힘들다'", 「경향신문」, 2012년 8월 17일자.

한 창구로부터 수익을 동시다발적으로 창출시킨다는 것이다."[43]라고 방송 콘텐츠의 수익 다변화에 대해 언급하였다.

또한 드라마의 경우, 드라마가 인기를 얻게 되면 드라마에 출연한 연기자들의 인기가 올라가고 연기자는 TV 광고 출연 등의 스타 마케팅으로 많은 부가수익을 창출하게 된다. 그러나 독립제작사가 드라마에 출연한 연기자를 통해 부가수익을 창출하기 위해서는 드라마에 출연한 연기자가 음악 제작사의 가수들처럼 제작사에 소속되어 있어야 가능해진다. 그러나 현재 대부분 독립제작사는 소속 연기자들을 보유하고 있지 않아 스타 마케팅을 통한 부가수익 창출은 거의 하지 못하고 있는 상황이다.

4) 노하우

기획-제작-유통-서비스의 노하우가 내부에 축적되는가 하는 점이다. 독립제작사가 드라마를 제작하는 경우 드라마 작가, 프로듀서(PD), 출연자 등은 대부분 독립제작사 소속이 아닌 경우가 많다. 따라서 드라마를 지속 제작하더라도 제작 관련 노하우가 독립제작사 내부에 축적되어 제작에 따른 효율성 제고 등을 하기가 어려운 구조이다. 이와 관련하여 노동렬(2007)은 "외주 제작사는 조직 내에 독자적으로 경험 지식이 축적될 수 있도록 노력해야 한다. 단순 조직 형태로는 지식을 축적하기 어렵다."[44]고 지적하였다.

---

43 이문행, 「방송 콘텐츠의 수익창출 구조에 관한 연구」, 『방송연구』, 2003, 여름호, 238쪽.

44 노동렬, 『매체환경 변화와 드라마 제작구조 개선 방안』, 한국방송학회 세미나 및 보고서, 2007. 10, 39쪽.

5) 저작권 보유

독립제작사가 자체 제작한 드라마의 저작권 보유가 가능한가 하는 점이다. 앞장에서 언급한 것과 같이 2009년 독립제작사의 저작권 보유 비율은 33.3%이다. 독립제작사에서 제작한 콘텐츠의 66.7%에 대해서는 독립제작사가 저작권을 보유하지 못하고 방송사가 저작권을 소유하고 있다. 따라서 독립제작사가 저작권을 소유하지 못함으로써 저작권을 기반으로 한 수익 창출은 하지 못하고 있는 상황이다. 이에 대해 이문행(2008)은 "최근에는 드라마 제작의 70%가 외주 제작으로 이루어지고 있으나 여전히 저작권 문제에서는 지상파 방송사와 독립제작사 간의 갈등이 존재한다고 할 수 있다. 따라서 지상파 방송사에 저작권이 집중되지 않도록 제도적 장치를 마련하는 것이 시급하다."[45]고 저작권 보유 문제를 지적하였다.

6) 저작권 보호

외부환경 요소 중 하나인 저작권 보호는 법적·제도적 장치가 잘되어 있어서 저작권이 잘 보호되고 있는가 하는 것이다. 실제 드라마의 경우, 저작권 보호가 잘되고 있지 않다. 윤호진 외(2007)는 저작권 보호와 관련하여 다음과 같이 문제점을 지적하고 있다.

---

45 이문행, 『국내 방송 드라마의 유통 구조 및 창구의 특성』, 한국콘텐츠학회논문지, 2008, 제8권 10호, 113쪽.

디지털화에 따른 방송영상물 불법 유통 및 배포의 용이성, 신속성, 복제의 질적 향상과 동질성, 조직과 편집의 용이성 등으로 인해 저작권의 침해 가능성이 높아졌고, 특히 방송영상물의 불법 유통은 영상물의 독특한 특성인 원소스멀티유즈(One Source Multi Use) 윈도 효과(window effect)에 부정적인 영향을 가져올 수밖에 없으며, 결과적으로 방송영상물을 통한 2차, 3차 시장의 부가가치 창출에 심각한 장애가 되고 있다.[46]

또한 해외 방송산업 수출에서 드라마가 92.5%를 차지하고 있으나 해외에서 저작권 보호는 잘되고 있지 않은 상황이다. 한국문화교류재단(2011)의 중국 베이징 통신원에 따르면 "공중파에서 한국 드라마의 방영이 줄어들면서 중국 내 한국 드라마 관객층은 10~20대 젊은 층으로 축소되었으며, 한국 드라마를 즐기는 젊은 층은 주로 인터넷을 통해 한국 드라마를 시청하는데 이것은 아마추어 번역 팀이 한국의 드라마를 번역해서 인터넷에 올린 것으로 다 불법이다."[47]라고 언급하였다. 이처럼 드라마의 저작권 보호는 잘되어 있다고 할 수 없는 상황이다.

7) 공정거래

비즈니스에 있어서 공정거래 문제는 제작사와 유통사가 분리되어 있는

---

46 윤호진 외,『방송콘텐츠 온라인 불법유통 현황과 저작권 침해유형 분석』, 한국방송영상산업진흥원, 2007. 12, 36쪽.

47 한국문화교류재단,『2010 해외 한류 동향』, KOFICE 11-01, 2011. 1, 24쪽.

경우, 자본력과 유통 능력을 지닌 유통사들이 중소 콘텐츠 제작사들과의 거래에 있어 유통사에게 일방적으로 유리한 조건으로 거래하는 것에서 비롯되는 경우가 많다. 드라마의 경우 제작사와 유통사가 분리되어 있고, 유통사인 방송사들의 영향력이 10년 전과 달라지지 않고 여전히 매우 커 독립제작사는 드라마 제작 원가에도 못 미치는 가격으로 방송사에 드라마를 공급하고 있을 뿐 아니라 저작권도 소유하지 못해 수익 다변화 등을 추진하지 못하는 상황이다. 이에 대해 김영덕(2009)은 "방송사가 실 제작비의 40~60%만 지급하면서 저작권 100%가 방송사에 귀속되는 현실적 상황에서 제작사 쪽에서는 2차 이용권마저 3년 후에 반납해야 하는 상황을 불공정 계약으로 규정하고 불만을 토로하고 있다."[48]고 언급하고 있다.

8) 정부 규제

드라마의 경우 정부의 간섭이나 규제[49]는 타 산업에 비해 거의 없는 편이라고 할 수 있다. 얼마 전까지 강력하게 규제하였던 PPL(Product PLacement)[50]

---

48 김영덕, 『드라마 제작 & 유통의 현재와 진흥방안』, KOCCA FOCUS, 통권 2호, 2009. 7. 22.

49 방송법 제33조에 따라 동법 32조의 사항을 심의하기 위하여 드라마를 포함한 방송 전반에 대한 '방송심의에 관한 규정'이 있으나 이로 인해 드라마 제작과 관련하여 사회적인 이슈가 되거나 한 경우는 거의 찾아보기 어렵다.

50 "PPL(Product PLacement)은 영화나 드라마 속에 소품으로 등장시켜 브랜드명이 보이는 상품을 비롯해 이미지, 명칭 등을 노출시켜 시청자와 관객들에게 홍보하는 일종의 광고마케팅 전략이다. PPL마케팅은 대표적인 간접광고로 TV나 영화 속에서 특정기업의 제품이나 브랜드 등을 삽입해 소비자들의 잠재의식 속에 자연스럽게 상품의 이미지를 심고 갖고 싶다는 욕망을 불러일으키도록 하는 것이다. PPL은 과거 규제가 심해 크게 활용되지 못했지만 최근 완화되면서 빈번해졌다. 2010년 1월 개정된 방송법 시행령에 따라 노출 장면이 방송 프로

도 2010년 1월 개정된 방송법 시행령에 따라 많이 완화되어 제작사의 제작비 수급에 도움을 주고 있다.

독립제작사의 드라마 비즈니스 모델 분석 결과는 〈표 4-12〉와 같다.

표 4-12 | 독립제작사 드라마 비즈니스 모델 분석 결과

구분		기획	제작	유통	서비스	드라마
		STP	P	3Ps	C	
내부 요소	가치사슬	기획-제작만 주도		(방송사가 주도)		△
	마케팅	STP-P만 주도		(방송사가 주도)		△
	수익모델	광고 매출액과 연동되지 않고 제작비의 일부(60~70%)만 용역비 형태로 받는 모델		–		X
	수익 다변화	저작권을 보유하지 못하고 출연자들도 제작사 소속이 아니어서 거의 불가		(방송사 광고 수익은 시청률 과 연동)		X
	노하우	작가, 출연자, PD 등 대부분이 제작사 소속이 아니어서 제작 노하우가 제작사에 축적되지 않음		–		X
외부 요소	저작권 보유	저작권 보유 비율은 33.3% 수준이며 대부분은 방송사가 보유		(대부분 방송사가 보유)		X
	저작권 보호	잘되고 있지 않음		–		△
	공정거래	유통사인 방송사가 거래를 주도하고 있는 상황		–		X
	정부 규제	정부 규제나 간섭은 거의 없음		–		◎

그램 시간의 5%, 전체 화면 크기의 4분의 1을 초과하지 않는다는 규정만 지키면 브랜드명을 그대로 사용할 수 있다.", 「제민일보」, 2012년 8월 20일자.

제4절

게임 · 음악 · 방송(드라마) 비즈니스 모델 분석 종합

게임, 음악, 방송(드라마)의 비즈니스 성공 모델의 분석틀을 활용하여 분석한 결과를 종합해보면 다음과 같다.

첫째, 비즈니스 성공 모델을 아날로그형과 디지털형으로 구분해보면 게임과 음악은 지난 10년 사이에 아날로그형에서 디지털형으로 변화하였으나, 방송은 10년 전과 동일한 아날로그형 비즈니스 모델을 가지고 있었다.

표 4-13 | 비즈니스 모델 유형 비교

구분	아날로그형	디지털형
게임	아케이드	온라인게임
음악	CD	디지털음악
방송	방송국 기반 드라마	–

둘째, 콘텐츠산업 성공 비즈니스 모델의 9가지 핵심요소를 세부적으로 살펴보면 다음과 같다.

1) 가치사슬

가치사슬 관점에서 살펴보면 게임은 기획-제작-유통-서비스를 모두 주도할 수 있는 형태이고, 음악과 방송은 제작사가 기획-제작만 주도할 수 있다.

표 4-14 | 가치사슬 관점 비교

구분	기획				제작				유통				서비스			
게임																
음악																
방송																

2) 마케팅

마케팅 관점에서는 온라인게임의 경우 기획 단계인 STP는 물론, 마케팅의 4Ps, 즉 제작, 프로모션, 가격, 유통 전략 및 고객 대응까지 전체를 게임 제작사가 관장할 수 있다. 디지털음악의 경우에는 음악 제작사가 기획 단계인 STP와 마케팅 4Ps 중 2Ps, 즉 제작과 프로모션을 담당하고 있다. 반면에 드라마의 경우에는 기획 단계인 STP 외 4Ps에서는 1P, 즉 제작만 제작사가 담당하고 있고 나머지는 전부 방송사가 담당하고 있다.

표 4-15 | 마케팅 관점 비교

구분	기획			제작			유통			서비스		
게임												
음악												
방송												

3) 수익모델

온라인게임 제작사, 음악 제작사, 독립제작사의 수익모델을 비교해보면, 온라인게임의 경우 최종 고객의 매출이 증가하면 제작사의 수익도 비례하여 증가하는 모델이다. 음악 제작사는 최종 고객의 매출이 증가하면 수익도 비례하여 증가하나 수익의 상당 부분을 유통사인 통신회사가 가져가기 때문에 게임에 비해 증가율이 낮다. 반면 독립제작사의 경우에는 최종 고객 대상의 매출인 방송사의 광고 수익이 시청률에 따라 증가하여도 독립제작사의 수익은 비례하여 증가하지 않을 뿐 아니라 제작 원가도 회수하지 못하고 있는 상황이다.

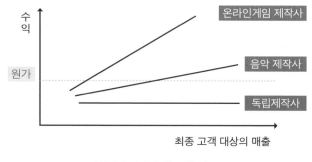

그림 4-2 | 수익모델 비교

4) 수익 다변화

수익 다변화 측면에서 살펴보면, 온라인게임 제작사는 게임 캐릭터와 스토리를 기반으로 다양한 수익 창출이 가능하며 음악 제작사의 경우에는 소속 가수들의 스타 마케팅을 통해 부가수익 창출이 가능하다. 반면, 독립 제작사의 경우에는 현재 저작권을 소유하지 못해 드라마를 기반으로 한 부가수익 창출을 거의 하지 못하고 있다.

표 4-16 | 수익 다변화 비교

구분	현황
게임	게임 캐릭터와 스토리를 기반으로 다양한 수익 창출이 가능
음악	소속 가수들의 스타 마케팅을 통해 부가수익 창출이 가능
방송	부가수익 창출이 거의 불가능

5) 노하우

기획-제작-유통-서비스의 노하우가 내부에 축적되는가 하는 관점에서 살펴보면, 온라인게임 제작사의 경우 기획-제작-유통-서비스 가치사슬의 전 단계와 마케팅 관점의 STP-4Ps(제작, 프로모션, 가격, 유통 전략)-C(고객 대응) 전 단계의 노하우가 내부에 축적 가능하다. 음악 제작사는 가치사슬에서 기획-제작, 마케팅 관점에서 STP-2Ps(제작, 프로모션)의 노하우가 내부에 축적 가능하다. 반면에 독립제작사의 경우에는 가치사슬에서 기획-제작은 담당하고 있으나, 제작의 대부분을 외부 기업 인력에 의존하고 있어 노하우가 내부에 축적되지 않고 마케팅 관점에서도 기획 단계인 STP 노하우만 내부에 축적된다.

표 4-17 | 노하우 관점 비교

구분	기획	제작	유통	고객
게임	• 가치사슬: 기획-제작-유통-서비스 전 단계 • 마케팅: STP-4Ps(제작, 프로모션, 가격, 유통 전략)-C(고객 대응) 전 단계			
음악	• 가치사슬: 기획-제작 • 마케팅: STP-2Ps(제작, 프로모션)			
방송	• 가치사슬: 기획 • 마케팅: STP			

6) 저작권 보유

저작권 보유 현황을 살펴보면, 온라인게임은 제작사가 저작권을 보유하고 있으며, 음악 제작사의 경우에는 작사가, 작곡가, 연주자 등과 공동소유하고 있다. 반면, 독립제작사의 경우에는 자체 제작한 드라마에 대해 방송사가 상당 부분 저작권을 보유하고 있는 상황이다.

표 4-18 | 저작권 보유 현황 비교

구분	현황
게임	온라인게임 제작사가 저작권 보유
음악	작사가, 작곡가, 연주자 등과 공동 소유
방송	상당 부분 방송사가 보유

7) 저작권 보호

저작권 보호 현황을 살펴보면, 온라인게임의 경우는 저작권이 상대적으로 잘 보호되고 있는 상황이다. 반면, 음악의 경우 불법 유통이 만연하고 있으며 드라마의 경우도 잘 보호되고 있지 못한 상황이다.

표 4-19 | 저작권 보호 현황 비교

구분	현황
게임	잘 보호되고 있음
음악	아직도 불법 유통이 만연하고 있음
방송	잘 보호되고 있지 않음

8) 공정거래

공정거래 관점에서 살펴보면, 온라인게임은 제작사가 유통까지 담당할수 있어 거의 문제가 없는 상황이다. 반면, 음악과 방송은 거대 유통사인 통신사와 방송국이 거래를 주도하고 있어 수익 분배, 저작권 보유 등 많은 문제가 존재한다.

표 4-20 | 공정거래 현황 비교

구분	현황
게임	온라인게임의 경우 거의 문제가 없음
음악	통신사와의 수익 분배 문제 등 공정거래 이슈 존재
방송	방송사와 저작권 보유 등 공정거래 이슈가 매우 많음

9) 정부 규제

정부 규제 현황을 살펴보면, 온라인게임의 경우는 개발이 완료되어 서비스하고자 할 때 등급 심사에서부터 청소년 과몰입과 관련한 셧다운(Shut Down)제 도입 등 정부 규제가 매우 많은 상황이다. 반면, 음악은 가수와의 계약, 노래가사 심의 등 일부 정부 규제가 존재하나, 방송(드라마)은 상대적으로 정부 규제가 거의 없는 상황이다.

표 4-21 | 정부규제 현황 비교

구분	현황
게임	과몰입 등으로 인한 청소년 보호 목적의 셧다운제 도입
음악	가수와의 계약, 노래가사 심의 등 일부 존재
방송	방송 부분의 정부 규제는 거의 없는 편임

셋째, 콘텐츠산업의 성공 비즈니스 모델 분석틀을 가지고 게임, 음악, 방송(드라마)산업을 분석해 본 결과를 종합해보면 〈표 4-22〉와 같다.

표 4-22 | 게임, 음악, 방송 비즈니스 모델 분석 결과

구분		기획	제작	유통	서비스	게임	음악	드라마
		STP	P	3Ps	C			
내부요소	가치사슬	기획-제작-유통-서비스의 가치사슬에서 주도적 위치에 있는가?				◎	△	△
	마케팅	마케팅 프로세스인 STP-4Ps를 주도적으로 실행할 수 있는가?				◎	△	△
	수익모델	최종 고객 대상의 매출이 증가하면 수익도 비례하여 증가하는가?				◎	△	X

구분		기획	제작	유통	서비스	게임	음악	드라마
		STP	P	3Ps	C			
내부요소	수익 다변화	다양한 부가수익 창출이 가능한가?				◎	◎	X
	노하우	기획-제작-유통-서비스 및 마케팅 프로세스의 노하우가 내부에 축적되는가?				◎	△	X
외부요소	저작권 보유	지적저작권을 보유할 수 있는가?				◎	O	X
	저작권 보호	법적·제도적 징치가 질되어 있어 저직권이 질 보호되고 있는가?				◎	X	△
	공정거래	가치사슬 단계에서 공정거래가 잘 이루어지고 있는가?				◎	X	X
	정부 규제	기획-제작-유통-서비스 각 단계에서 정부의 간섭이나 규제가 적은가?				X	△	◎

게임의 경우 가치사슬, 마케팅, 수익모델, 수익 다변화, 노하우, 저작권 보유, 저작권 보호, 공정거래, 정부 규제라는 성공 비즈니스 모델의 9가지 핵심요소 중 정부 규제 부분만 제외한 나머지 8개 요소는 모두 매우 우수하였다. 음악의 경우에는 수익 다변화는 매우 우수, 저작권 보유와 정부 규제는 우수한 편이나, 나머지 6가지 요소는 많은 문제와 한계를 지니고 있었다. 방송의 경우에는 정부 규제 부분만 매우 우수한 편이고, 나머지 8가지 요소는 많은 문제점과 한계를 지니고 있었다.

결론적으로, 콘텐츠산업의 성공 비즈니스 모델을 토대로 게임, 음악, 방송(드라마)산업을 분석해본 결과, 앞장에서 언급한 게임, 음악, 방송(드라마)의 산업별 성과 차이와 상당한 연계성이 발견되었다. 즉 산업별로 성과 차이가 발생한 것은 수익을 창출하는 산업별 비즈니스 모델의 차이에서 비롯된 것이라고 할 수 있다.

제5장

창조경제 시대, 콘텐츠산업 발전 방안

콘텐츠산업 발전의 기본 방향

한류의 3대 핵심 산업이자 우리나라 콘텐츠산업을 대표하는 게임, 음악, 방송(드라마)산업의 성과를 비교·분석해본 결과, 산업별로 성과 차이가 심하게 발생하였다.

게임, 음악, 방송산업을 대상으로 2000년 대비 2009년의 산업별 매출액, 수출액 등의 산업별 지표와 함께 대표 기업들의 상장사 수, 매출액과 순이익 등 기업별 성과 지표를 종합적으로 비교·분석해본 결과, 게임산업이 모든 면에서 월등한 성과를 창출하고 있었다. 특히 게임산업 수출액은 2000년 대비 2009년에는 12.2배나 고성장하여 2009년 콘텐츠산업 전체 수출액의 47.6%를 차지할 만큼 핵심 산업으로 부상하였다. 특히 온라인게임은 국내 게임 매출액의 46.4%, 게임 수출액의 97.6%를 차지하여 우리나라 게임산업은 물론 콘텐츠산업 전반을 견인하고 있었다. 또한 대표 기업들의 상장사 수, 매출액, 순이익에 있어서도 음악·방송산업에 비해 월등한 것으로 분석되었다. 다음으로는 음악산업이 좋은 성과를 창출하고 있는 것으로 분석되었는데 게임산업과는 큰 차이가 있지만 상장사 수나 대표 기업들의 매출과 순이익이 많이 좋아지고 있는 것으로 분석되었다. 반면에 방송산업은 2000년 대비 2009년 국내 매출액은 2.1배, 수출액은 드라마를 중심으로 14.1배 고성장하였으나, 국내 매출액에서 독립제작사들이 차지하는 비중은 6.2%에 불과하였다. 수출액에서도 드라마가 방송 프로그램 수출의 92.5%를 차지하고 있고, 드라마의 68.9%는 독립제작사가 제작하고 있음에도 2009년 수출액에서 차지하는 비중은 7.8%에 불과하였다. 그뿐만이 아니다. 대표적인 독립제작사들의 경영 실적을 살펴본 결과 거의 이익을 창출하지 못하고 있었다.

이러한 성과의 차이는 어디에서 기인한 것일까? 산업별 수익 창출의 근간인 비즈니스 모델을 비교·분석해본 결과, 게임의 경우 가치사슬, 마케팅, 수익모델, 수익 다변화, 노하우, 저작권 보유, 저작권 보호, 공정거래, 정부 규제라는 비즈니스 모델의 9가지 요소에서 정부 규제 부분만을 제외하고 나머지 8개 요소는 모두 매우 우수하였으며, 음악은 수익 다변화, 저작권 보유, 정부 규제는 우수한 편이나 나머지 6가지 요소에 많은 문제와 한계를 지니고 있었다. 반면에 방송의 경우에는 정부 규제 부분만 우수한 편이고, 나머지 8가지 요소에 많은 문제점과 한계를 지니고 있었다. 결국 게임이 좋은 성과를 창출하는 것은 비즈니스 모델이 음악과 방송에 비해 우수하기 때문이었다. 음악은 게임에 비해서는 미흡하나 방송에 비해서는 우수한 비즈니스 모델을 보유하고 있어 게임에는 미치지 못하나 방송 보다는 높은 수익을 창출하고 있었으며, 방송의 경우에는 게임, 음악에 비해 매우 열악한 비즈니스 모델을 보유하고 있어 거의 수익을 창출하지 못하고 있는 것으로 분석되었다.

결론적으로 게임산업이 수익을 창출하며 지속 성장하고 있는 것에 비해 음악산업은 수익 창출 정도가 게임에 비해 미흡하고, 방송산업(독립제작사)의 경우 거의 수익을 창출하지 못하고 있는 것은 산업별 비즈니스 모델의 차이와 연관성이 큰 것으로 분석되었다. 그렇다면 앞으로 콘텐츠산업이 수익을 창출하며 지속 성장하기 위해서는 어떻게 하여야 할까?

앞으로 콘텐츠산업이 지향해야 하는 것은 바로 비즈니스 모델이다. 왜냐하면 산업별 성과의 차이는 비즈니스 모델의 차이에서 비롯되었기 때문이다. 따라서 향후 콘텐츠산업이 수익을 창출하며 지속 성장하기 위해서는 산업별 비즈니스 모델의 문제점과 한계를 파악하고 이를 해결하는 데 초점을 두어야 한다.

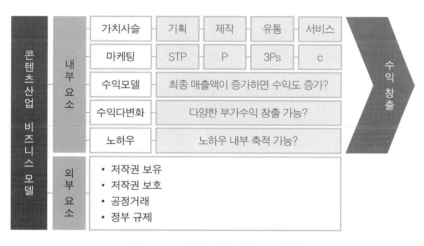

그림 5-1 | 콘텐츠산업 비즈니스 모델

콘텐츠산업의 지속 성장 방안

1. 게임산업

게임산업은 음악, 방송산업과는 달리 높은 성과를 창출하며 지속 성장하여 왔다. 이런 게임산업의 성장 과정을 살펴보기 위해 지난 2000년부터 2009년까지 게임산업의 추이와 동향을 분석해본 결과, 게임산업의 성장은 2003년 아케이드에서 온라인게임으로 주력 플랫폼이 전환되면서 본격 시작되었음을 알 수 있었다. 온라인게임이 우리나라 게임산업에서 차지하는 비중은 지난 2000년에는 10.3%에 불과하였으나 2003년부터 증가하기 시작하여 2009년에는 79.4%로 급증하였다. 수출액 또한 2000년에는 1억 150만 달러로 우리나라 콘텐츠산업 전체 수출액에서 38.9%를 차지하고 있었으나, 2009년에는 수출액이 12억 4,085억 달러로 2000년 대비 12.2배 성장하였으며, 우리나라 콘텐츠산업 전체에서 차지하는 비중도 47.6%로 2000년 대비 8.7% 성장하였다. 또한 게임산업의 대표 기업들의 매출액, 순이익 등을 살펴본 결과, 지속적으로 매출과 순이익이 증가하고 있을 뿐 아니라 이익률이 최대 33.7%에 이를 정도로 높은 성과를 창출하고 있었다.

이러한 성과 창출과 관련하여 게임산업의 비즈니스 모델을 살펴본 결과, 게임산업은 음악, 방송산업과는 달리 2003년 아케이드에서 온라인으로 주력 플랫폼이 전환되면서 콘텐츠 제작자와 유통사업자가 분리되어 있던 비즈니스 모델이 콘텐츠 제작자가 제작과 유통을 모두 담당하는 제작자 중심의 비즈니스 모델로 진화하였다. 이렇게 제작자 중심으로 비즈니스 모델이 진화하면서 기획-제작-유통-서비스의 가치사슬 모든 단계를 게임 제작사가 주도하게 되었을 뿐 아니라, 마케팅의 전체 프로세스도 게임 제작사가 담당하게 되었다. 또한 2003년 이전 아케이드게임이 주력 플랫폼이었을 당시에는 제작사와 유통사가 분리되어 있으면서 중간 대리점 등 중간 유통회사를 통해 거래가 이루어지는 아날로그형 비즈니스 모델이었으나 온라인게임으로 주력 플랫폼이 전환되면서 중간 유통 단계 없이 고객에게 직접 서비스하는 e-비즈니스 형태의 디지털형 비즈니스 모델로 진화하였다. 이로 인해 고객을 대상으로 직접 마케팅 전략을 수립하고 실행할 수 있게 됨으로써 제작사의 노력에 따라 많은 수익을 창출할 수 있고, 최종 고객 대상의 매출액이 증가하면 수익도 비례하여 증가하는 최고의 수익모델을 갖게 되었다. 또한 기획-제작-유통-서비스 및 마케팅 프로세스 전반을 제작사가 주도하게 됨으로써 가치사슬 및 마케팅 프로세스 전 단계의 노하우도 게임 제작사 내부에 축적될 뿐 아니라 게임 내 캐릭터 등을 활용하여 다양한 라이선싱 사업을 추진하는 등 수익 다변화를 추진할 수 있는 비즈니스 모델을 가지고 있다.

표 5-1 | 게임산업 비즈니스 모델의 내부 요소

구분		기획	제작	유통	서비스	게임
		STP	P	3Ps	C	
내부요소	가치사슬	기획-제작-유통-서비스의 가치사슬에서 주도적 위치에 있는가?				◎
	마케팅	마케팅 프로세스인 STP-4Ps를 주도적으로 실행할 수 있는가?				◎
	수익모델	최종 고객 대상의 매출이 증가하면 수익도 비례하여 증가하는가?				◎
	수익 다변화	다양한 부가수익 창출이 가능한가?				◎
	노하우	기획-제작-유통-서비스 및 마케팅 프로세스의 노하우가 내부에 축적되는가?				◎

게임산업은 이렇게 수익을 창출하는 데 있어 좋은 비즈니스 모델을 갖게 됨으로써 2000년과 비교해서 2009년 매출액 13.5배, 수출액 12.2배, 종사자 수 4.2배, 기업체 수 12.6배(게임방 제외)라는 큰 성과를 창출할 수 있었다. 또한 시가총액 1,000억 원이 넘는 상장사가 12개나 생겨났으며 글로벌시장에서 성공한 게임들이 다수 탄생하였다.

실제로 국내는 물론 글로벌시장에서의 대표적인 성공 사례 중 하나인 넥슨의 〈메이플스토리(Maple Story)〉 성공 과정을 살펴보면 다음과 같다.[1]

> 메이플스토리의 경우에는 기획 단계에서 시장 분석을 통해 시장을 세분화한 후, 기존의 온라인게임에서는 대상층으로 하지 않던 여성과 어린이라는 새로운 유저를 타깃으로 설정하고, 타깃고객의 니즈에 맞

---

1   김진규, 「국내 게임의 글로벌 비즈니스 성공요인 분석」, 『글로벌문화콘텐츠 제6호』, 2011. 131쪽.

도록 밝고 조작이 쉬운 새로운 형식의 온라인게임으로 포지셔닝하였다. 특히 기존 업체들이 외면하던 여성과 어린이를 타깃 고객으로 설정하여 비고객의 고객화를 추진하였고, 역발상을 통해 기술 중심이고 화려한 그래픽의 무거운(메모리 용량이 크고 고사양의 컴퓨터에서 작동) 기존 온라인게임과는 완전히 다른 밝고 조작이 쉬운 새로운 형식의 온라인게임으로 포지셔닝하였다. 또한 메이플스토리는 기획단계에서 가격(Price) 전략을 수립하고, 기존 게임들의 정액세 가격 전략과 차별화하여 부분 유료화라는 새로운 수익모델을 도입하였다. 개발 단계에서는 제품(Product) 전략 측면에서 게임 룰의 용이성 확보를 위하여 2차원 횡스크롤 방식을 도입하였고, 게임의 단순함이 가져오는 한계를 무협지적 스토리 구조를 적용함으로써 극복하고자 하는 전략을 시도하였다. 유통 단계인 해외 마케팅 측면에서는 해외시장에 대한 이해도를 기준으로 직접 진출과 라이선싱으로 해외 진출을 이원화하는 유통 전략(Place)을 수립, 실행하였다. 즉, 이해도가 높은 해외시장의 경우에는 현지 법인을 통한 직접 진출 방식을 택하였고, 이해도가 낮은 시장에 대해서는 현지 업체에 라이선싱을 주는 간접 진출 방식으로 이원화하여 해외 진출 리스크를 최소화하였다. 또한 각 국가별 상황에 따라 차별화된 프로모션(Promotion) 전략을 추진하였다. 한국에서는 TV 광고가 아니라 학교별 대항전이나 사용자 간담회 형식의 마케팅을 추진하였고, 반면에 일본시장에서는 핵심 마케팅 수단으로 TV 광고를 선택하였다. 또한 미국시장 공략을 위해서는 게임 전문 웹진을 홍보 매체로 활용하는 등 국가별 사용자 특성을 고려한 마케팅을 추진한 것이다. 또한 콘텐츠의 현지화도 추진하였는데 국가별로 배경과 난이도 및 아이템을 해당 국가의 유저 특성에 맞추어주는 전략을 수립하고 해외 각 지역의 특색에 맞는 배경과 아이템을 제작하였고 게임의 난이도에 있어서도 해외 국가의 지역 유저들의 상황에 맞추어주는 등 콘텐츠의 현지화를 적극 추진하였다. 또한 메이플스토리는 기존 게임에서는 거의 추진하지 않던 OSMU를 초기 단계에서부터 적극 추진하여 만화, 모바일게임 등 1,000여 가지 파생 상품을 출시하였다. 게임 캐릭터를 활용한 라이선싱 비즈니스의 모델을 제시해준 것이다. 한편, 서비스에 있어서는 온라인게임에서 가장 많은 문제가 발생하는 시기가 오픈 베타 이후의 일임을 고려하여 메이플스토리는 온라인게임을 서비스 상품으로 인식하고 유저 커뮤니티 활동의 기술적 지원과 안정적 서버 운용 등 대고객 서비스에 충실하였다. 즉 커뮤니티 활동 지원 기술을 통하여 게임 이용 과정에서 유저 상호간 소통이 가능해지도록 하였으며 안정적 서버 운용으로 세계적으로 쾌적한 서비스 환경을 제공하였다.

이처럼 넥슨이 메이플스토리를 성공시킬 수 있었던 것은 바로 비즈니스 모델에 기초를 두고 있다. 즉, 넥슨은 기획-제작-유통-고객에 이르는 전 가치사슬과 마케팅 과정에서 STP를 비롯한 4Ps를 주도하였다. 또한 최종 고객 대상의 매출이 증가함에 따라 수익이 증가하는 수익모델을 가지고 있었을 뿐 아니라, 콘텐츠에 대한 저작권을 바탕으로 수익 다변화를 활발하게 전개하였다. 또한 기획에서 제작, 유통, 고객 대응 단계에서의 노하우가 기업 내부에 축적되었고, 외부환경 요소인 저작권도 잘 보호되어 많은 수익을 창출할 수 있었던 것이다.

표 5-2 | 게임산업 비즈니스 모델의 외부 요소

구 분		기획	제작	유통	서비스	게임
		STP	P	3Ps	C	
외부요소	저작권 보유	지적저작권을 보유할 수 있는가?				◎
	저작권 보호	법적 · 제도적 장치가 잘되어 있어 저작권이 잘 보호되고 있는가?				◎
	공정거래	가치사슬 단계에서 공정거래가 잘 이루어지고 있는가?				◎
	정부 규제	기획-제작-유통-서비스 각 단계에서 정부의 간섭이나 규제가 적은가?				×

이렇게 온라인게임은 가치사슬, 마케팅, 수익모델, 수익 다변화, 노하우 등 비즈니스 모델의 내부 요소는 물론 저작권 소유, 저작권 보호, 공정거래 등 비즈니스 모델의 외부 요소까지 모든 면에서 우수하여 많은 성공 사례를 창출하였다. 그러나 최근 '게임 중독' 또는 '게임 과몰입' 등의 이슈로 일정 시간 게임 이용을 강제로 제한하는 셧다운(Shut Down)제[2]가 도입되는 등 정부 규제가 강화되고 있는 상황이다. 특히 셧다운 제도의 도입은 이중 규제로서 게임산업 발전에 커다란 장애가 되고 있다는 의견이 많은데, 최근 대두되고 있는 셧다운 제도의 문제점에 대해 살펴보면 다음과 같다.

연령 확인이 가능한 온라인게임 서비스에 대해 등급 분류에 의한 규제 이외에 시간대를 규제하는 것은 세계 어디에서도 그 유례를 찾을 수

---

2 셧다운(Shut Down)제의 개념은 특정 시간대 또는 일정 시간이 지났을 경우 자동으로 게임을 할 수 없게 차단하거나 로그인 할 수 없도록 하는 것을 말한다. 개정된 청소년보호법 제23조의 4는 '심야시간의 인터넷게임 제공시간 제한'이라고 하여 "인터넷게임 제공자는 16세 미만의 청소년에게 오전 0시부터 오전 6시까지 인터넷게임을 제공해서는 아니 된다."고 규정함으로써 16세 미만의 청소년에 대한 강제적 셧다운제를 규정하고 있다. 한국콘텐츠진흥원, 『콘텐츠산업 동향과 분석』, 2011.

없는 이중 규제의 문제가 발생한다. 온라인게임은 게임등급심의위원회로부터 심의를 받아 '전체 이용가', '12세 이용가', '15세 이용가' 등의 등급을 받아 적어도 16세 미만인 사람에게 유해하지 않다는 결정이 이루어진 매체물인데 이에 대해 셧다운제를 도입하는 것은 이중 규제에 해당한다. 온라인게임 셧다운제가 도입된 바 있는 태국의 경우에는 등급분류 제도가 없다. 미국에서 이루어지고 있는 폭력성 게임 규제도 등급분류 및 표시 의무를 하는 데 국한하고 있다. 또한 강제적 셧다운제는 국내 게임물에만 적용되는 것으로 해외 서비스에서 가입하고 서비스하는 경우에는 이 규제를 적용받지 않는다. 국내 동일한 게임 서비스가 해외에서 이루어지는 경우 국내 서비스는 차단되나 해외 서비스의 경우에는 차단되지 않으므로 해외 서비스 제공 형태로 규제 회피가 나타날 수 있다. 또한 강제적 셧다운제는 가정 내의 관리가 아닌 법률적인 규제로 청소년 이용자들은 부모의 주민번호를 도용하거나 우회적인 수단을 이용할 가능성이 크다. 실제 한국입법학회 조사 결과에 따르면, 법률에 의해 강제적 셧다운제가 시행된다고 해도 청소년들은 인터넷 및 게임을 하겠다는 응답이 94.4%(게임 또는 다른 콘텐츠 등을 이용)를 차지, 강제적 셧다운제가 가정 내에서 인터넷게임 및 게임 중독 예방 조치로서 실질적인 효과가 없을 것으로 예상하고 있다.[3]

이처럼 강제적 셧다운제의 경우는 해외에서 유사한 사례를 찾아볼 수 없는 새로운 형태의 규제로 게임 업계의 수익 창출에 많은 영향을 줄 것으로 예상되고 있는 만큼 좀 더 신중한 접근이 필요하다. 또한 게임을 과하

---

3 한국콘텐츠진흥원, 『콘텐츠산업 동향과 분석』, 2011, 6-7쪽 재정리.

게 이용하는 게임 중독 또는 게임 과몰입이 사회적으로 문제화되면서 게임에 대해 부정적인 인식을 갖는 사람들이 증가하고 있어 이에 대한 대책 마련이 시급한 실정이다. 그러나 게임 중독 또는 게임 과몰입 등에 대한 연구는 아직 충분하지 않은 상황이다. 따라서 정부는 게임 중독 또는 게임 과몰입에 대한 정의는 물론, 게임 중독과 과몰입에 대한 예방과 치료에 대해 지속적인 연구를 추진하여야 한다. 또한 게임이 가지고 있는 긍정적인 부분에 대해서도 지속적으로 연구하여 이를 적극 홍보하여야 한다.

2. 음악산업

음악산업은 게임산업에 비해 많은 성과를 창출하지 못하고 있으며 그 이유는 비즈니스 모델에 의한 것이라는 결론을 도출한 바 있다. 이를 구체적으로 살펴보면, 게임산업은 2003년을 기점으로 아케이드게임에서 온라인게임으로 주력 플랫폼이 전환되면서 게임 제작사가 기획-제작-유통-서비스, 즉 가치사슬 전 단계를 주도하며 고객을 대상으로 직접 마케팅 전략을 펼칠 수 있는 비즈니스 모델로 진화하였다. 이 진화된 온라인게임 비즈니스 모델은 가치사슬과 마케팅 프로세스상의 노하우를 기업 내부에 축적시킬 수 있고, 최종 고객의 매출이 증가하면 수익도 비례해서 증가할 뿐 아니라, 다양한 부가 사업을 통해 수익 다변화를 추진할 수 있는 모델이었다. 또한 비즈니스 모델 구성의 외부 요소에 있어서도 정부 규제를 제외한 나머지, 즉 저작권 보유, 저작권 보호, 공정거래 등 모든 면에서 큰 문제점을 지니고 있지 않았다. 이렇게 게임산업은 2003년을 기점으로 우수한 비즈니스 모델로 진화함에 따라 높은 성과를 창출하기 시작하였다.

반면에, 음악산업은 2004년을 기점으로 음반에서 디지털음악 중심[4]으로 산업 구조가 전환되었으나, 게임산업처럼 제작자가 기획-제작-유통-서비스, 즉 가치사슬 전 단계를 주도하며 고객을 대상으로 직접 마케팅 전략을 펼칠 수 있는 비즈니스 모델로 진화하지 못하였다. 다시 말하면 음악산업의 비즈니스 모델은 음반 중심의 아날로그형 비즈니스 모델에서 디지털음악 중심의 디지털형 비즈니스 모델로 진화하기는 하였으나, 온라인게임처럼 제작사가 기획-제작뿐 아니라 유통-서비스까지 모두 담당하는 완결형 비즈니스 모델로 진화하지 못하고 기존처럼 제작사는 기획-제작만 담당하고, 유통-서비스는 유통사가 담당하는 형태를 그대로 유지하는 비즈니스 모델이 되었다. 이는 음악 제작사들이 음원을 제작하게 되면 온라인 유통을 담당하고 있는 몇 개의 통신사들이 인터넷 또는 모바일을 통해 음원을 서비스 또는 판매하며 제작사는 수익의 일부를 나누어 갖는 형태의 비즈니스 모델로서 음악 제작사는 창작자(creator)로서 기획과 제작을 담당하고, 유통사업자(distributor)인 통신사는 고객에게 음원을 서비스 또는 판매한 후 수익을 나누어 갖는 기획-제작, 유통-서비스 분리형 비즈니스 모델이라고 할 수 있다. 이처럼 음악산업이 음반 중심의 아날로그형에서 디지털음악 중심의 디지털형 비즈니스 모델로 진화하기는 하였으나 게임처럼 제작사가 기획-제작-유통-서비스를 주도하는 모델로까지는 진화하지 못하여 수익모델, 노하우 축적, 공정거래 등에 문제점과 한계를 가지게 되었다. 그러나 이처럼 문제점과 한계를 지니고 있는 음악산업의 비즈니

---

4 디지털음악은 기존 음반과 반대되는 개념으로 음원을 인터넷 및 모바일을 통해 서비스하는 것을 말하며 '온라인음악'이라고도 한다.

스 모델도 방송산업의 비즈니스 모델과 비교하면 수익 창출에 있어 훨씬 나은 비즈니스 모델이라고 할 수 있다. 왜냐하면 방송산업의 비즈니스 모델은 음악산업과 같이 기획-제작, 유통-서비스가 분리된 형태의 비즈니스 모델이기는 하나 음악산업처럼 디지털형으로도 진화하지 못하고 10년 전 형태 그대로 아날로그형 비즈니스 모델을 유지하고 있기 때문이다. 따라서 음악산업의 비즈니스 모델은 게임과 방송의 중간 단계에 해당한다고 할 수 있다.

표 5-3 | 게임, 음악, 방송(드라마)산업 비즈니스 모델 비교

구분	기획	제작	유통	서비스
게임	기획-제작-유통-서비스 완결형 디지털 비즈니스 모델			
음악	기획-제작, 유통-서비스 분리형 디지털 비즈니스 모델		(통신사)	
방송	기획-제작, 유통-서비스 분리형 아날로그 비즈니스 모델		(방송사)	

음악산업(음악 제작사) 비즈니스 모델의 한계와 문제점은 이뿐만이 아니다. 비즈니스 모델 분석틀의 외부 요소 중 하나인 저작권 보호와 관련하여 불법 유통 문제가 심각하다.

그렇다면 음악산업(음악 제작사)이 많은 성과를 창출하며 지속 성장할 수 있도록 하기 위해 정부는 어디에 초점을 두고, 어떻게 산업 진흥정책을 펼쳐야 하는 것일까? 그리고 기업(음악 제작사)은 어떤 전략을 취해야 하는 것일까? 음악산업의 진흥정책 방향을 앞에서 제시한 콘텐츠산업 진흥정책의 기본 방향을 토대로 제시하면 다음과 같다.

음악산업 진흥정책의 기본 방향은 가치사슬 경쟁력 강화와 외부환경

조성으로 구성된 분석틀로 바라보되, 앞에서 언급한 비즈니스 모델의 문제점을 해결하고 한계를 극복하는 데 초점을 두어야 한다. 또한 문제점을 해결하고 한계를 극복하는 데 외부환경 조성을 우선시해야 한다. 이러한 음악산업 진흥정책 기본 방향을 토대로 구체적인 진흥 방안을 살펴보면 다음과 같이 크게 두 가지를 생각할 수 있다. 첫 번째는 비즈니스 모델을 그대로 유지하면서 비즈니스 모델의 한계와 문제점을 해결하도록 하는 '기존 비즈니스 모델 개선 방안'이며, 두 번째는 기존의 비즈니스 모델을 게임 비즈니스 모델처럼 진화시키는 것이다. 이를 구체적으로 살펴보면 다음과 같다.

1) 기존 비즈니스 모델 개선 방안

음악산업(음악 제작사) 비즈니스 모델에서 외부환경 요소, 즉 저작권 보유, 저작권 보호, 공정거래에서 게임산업과 비교하여 문제가 있는 것은 바로 저작권 보호와 공정거래 부분이다.

따라서 음악산업(음악 제작사)이 많은 성과를 창출하며 지속적으로 성장하기 위해서는 제작 지원 등의 가치사슬 경쟁력 강화보다는 저작권 보호, 공정거래 등 외부환경 조성에 우선순위를 두고 산업 진흥정책을 추진하여야 한다. 왜냐하면 이러한 외부환경 요소들은 음악 업계가 자체적으로 해결할 수 없는 문제이기 때문이다. 해외 주요국의 경우에도 앞에서 살펴본 바와 같이 저작권 보호 등 환경 조성에 주력하고 있다. 이런 관점에서 음악산업 비즈니스 모델의 외부 요소를 세부적으로 살펴보면 다음과 같다.

표 5-4 | 게임, 음악산업 비즈니스 모델 비교

구분		기획	제작	유통	서비스	게임	음악
		STP	P	3Ps	C		
외부요소	저작권 보유	지적저작권을 보유할 수 있는가?				◎	○
	저작권 보호	법적 · 제도적 장치가 잘되어 있어 저작권이 잘 보호되고 있는가?				◎	×
	공정거래	가치사슬 단계에서 공정거래가 잘 이루어지고 있는가?				◎	×
	정부 규제	기획–제작–유통–서비스 각 단계에서 정부의 간섭이나 규제가 적은가?				×	○

외부 요소 중 먼저 '저작권 보유가 가능한가?' 하는 점에 대해 살펴보면 법적으로 음원은 음악 제작사를 비롯하여 작사가, 작곡가, 연주자 등이 저작권을 함께 보유하게 되어 있으나 이렇게 함께 저작권을 보유하는 것은 해외에서도 마찬가지이고 실제로 비즈니스를 추진함에 있어 문제가 되거나 한계로 작용하고 있지 않아 큰 문제는 없는 상황이다.

두 번째 외부 요소인 저작권 보호 문제를 세부적으로 살펴보면, 2009년 기준, 불법 음악 유통량이 17억 6,700만 곡이며, 금액으로는 2,481억 원 규모이다. 더더욱 문제가 되는 것은 전년 대비 3.5% 증가하였다는 점이다. 지난 2000년부터 2009년까지의 음악산업 진흥정책을 분석한 결과, 그동안 정부가 노력하지 않은 것은 아니다. 위축된 국내 음악시장을 활성화하고 음악시장의 권익을 보호하기 위하여 음악 저작물의 불법 복제, 유통에 대한 〈불법 음반 상설 단속반〉을 통한 지속적이고 강력한 단속으로 예술 창작자의 권익을 보호하는 한편, 저작권 보호 의식 제고와 저작권에 대한 국민의 인식 제고를 위하여 〈음악사랑 캠페인〉 등을 실시하였으나 실효를 거두지 못하였다. 저작권 보호 문제의 해결은 일시적인 캠페인으로 해결

될 문제가 아니라는 반증이다. 따라서 정부는 일시적인 캠페인이 아니라, 저작권에 대한 지속적이고 체계적인 교육을 통해 저작권에 대한 인식 제고를 꾸준하게 추진하여야 한다. 또한 이러한 교육을 실시하였음에도 불구하고 불법으로 음악을 유통하여 저작권을 침해하는 경우 좀 더 강력한 단속과 처벌이 이루어질 수 있도록 법과 제도를 보완하여야 한다.

다음은 공정거래이다. 음악산업의 비즈니스 모델은 앞에서 살펴본 바와 같이 기획-제작, 유통-서비스가 분리되어 있는 비즈니스 모델로 기획-제작은 음악 제작사가, 유통-서비스는 통신회사들이 담당하고 있다. 따라서 가치사슬이 완결되기 위해서는 기획-제작을 담당하고 있는 음악 제작사와 유통-서비스를 담당하고 있는 통신회사들이 서로 연계되어야 한다. 즉 음악산업의 비즈니스 모델은 음악 제작사와 통신회사들 사이에 거래가 이루어지게 된다. 이렇게 제작사와 통신회사들 사이의 거래에서 공정거래가 이루어지지 않는 경우, 정부의 역할이 필요하게 된다. 사실 기업과 기업 간의 거래에 정부가 개입하는 것은 쉬운 문제가 아니다. 그러나 시장에서 제작사와 유통사 간에 거래가 공정하게 이루어지지 않는 경우 해당 산업 발전에 한계가 존재하게 된다. 왜냐하면 유통-서비스를 담당하고 있는 유통사가 기획-제작을 담당하고 있는 제작사와 공정거래를 하지 않은 경우, 제작사의 수익모델에 직접적인 영향을 미치게 되기 때문이다. 실제 음악산업의 경우, 유통을 담당하는 통신사들과 제작을 담당하는 제작사들 사이에 수익 배분을 둘러싼 문제가 음악산업의 비즈니스 모델이 음반 중심의 아날로그형에서 디지털음악 중심의 디지털형 모델로 진화되기 시작한 2003년부터 계속 이슈화되고 있다. 제작사와 유통사의 수익 분배 문제는 공정거래와도 직접적인 관계가 있다. 따라서 정부는 음악산업의 지속 발전을 위해 제작사와 유통사 사이의 수익 분배 등 공정거래에 대해 정부가 '어디까지 개입할 것인지, 어떤 역할을 할 수 있는지'와 '어디까지 역할을 하여야 하는지' 등은 물론 법과 제도적인 측면에서 좀 더 보완하거나 개선할 점은 없는지 살펴보아야 한다.

마지막으로 정부 규제와 관련해서는 게임산업과 비교해서 비교적 문제가 없는 편이나, 가수와의 계약관계, 노래가사 심의 등 정부 규제가 일부 존재하고 있다. 특히, 노래가사에 대해서는 음악산업을 관장하는 문화체육관광부가 아니라 〈청소년보호법〉에 의거 설립된 여성가족부 산하 청소년보호위원회에서 청소년 유해물 판정 심의를 담당하고 있다. 그러나 청소년보호위원회에서 담당하고 있는 노래가사 심의와 관련하여 청소년 유해물 판정 기준에 대한 논란이 끊임없이 발생하고 있어 이에 대한 개선이 시급한 상황이다. 해외의 경우에는 대부분 국가들이 자율 규제 방식, 즉 학부모 단체나 종교, 사회단체 등에서 모니터 등을 통해 청소년들에게 유해한 매체를 선정하고 있으며 이 또한 강제성을 띠는 것이 아니라 자율성을 기반으로 하고 있는 만큼 우리 정부도 전향적인 검토를 할 필요가 있다.

다음으로 음악산업 비즈니스 모델의 내부 요소에 대해 살펴보면, 비즈니스 모델의 첫 번째 내부 요소인 기획-제작-유통-서비스의 가치사슬에서 제작사가 기획-제작만 주도할 수 있으며, 나머지 유통-서비스 대응은 통신사 등이 담당하고 있다. 두 번째 요소인 마케팅에서 기획-제작 단계인 STP 프로세스를 추진할 수 있으며, 마케팅 믹스에서는 2Ps(Production, Promotion)를 관여할 수 있는데, 특히 제작사에서 프로모션을 직접 담당하고 있다는 것이 방송산업 비즈니스 모델과 다른 점이다. 그러나 음악 제작사는 창작자로서 유통-고객 부분에 관여할 수 없으며, 음원에 대한 판매 가격 결정 등 유통 전반은 통신사에서 주도하고 있다. 다음으로 내부 요소

중 수익 창출에 가장 핵심적인 부분인 수익모델이 관해 살펴보면, '최종 고객 대상의 매출액이 증가하면 수익도 증가하는가?' 하는 것에 대해서는 앞장에서 언급한 바와 같이 유통사업자인 통신사들이 최종 고객 대상에게 서비스하여 받는 사용료나 음원 판매 금액의 일부를 나누어 받는 모델이 어서 최종 고객 대상의 매출액이 증가하면 음악 제작사의 매출도 증가한다. 그러나 여기서 중요한 문제는 통신사와 제작사가 어떤 비율로 수익을 나누어 가지는가 하는 것이다. 그런데 수익 분배 관련 사항은 통신사에서 주도하고 있다. 따라서 음악 제작사에 대한 분배율은 높지 않아 매출액 증가에 따른 수익 증가율이 게임에 비해 높지 않다.

이를 해외 사례와 비교해보면, 미국 애플사의 경우 음원 판매에 대한 수익 분배율이 유통을 담당하는 서비스 사업자가 30%, 음악을 제작하여 공급한 콘텐츠 제공자가 70%[5]인 데 비해, 우리나라의 경우에는 유통을 주도하는 통신사들의 수익 분배율이 40~61.5% 수준으로 해외의 30% 대비 높은 수준이다.[6] 모바일게임의 경우에는 유통을 담당하는 통신사가 10~20%, 콘텐츠 제공자(게임 제작사)가 80~90% 비율로 수익을 분배한 것과 비교하여도 우리나라 음악 제작사의 수익 분배율이 높지 않음을 알 수 있다. 결국, 현재의 음악산업 비즈니스 모델에서 음악 제작사의 수익 분배율은 해외 사례를 비추어봐도 그렇고, 국내 모바일게임과 비교하여도 수익 배분 비율이 낮아 이에 대한 개선이 필요하다. 이 부분에 대해서는 기업 간의 거래 계약에 해당되는 부분이어서 정부의 개입이 어려울 수 있다. 그러나 기업들 간의 거래 문제라고 하여 정부가 정책적 관여를 하지 않은 상황

---

[5] 세금 10%를 포함하고 있다.
[6] 유통사가 음원제작을 겸하고 있어 단순 비교는 한계가 있을 수 있다.

으로 지금까지 이어져 오고 있는 상황에서 앞에서 언급한 바와 같이 공정
거래와도 관련이 있는 만큼 이에 대해 정책적으로 접근할 방법이 없는지
적극적인 검토가 필요하다.

표 5-5 | 게임, 음악산업 비즈니스 모델의 내부 요소 비교

구분		기획	제작	유통	서비스	게임	음악
		STP	P	3Ps	C		
내부 요소	가치사슬	기획-제작-유통-서비스의 가치사슬에서 주도적 위치에 있는가?				◎	△
	마케팅	마케팅 프로세스인 STP-4Ps를 주도적으로 실행할 수 있는가?				◎	△
	수익모델	최종 고객 대상의 매출이 증가하면 수익도 비례하여 증가하는가?				◎	△
	수익 다변화	다양한 부가수익 창출이 가능한가?				◎	◎
	노하우	기획-제작-유통-서비스 및 마케팅 프로세스의 노하우가 내부에 축적되는가?				◎	△

국내의 음악 유통을 담당하고 있는 통신사들도 스마트 시대의 도래에
따라 새롭게 변화되고 있는 콘텐츠 유통의 흐름, 즉 음악 제작사들에게 수
익의 70%를 나누어주는 애플의 음악 서비스가 우리나라에 진출할 때를
대비하여 전향적인 검토를 할 필요가 있으며, 오히려 이를 계기로 그동안
국내 시장에만 머물러 있는 음악 서비스를 글로벌하게 확장해가는 것을
적극 추진하여야 한다.

다음으로 수익 다변화 요소에서 가수들이 제작사에 소속되어 있어 음
악 제작사들은 가수들을 활용한 스타 마케팅 등 OSMU를 활발하게 펼치

고 있다. 실제로 SM엔터테인먼트의 경우, 2010년 매출액의 30%가 이와 같은 가수들의 OSMU를 통해 창출되고 있다. 따라서 음악산업에 있어 수익 다변화 부분은 큰 문제는 없는 상황이라고 할 수 있다. 다음으로 '노하우가 내부에 축적되는가?' 하는 점에 대해 살펴보면 음악 제작사의 경우, 통신사들이 담당하고 있는 유통 부문을 제외하고 가치사슬상의 기획-제작과 마케팅 프로세스 상의 STP-2Ps에 대한 노하우를 기업 내부에 축적하고 이를 가수들의 교육, 훈련 등 프로그램으로 시스템화하여 운영 중에 있다. 케이팝(K-POP)으로 대변되는 음악 한류의 성과는 음악 제작사들이 그동안 쌓은 노하우들을 매뉴얼화하고 이를 시스템화하여 음악의 기획-제작, 가수 발굴 및 육성 등을 체계화 한 것이 큰 역할을 하고 있다. 따라서 이 부분에 대해서도 큰 문제는 없다고 할 수 있다.

결국 음악산업 비즈니스 모델의 내부 요소에서 가장 크게 문제가 되는 것은 수익모델이라고 할 수 있다. 따라서 정부는 음악산업의 가치사슬 경쟁력 강화를 추진함에 있어 제작 지원보다 이러한 문제에 대해 산업 진흥 역량을 집중하여야 한다.

2) 새로운 비즈니스 모델 창출

음악산업(음악 제작사)의 비즈니스 모델 분석 결과, 온라인게임과 같이 기획-제작-유통-서비스의 전 단계를 제작사가 주도하지 못하는 데서 많은 문제가 생겨나고 있다. 따라서 기획-제작과 유통-서비스가 분리되면서 생겨나는 문제점을 해결하고 한계를 극복하기 위해서는 게임산업(온라인게임)의 비즈니스 모델처럼 기획-제작-유통-서비스가 연계되도록 비즈니스 모델을 진화시켜야 한다. 즉, 음악 제작사가 통신사에 의존하지 않고 유통 부분까지 주도할 수 있도록 기존의 비즈니스 모델을 진화시키는 것이다. 이를 위해 음악 제작사들이 다함께 독자적인 음원 유통 채널, 즉 음원 서비스 플랫폼을 구축하고, 정부는 이에 대해 적극 지원하는 것을 생각할 수 있다. 특히 최근의 우리 음악은 아시아를 넘어 유럽, 중남미까지 확산되고 있는데 이는 유튜브(Youtube), 페이스북(Facebook) 등 새롭게 등장한 글로벌 플랫폼이 프로모션과 유통, 즉 비즈니스 모델에 새로운 혁신을 가져왔기 때문이다.

이러한 상황에 대해 국내의 대표적인 음악 제작사인 SM엔터테인먼트(이하 SM)의 한 임원은 국내시장의 구조적 한계를 돌파하기 위하여 어쩔 수 없이 해외시장을 공략해야 했다고 하며, 해외 진출 과정에 대해 다음과 같이 설명하였다.

SM의 해외 진출은 2009년을 기점으로 하여 방향이 전환되었다. 즉 2009년 전에는 해외에서 한국 가수들이 잘 알려져 있지 않으므로 TV나 라디오를 섭외하여 가수가 그 나라에 직접 가서 가수들과 노래를 홍보하면 그것을 본 현지 사람들이 음원이나 상품을 구매하는 방식이었다. 그리고 음원이나 상품의 유통을 위해서는 외국 이동통신회사와 일일이 계약해야 한다. 이처럼 해외에 진출하는 데 시간도 많이 걸리고 노력도 많이 들여야 했다. 실제로 보아가 일본에 진출해서 정상에 오르고 수익이 창출되는 데는 6년이라는 기간이 걸렸고, 동방신기는 4년이 걸렸다. SM은 이런 시간을 줄이고 싶었고 이를 위해 IT 기술을 접목해보기로 했다. 그 결과 소녀시대는 일본 현지 활동이 없었음에도 불구하고 일본 진출 첫날부터 미디어의 관심을 집중시켰고 수익이 창출되기 시작했다. SM은 유튜브를 이용했다. 멋진 동영상을 만들어 유튜브에 올렸더니 전 세계의 수많은 사람들이 이를 즐기면서 봤고 팬이 되었다. 뜻밖의 수익도 생겼다. SM은 글로벌 홍보 차원에서 이 작업을 시작했으나 클릭수, 즉 유튜브를 실제 시청한 것에 따라 수익도 발생하였다. 전 세계에서 유튜브의 클릭이 일어나고 있으니 그 액수도 기대 이상이었다. 이를 통해 재투자가 가능해지므로 선순환이 일어날 수 있었다. 그런데 유튜브에는 추가 기능을 넣거나 인터페이스를 편리하게 만들거나 하다못해 글자를 키우는 것조차 불가능하다는 불편함이 있었다. 이에 SM은 페이스북과 제휴했다. 글로벌 플랫폼에 대한 이해가 생긴 SM은 페이스북과 유튜브를 연계해 소녀시대와 슈퍼주니어를 비롯해 많은 가수들의 글로벌 프로모션을 시도했다. 과거에 보아와 동방신기는 프로모션을 위해 일본에 직접 가서 처음부터 활동을 시작했던 반면, 소녀시대와 슈퍼주니어는 유튜브와 페이스북이라는 글로벌 플랫폼 덕분에 한국에서 해외 프로모션이 가능했다. 그리고 효과가 있었다. 글로벌 플랫폼의 또 다른 장점은 어느 지역과 어느 나라에서 영상 소비가 많이 일어나는지 알수 있다는 것이다. SM은 작년에 미국에서 유난히 영상에 접속하는 수가 많아 시험적으로 미국에서 콘서트를 개최한 적이 있다. 콘서트를 찾는 사람이 대부분 교포일 줄 알았으나 놀랍게도 70%가 현지인이었다. 자신감이 생겼다. 그리고 올해에는 유럽에서 영상 소비가 유난히 많이 이루어지고 있어 파리 콘서트를 진행하였다. 결과는 성공적이었다. SM은 페이스북을 파리 콘서트 직전에 오픈했다. 20일 동안 43만 명이 '좋아요'를 클릭해 아시아에서 최단 기간 최다 '좋아요'를 확보했으며 현재는 1,000만 '좋아요'를 기록하고 있다. 이것은 SM이 1,000만 고객에게 프로모션할 수 있는 페이스북이라는 '매체' 또는 '채널'을 갖게 되었다는 것이다. 예전에는 연예기획사가 프로모션을 하려면 방송이나 신문을 이용해야만 했으나 이제 자신만의 매체가 생긴 것이다. 즉 21세기에는 작은 기업들도 좋은 콘텐츠를 갖고 있다면 전 세계에 직접적으로 프로모션할 수 있고 상품을 유통시킬 수 있는 통로가 생긴 것이다. SM이 2년 전부터 운영해오던 애플의 오픈마켓인 아이튠스(iTunes)의 수익이 페이스북 오픈 이후 매월 20%의 증가를 보이고 있다.[7]

이처럼 음악산업은 창작사가 가치사슬과 마케팅 측면에서 기획(STP)-제작(Product)은 주도하고 있으나 가격 정책(Price)을 비롯한 유통(온라인)은 통신사가 주도하고 있어 수익 창출이 어려운 국내 음악산업의 한계를 극복하기 위한 방안으로 스마트 플랫폼을 적극적으로 활용하여야 한다. 그러나 현재 음악 업계가 전략적으로 활용하고 있는 유튜브나 페이스북 등은 해외 플랫폼이다. 이들 글로벌 플랫폼을 활용하면 일부 수익은 창출할 수 있으나 핵심 가치는 해외 플랫폼이 가져가기 때문에 이에 대한 대안도 생각하여야 한다. 특히 스마트 시대가 되면서 플랫폼이 가치를 창출하며 주도권을 가지는 근간이 되어가고 있는 상황이니 만큼 우리나라의 음악 제작사들이 국내 시장은 물론 글로벌 유통과 마케팅을 포함한 음악산업의 비즈니스 모델을 주도하며 지속 성장이 가능할 수 있도록 글로벌 음악 유통 플랫폼에 대해 적극적인 검토가 필요하다.

---

7 『앱 매거진(app Magazine)』, (주)워드프레스, 2011년 8월 25일자.
2011년 8월 25일 한국콘텐츠진흥원에서 개최된 〈고벤처 포럼〉에서 SM엔터테인먼트의 뉴미디어사업부 담당자가 발표한 내용을 정리한 내용을 인용하여 재정리하였다.

3. 방송(드라마)산업

　방송산업에서 드라마가 차지하는 비중은 산업진흥을 본격 시작한 2000년에는 31.5% 수준이었으나, 10년이 경과한 2009년에는 그 비중이 92.5%로 급증하였으며 한류의 한 축으로서 커다란 역할을 하고 있다. 이렇게 방송산업과 한류에서 중요한 역할을 하고 있는 드라마의 68.9%는 방송사가 아닌 독립제작사에서 제작을 담당하고 있다. 이렇게 국내 드라마의 거의 70% 가까이를 독립제작사가 제작하고 있음에도 독립제작사가 방송산업 매출액에서 차지하는 비중은 6.2%, 수출액에서 차지하는 비중도 7.8%에 불과한 실정이다. 또한 국내 대표적인 독립제작사들의 매출액과 순이익을 분석해본 결과, 대부분의 회사들이 거의 수익을 창출하지 못하고 있어 지속 성장 여부가 불투명한 상황이었다.

　이렇게 열악한 상태인 독립제작사의 정의에 대해 〈문화산업진흥기본법〉에는 다음과 같이 명시하고 있다. "'방송영상독립제작사'(이하 '독립제작사'라 한다)란 방송영상물을 제작하여 〈방송법〉에 따른 방송사업자 · 중계유선방송사업자 · 음악유선방송사업자 · 전광판방송사업자 또는 외국방송사업자(이하 '방송사업자 등'이라 한다)에게 제공하는 사업을 하기 위하여 대통령령으로 정하는 바에 따라 문화체육관광부장관에게 신고한 자를 말한다." 즉, 독립제작사란 방송영상물을 제작하여 국내 · 외 방송사업자에게 제공하는 사업자로 주무 부처에 신고한 자를 말하는 것으로, 군이 독립이라는 단어를 붙인 이유는 방송사가 아닌 외부 또는 방송사로부터의 독립된 개체의 의미가 포함되어 있는 것으로 해석되며, 이에 대한 부가적인 개념은 1990년에 도입된 방송 외주정책을 살펴보면 자세하게 이해할 수 있다.

　이와 같은 외주정책에 대해 김재영(2003)은 다음과 같이 언급하고 있다.

외주정책이 현업과 학계 모두에 걸쳐 주요한 의미를 갖는 이유를 세분화시켜 설명하면 다음과 같다. 첫째, 외주정책이 그간 우리나라 방송 시장의 가장 큰 문제점으로 지적되어온 지상파 방송사의 수직적 통합 구조를 해체하거나 완화하려는 정책의 일환으로 추진되고 있기 때문이다. 둘째, 외주정책이 프로그램 제작 주체의 다원화를 직접 겨냥하고 있기 때문이다. 셋째, 외주정책이 방송 환경의 변화에 적절히 대응하는 데 필요한 방안으로 등장했기 때문이다. 외주정책은 단기적으로는 기하급수적으로 늘어난 방송 프로그램 수요에 부응하고, 장기적으로는 방송 영상물의 국제 경쟁력을 강화시켜 해외시장 진출을 확대하기 위한 방편인 것이다.[8]

한편 최세경(2010)은 외주정책 도입에 대해 다음과 같이 설명하고 있다.

1990년 방송 외주정책을 도입하는 데 토대를 만들었던 '방송제도연구위원회'에서 독립제작사를 활성화해야 하는 이유에 대해 12가지를 제시해놓고 있으나 이를 3가지로 요약한 것을 살펴보면, 첫째, 다양한 양질의 프로그램을 제공하여 수용자의 복지를 제고하는 것이다. 제작 주체의 다원화를 통해 지상파 방송의 독점이 가져온 방송 프로그램의 획일화와 하향평준화를 해결하고자 하였다. 둘째, 영상물에 대한 수요 증가에 부응할 수 있도록 방송 프로그램 공급을 확대하여 한국 방송산업의 국제 경쟁력을 강화하는 것이다. 방송 프로그램의 수급 불균형

---

8 김재영, 「국내 외주제작 정책에 대한 평가와 반성」, 『방송문화연구』 제15권 2호, 2003, 163-164쪽에서 재정리.

으로 예상되는 외국 방송프로그램의 유입을 최소화하여 문화적 종속을 차단하려는 의도를 담았다. 셋째, 지상파 방송의 수직적 통합 구조를 해체하여 제작 효율성과 방송사 경영을 합리화하려는 것이다. 제작의 매너리즘에 빠져 있는 지상파 방송에 외부의 창의적 아이디어를 공급하려 했다. 이러한 방송영상 외주정책의 목표를 달성하기 위하여 외주제작 의무편성비율 제도가 도입되었다.[9]

이처럼 방송 외주정책은 지상파 방송의 수직적 독과점체제를 해체하고 외부의 창의적 아이디어를 공급하고자 하는 등 좋은 의미에서 도입된 제도이다.

한편, 외주제작 의무 편성 비율은 외주제작을 담당하는 독립제작사를 활성화하기 위한 것으로, 1990년 8월 1일 개정된 방송법에 외주제작 의무 편성 비율이라는 이름으로 명시되어 있으며, 1991년 최초 외주제작 의무 편성 비율은 3%였으나 이후 계속 증가하여 2005년 24~40%까지 증가하였고, 그 이후 변동 없이 이 비율이 유지되고 있다. 이렇게 방송산업을 국가 전략산업으로 육성하고자 방송영상 외주제도를 도입하고, 외주제작 의무 편성 비율까지 지정하며 독립제작사를 양성하려고 한 결과, 독립제작사가 거의 70%를 제작한 드라마가 방송산업 수출에서 92.5%를 차지할 만큼 양적인 성과는 창출하였다. 그러나 국내 매출액과 수출액에서 독립제작사가 차지하는 비중은 10%도 미치지 못할 뿐 아니라 국내 대표적인 독립제작사들조차 전혀 수익을 창출하지 못하고 있어 미래가 불투명한 상황이다. 이는 정부가 당초 방송영상 외주제도를 도입하며 의도했던 것과는

9   최세경, 「방송외주제도 20년의 평가와 개선방안」, 『인문콘텐츠』 제17호, 2010, 69-70쪽.

거리가 있는 것일 뿐 아니라 한류의 한 축으로서 커다란 역할을 하고 있는 드라마의 미래가 불투명한 상황인 만큼 이에 대한 대책 마련이 필요하다.

　이러한 상황은 앞장에서 살펴본 바와 같이 국내의 대부분 드라마를 제작하고 있는 독립제작사들의 비즈니스 모델 문제에서 비롯된 것이다. 게임산업은 2003년을 기점으로 아케이드게임에서 온라인게임으로 주력 플랫폼이 전환되면서 게임 제작사가 기획-제작-유통-서비스를 모두 주도하는 기획-제작-유통-서비스 완결형 디지털 비즈니스 모델로 진화하였고, 음악산업은 2004년을 기점으로 기획-제작과 유통-서비스가 분리된 비즈니스 모델이기는 하나 CD 중심에서 디지털음악 중심으로 전환되어 기획-제작, 유통-서비스 분리형 디지털 비즈니스 모델로 진화한 것에 반하여, 방송산업은 비즈니스 모델이 전혀 진화하지 못하고 기획-제작, 유통-서비스 분리형 아날로그 비즈니스 모델이 10년 전과 동일한 형태로 유지되고 있다. 이에 따라 방송산업(독립제작사)의 비즈니스 모델은 게임, 음악산업에 비해 많은 문제점과 한계를 지니고 있다. 따라서 정부 입장에서의 방송산업 진흥과 기업 입장에서의 지속 성장하기 위한 전략 수립에 있어 이 비즈니스 모델이 갖는 문제점과 한계를 극복하는 데 초점을 두어야 한다. 방송산업 비즈니스 모델의 문제점을 해결하거나 한계를 극복하기 위한 방향은 음악산업과 같이 크게 두 가지를 생각할 수 있다. 하나는 기존의 방송산업 비즈니스 모델 내에서 문제점과 한계를 해결하거나 극복하는 방안을 찾는 것이고, 두 번째는 콘텐츠산업의 대내외적인 환경 변화를 토대로 기존의 비즈니스 모델을 진화시키거나 새롭게 변화시키는 것이다. 이를 구체적으로 살펴보면 다음과 같다.

1) 기존 비즈니스 모델 개선 방안

방송산업(독립제작사) 비즈니스 모델에서 외부환경 요소, 즉 저작권 보유, 저작권 보호, 공정거래에서 게임 · 음악산업과 비교하여 크게 문제가 있는 것은 바로 저작권 보유와 공정거래 부분이다.

표 5-6 | 게임, 음악, 방송(드라마) 비즈니스 모델의 외부 요소 비교

구분		기획	제작	유통	서비스	게임	음악	드라마
		STP	P	3Ps	C			
외부요소	저작권 보유	지적저작권을 보유할 수 있는가?				◎	○	×
	저작권 보호	법적 · 제도적 장치가 잘되어 있어 저작권이 잘 보호되고 있는가?				◎	×	△
	공정거래	가치사슬 단계에서 공정거래가 잘 이루어지고 있는가?				◎	×	×
	정부 규제	기획-제작-유통-서비스 각 단계에서 정부의 간섭이나 규제가 적은가?				×	○	◎

따라서 방송산업(독립제작사)이 많은 성과를 창출하며 지속 성장을 하도록 하기 위해서는 제작 지원 등의 가치사슬 경쟁력 강화보다 저작권 보유, 공정거래 등 외부환경 조성에 우선순위를 두고 산업 진흥정책을 추진하여야 한다. 왜냐하면 외부환경 요소들은 방송 업계 자체적으로 해결할 수 없는 문제이기 때문이다. 이러한 방송산업 비즈니스 모델의 외부 요소를 세부적으로 살펴보면 다음과 같다.

외부 요소 중 먼저 저작권 보유가 가능한가 하는 점에 대해 살펴보면, 독립제작사의 저작권 보유 비율은 2009년 기준으로 33.3% 수준이다. 나

머지 66.7%에 대해서는 독립제작사가 제작했음에도 불구하고 저작권을 소유하지 못하고 있다. 콘텐츠산업에 있어 저작권은 경쟁력의 핵심요소일 뿐 아니라 생명력이라 해도 과언이 아니다. 왜냐하면 콘텐츠산업의 수익 창출은 대부분 저작권을 기반으로 사용할 수 있는 권리, 즉 라이선싱(licensing)을 부여하는 계약 체결에 의해 이루어지기 때문이다. 따라서 저작권을 소유하지 못한다는 것은 개발한 콘텐츠의 소유권을 완전히 상실하여 더 이상 콘텐츠를 활용한 수익 창출이 불가능하다는 것을 의미한다. 독립제작사의 경우, 이와 같은 비즈니스 형태로 자체 제작한 드라마의 소유권을 확보하지 못한 채 방송사로부터 제작비에 소요된 금액에 이윤을 덧붙인 총 금액이 아니라 제작비에 소요된 금액의 일부만 받고 드라마와 저작권까지 모두 방송사로 소유가 넘어가는 형태로 비즈니스를 하고 있는 상황이다. 이는 일종의 용역 형태에 가까운 비즈니스라고 할 수 있는데, 일반적인 용역이라 할지라도 제작 원가에 이윤을 더한 가격을 받아야 제작사가 적은 금액이라도 수익을 창출하는 비즈니스 모델로서 의미가 있을 수 있음에도 불구하고 방송사는 독립제작사에게 제작 원가에도 미치지 못하는 금액만 제공하며 독립제작사에서 제작한 드라마의 저작권까지 가져가고 있는 상황이다. 이러한 상황이 지속되는 한 독립제작사는 드라마 제작을 통한 수익 창출이 불가능할 뿐 아니라 기업의 존속 자체가 어려운 상황이 될 수밖에 없다.

이는 결국 우리나라 방송산업에서 핵심적인 역할을 수행하고 있는 드라마의 몰락을 초래할 수 있으며 이는 한류의 한 축이 무너져 내린다는 것을 의미한다. 이와 관련해서 김대호(2005)의 "2000년 방송위원회의 '방송 프로그램 외주 제작 관련 의견 수렴 및 설문조사 결과'에 따르면 독립제작사들의 가장 큰 불만은 저작권을 독립제작사가 갖지 못하고 방송사들이 갖는 것이었다."[10]고 언급하였다.

그동안 이 문제를 해결하기 위한 노력을 기울이지 않은 것은 아니나 결론적으로는 방송 외주 제작 제도가 도입된 지 20여 년이 지나고, 콘텐츠산업을 본격 육성한 지 10여 년이 경과하였음에도 여전히 해결하지 못한 상태이다.

이와 같은 방송 프로그램 외주정책은 우리나라가 처음 시행한 것이 아니다. 그 모델은 영국의 외주정책에 있다. 이와 관련한 앞장의 해외 주요국 콘텐츠산업 진흥정책에서 제시했던 내용(pp.118~119 참조)을 살펴보면 선진국에서는 독립제작사와 방송사의 저작권 관리 관계를 명확히 하고 있으며 기본적으로 저작권은 독립제작사가 갖도록 하고 있다는 것을 알 수 있다.

우리나라의 경우에도 2011년 5월 19일 개정한 〈문화산업진흥기본법〉 제12조 2항 공정한 거래 질서 구축 항목을 보면, 문화상품의 제작 · 판매 · 유통 등에 종사하는 자는 합리적인 이유 없이 지식재산권의 일방적인 양도 요구 등 그 지위를 이용하여 불공정한 계약을 강요하거나 부당한 이익을 취득하여서는 안 된다고 규정하고 있다. 앞에서 제시한 해외 사례나 이런 법적 조항에 근거하여 정부에서는 이 문제에 대해 적극적인 개입을 하여야 한다. 특히 우리나라보다 1년 앞선 1990년 방송 외주 제도를 도입하고 단순히 외주 비율만 규정해놓는 것으로 당초 제도를 도입할 때 의도한 독립제작사의 육성과 방송산업 발전에 한계가 있다고 판단하고 2003년에 〈커뮤니케이션법〉을 제정하여 독립제작사가 저작권을 소유할 수 있도록 관련 법규나 규정을 마련한 영국의 사례와 비교해볼 때, 우리나라는 1991

---

10 김대호, 「영국 2003년 커뮤니케이션법 제정에 따른 외주정책 평가」, 『한국언론학보』 제49권 2호, 2005.

년 방송 외주 제도를 도입한 이래 꾸준하게 이런 문제가 제기되었음에도 불구하고 아직도 해결하지 못하고 있는 상황이다. 이제는 한류의 한 축으로서 드라마가 우리나라 콘텐츠산업에서 갖는 위상도 과거와 비교할 수 없을 정도로 높아졌고 방송산업 수출의 핵심으로 자리 잡고 있는 만큼 정부의 적극적인 개선 노력이 필요하다.

다음으로 외부 요소의 두 번째인 저작권 보호를 살펴보면, 콘텐츠 기업들의 수익 창출에 직접적인 영향을 미치는 핵심요소이나 기업 스스로 저작권을 보호하는 것은 한계가 있다. 따라서 정부에서 적극적인 역할을 수행하여야 한다. 특히 중국 등 해외에서 인터넷을 활용하여 불법으로 드라마를 다운로드 받아 시청하는 등의 불법 행위에 대해서는 해당 정부와 협력하여 강력히 대처하여야 한다. 물론 이와 같은 불법 행위나 불법 유통과 관련하여 고객이 정상적인 방법으로 드라마를 시청하거나 즐길 수 있는 방안을 먼저 마련하는 것이 우선되어야 한다.

세 번째로 방송산업 비즈니스 모델에서 저작권 보유와 함께 큰 문제가 되고 있는 것이 바로 공정거래 요소이다. 방송산업의 비즈니스 모델은 음악산업과 같이 기획-제작, 유통-서비스가 분리되어 있는 비즈니스 모델로 기획-제작은 독립제작사가, 유통-서비스는 방송사들이 담당하고 있다. 따라서 가치사슬이 완결되기 위해서는 기획-제작을 담당하고 있는 독립제작사와 유통-서비스를 담당하고 있는 방송사들이 서로 연계하여야 한다. 즉 독립제작사와 방송사들 사이에 거래가 이루어지게 된다. 이렇게 제작사와 방송사들 사이의 거래가 평등한 관계에서 공정하게 이루어지지 않는 경우, 정부의 역할이 필요하게 된다. 사실 기업과 기업 간의 거래에 정부가 개입하는 것은 쉬운 문제가 아니다. 그러나 시장에서 제작사와 유통사 간에 거래가 공정하게 이루어지지 않는 경우 해당 산업발전에 한계가 존재하게 된다. 왜냐하면 유통-서비스를 담당하고 있는 유통사가 기획-제작을 담당하고 있는 제작사와 공정거래를 하지 않은 경우 제작사의 수익모델에 직접적인 영향을 미치게 되기 때문이다. 실제 방송산업의 경우, 유통을 담당하는 방송사들과 제작을 담당하는 제작사들 사이에 저작권 보유 및 방송 프로그램 판매 단가를 둘러싼 문제가 독립제작사가 탄생한 시점부터 계속 이슈화되고 있다. 제작사와 방송사의 저작권 보호, 판매가 책정 등의 문제는 공정거래와도 직접적인 관계가 있다. 따라서 정부는 방송산업의 지속 발전을 위해 제작사와 유통사 사이의 저작권 보유 등 공정거래에 대해 음악산업과 마찬가지로 정부가 '어디까지 개입할 것인지, 어떤 역할을 할 수 있는지'와 '어디까지 역할을 하여야 하는지' 등은 물론 '법과 제도적인 측면에서 좀 더 보완하거나 개선할 점은 없는지' 살펴보아야 한다.

네 번째 외부환경 요소인 정부 규제에 대해 드라마의 경우에는 기획, 제작, 유통, 고객 대응 관련 독립제작사를 대상으로 한 정부의 간섭이나 규제는 거의 없는 상황이다.

다음으로 방송산업(드라마) 비즈니스 모델의 내부 요소에 대해 살펴보면 비즈니스 모델의 첫 번째 내부 요소인 기획-제작-유통-서비스의 가치사슬에서 기획-제작만을 독립제작사가 주도할 수 있으며, 나머지 유통-서비스는 방송사가 담당하고 있다.

두 번째 요소인 마케팅에서 기획-제작 단계인 STP 프로세스는 추진할 수 있다. 마케팅 믹스에서는 1Ps(Production)만 담당하고 있다. 이는 음악은 제작사가 프로모션을 직접 담당하고 있는 데 비해 방송산업(드라마)의 경우에는 단지 제작 부문만 담당하고 있는 구조이다.

표 5-7 | 게임, 음악, 방송(드라마) 비즈니스 모델 분석 결과

구분		기획	제작	유통	서비스	게임	음악	드라마
		STP	P	3Ps	C			
내부요소	가치사슬	기획-제작-유통-서비스의 가치사슬에서 주도적 위치에 있는가?				◎	△	△
	마케팅	마케팅 프로세스인 STP-4Ps를 주도적으로 실행할 수 있는가?				◎	△	△
	수익모델	최종 고객 대상의 매출이 증가하면 수익도 비례하여 증가하는가?				◎	△	X
	수익 다변화	다양한 부가수익 창출이 가능한가?				◎	◎	X
	노하우	기획-제작-유통-서비스 및 마케팅 프로세스의 노하우가 내부에 축적되는가?				◎	△	X

다음으로 내부 요소 중 수익 창출에 가장 핵심적인 부분인 수익모델에 관해 살펴보면, 최종 고객 대상의 매출액이 증가하면 수익도 증가하는가에 대해서는 방송산업(독립제작사)의 비즈니스 모델은 일종의 용역 형태로 한번 콘텐츠를 공급하고 판매 대금을 받으면 최종 고객 대상의 매출이 증가해도 수익이 창출되지 않는다. 즉, 유통사업자인 방송사의 경우 주 수익원이 광고이고 광고는 드라마의 시청률과 밀접한 관계가 있어 드라마의 시청률이 높은 경우 방송사는 더 많은 수익을 창출할 수 있으나, 독립제작사의 경우에는 방송사의 광고 수익을 나누어 갖지 않는 비즈니스 모델이기 때문에 방송사의 광고 수익과 독립제작사의 수익에는 상관관계가 없는 상황이다.

앞에서 살펴본 바와 같이 온라인게임 제작사, 음악 제작사, 독립제작사의 수익모델을 비교해보면, 온라인게임의 경우 최종 고객의 매출이 증가

하면 제작상의 수익도 비례하여 증가하며, 음악 제작사는 최종 고객의 매출이 증가하면 게임에 비해 증가율은 낮지만 수익도 증가한다. 그러나 독립제작사의 경우에는 최종 고객 대상의 매출인 방송사의 광고 수익이 시청률에 따라 증가하여도 독립제작사의 수익은 비례하여 증가하지 않을 뿐 아니라, 제작 원가도 회수하지 못하고 있는 상황이다.

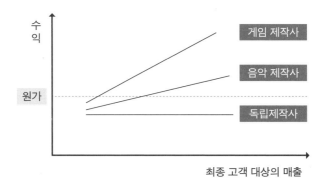

그림 5-2 | 게임, 음악, 방송(드라마) 제작사 수익모델 비교

따라서 지금의 방송산업 비즈니스 모델 내에서 이런 한계를 극복하기 위해서는 1차적으로 제작 원가에 이윤을 더한 가격으로 드라마를 방송사에 공급할 수 있도록 수익모델을 변화시켜야 한다. 그리고 2차적으로는 음악 또는 게임처럼 최종 고객의 매출이 증가하면 제작사의 수익도 비례하여 증가할 수 있는 방안을 모색하여야 한다. 이를 실현하는 방법으로 드라마의 시청률에 따라 증가하는 광고 수익의 일부를 독립제작사가 나누어 갖도록 하는 것을 생각할 수 있다. 이렇게 되면 독립제작사가 드라마를 잘 만들어 시청률이 좋게 나오게 되는 경우, 독립제작사도 수익이 증가하게 되며 그렇게 되어야만 독립제작사 입장에서도 드라마를 제작하는 데 있어

동기 유발이 가능해져 시청률이 잘 나오는 드라마를 만들기 위해 더욱 노력하게 되는 선순환적인 비즈니스 모델이 가능해진다. 물론 음악산업처럼 수익 분배율이 문제가 될 수 있으나 방송산업은 광고 수익을 나누어 갖고 있지 않은 상황인 만큼 이런 제도가 도입된다면 독립제작사 입장에서는 그동안의 수익 창출에 어려움을 겪고 있는 비즈니스 모델의 한계를 극복할 수 있는 방안이 될 것이다.

다음으로 수익 다변화와 관련하여 드라마의 경우에는 4가지 경우로 나누어 생각해볼 수 있다. 첫째는 드라마의 내용, 즉 스토리를 원소스(One-Source)로 하여 책으로 출판하거나 게임, 영화, 애니메이션, 만화 등 타 콘텐츠형 OSMU이다. 둘째는 드라마에 등장한 캐릭터나 드라마 제목 등 드라마 내의 요소를 활용하여 타 상품에 연계하여 활용하는 브랜드 라이선싱 방식의 부가 수익 창출이다. 셋째는 드라마에 출연한 연기자들이 드라마의 인기에 힘입어 TV 광고 출연, 사진집 등으로 수익을 창출하게 되는 스타 마케팅을 생각할 수 있다. 이러한 스타 마케팅의 경우에는 드라마의 출연자가 독립제작사 소속이어야 가능한 비즈니스가 된다. 따라서 스타 마케팅을 통해 수익을 창출하기 위해서는 독립제작사가 드라마 제작 외에 드라마 출연자의 매니지먼트까지를 포함한 영역까지 비즈니스 범위를 확장하여야 한다. 그렇지 않은 경우에는 드라마 출연진과 별도의 계약을 통해 드라마 출연 이후 드라마의 후광 효과로 인해 일정 기간 동안의 CF 촬영 등으로 수익이 발생하는 경우 수익을 나누어 가지는 방안도 생각해볼 수 있다. 넷째는 드라마의 포맷을 판매하는 것이다. 특히 포맷은 최근 부각되고 있는 분야로서 이에 대해 자세히 살펴보면 다음과 같다.

포맷이란 일련의 시리즈물 프로그램에서 각각의 에피소드를 관통하여 시리즈물 내내 변하지 않고 꾸준히 유지되는 요소들을 집합적으로 칭하는 용어로 프로그램 유형에 따라 포맷의 구성요소가 달라진다. 포맷의 구성요소는 프로그램 유형에 따라 달라지는데 〈아메리칸 아이돌 (American Idol)〉, 〈슈퍼스타(Super Star) K〉 그리고 뉴스, 게임쇼, 토크쇼와 같은 리얼리티 프로그램의 경우에는 진행 대본과 규칙, 캐치프레이즈, 미술 장치와 무대 디자인 설계도면, 컴퓨터그래픽 소프트웨어 등으로 구성되며, 드라마, 시트콤 같은 픽션 프로그램의 경우에는 제목, 대본과 줄거리 개요, 등장인물 캐릭터에 대한 자세한 설명 그리고 컴퓨터그래픽 소프트웨어 등으로 구성된다. 방송프로그램 포맷을 거래하는 데 있어서는 앞에서 언급한 구성요소 외에 시청률 정보, 타깃 시청자 분석, 편성표 등의 부가 정보도 같이 제공될 뿐 아니라 제작 시 유의사항 등의 컨설팅까지 포함되기도 한다. 이런 포맷시장에 글로벌 강자로 떠오르고 있는 회사 중 대표적인 곳이 바로 영국의 프리멘틀미디어사(Frementle Media)이다. 이 회사는 앞에서 언급한 〈팝 아이돌(Pop Idol)〉이라는 포맷 외에 〈Who Want to Be a Millionaire〉라는 프로그램 포맷을 미국, 일본을 포함하여 79개국에 판매하였고, 게임쇼인 〈Deal or No Deal〉 포맷은 2006년부터 미국을 비롯하여 전 세계 35개국 이상에서 방영된 바 있다. 네덜란드의 엔데몰(Endemol)사는 〈Big Brother〉라는 리얼리티 서바이벌 프로그램 포맷을 지난 1999년부터 65개국 이상에 판매하였다. 이외에도 스웨덴의 Strix사, 일본의 NHK 등 주요 방송국, 멕시코, 브라질 등 남미 주요 방송국들이 프로그램 포맷 유통에 활발한 활동을 하고 있다.

우리나라의 경우에도 MBC 〈브레인서바이벌〉, SBS 〈슈퍼바이킹〉, 〈솔로몬의 선택〉, 〈맛 대 맛〉, KBS 〈1 대 100〉 등이 해외의 프로그램 포맷을 활용하였을 뿐만 아니라, 우리나라 프로그램 포맷 판매를 위해서도 최근 적극적으로 나서고 있다.[11]

영국은 유럽뿐만 아니라 세계에서 프로그램 포맷시장을 선도하고 있다. 2011년 기준, 유럽 주요 국가의 포맷 프로그램 가치 창출 금액을 살펴보면 영국은 4억 7,500만 달러, 프랑스 3억 8,200만 달러, 독일 3억 3,100만 달러, 이탈리아 2억 6,200만 달러에 이른다.[12]

이 4가지 중 콘텐츠형과 브랜드 라이선싱형 OSMU와 포맷 판매는 저작권을 소유하고 있어야 가능한 비즈니스로, 독립제작사가 이런 방식을 통해 수익을 창출하기 위해서는 앞에서 언급한 것처럼 드라마에 대한 저작권을 독립제작사가 소유할 수 있어야 한다.

수익 다변화의 근간이 되는 저작권에 대해서는 앞에서 언급한 것과 같이 정부에서 적극 개입하여 문제를 해결하도록 노력하여야 하고, 그 이후 실제로 수익 다변화에 대한 전략을 수립하고 실행하는 부분에 대해서는 독립제작사가 기획 단계에서부터 철저히 고려하여 추진하여야 한다.

다음으로 노하우가 내부에 축적되는가 하는 점에 대해서는 앞장에서 언급한 바와 같이 어떤 산업이든 간에 노하우가 내부에 축적되는 것은 지속 성장을 위해 중요한 요소이다. 그러나 독립제작사가 드라마를 제작하는 경우, 드라마 작가, 프로듀서(PD), 출연자 등의 대부분이 독립제작사 소속이 아니어서 드라마를 제작하더라도 제작 관련 노하우가 제작사에 축적

11 홍원식·성영준, 「방송콘텐츠 포맷 유통에 관한 탐색적 연구」, 『방송문화연구』 제19권 2호, 2007. 154-155쪽, 165-167쪽, 170-171쪽 참조 재정리.

12 한국콘텐츠진흥원, 『유럽 콘텐츠산업동향』, 10호, 2012, 2-3쪽.

되지 않아 제작 노하우를 기반으로 제작 효율성을 제고하는 등의 활동에 하나의 장애 요인으로 작용할 수 있다. 따라서 독립제작사의 입장에서는 드라마 제작 과정 등의 노하우를 매뉴얼화하거나 시스템화하여 최대한 제작 노하우가 독립제작사 내에 축적될 수 있도록 하여야 한다.

이상과 같이 콘텐츠 비즈니스 모델의 9가지 요소를 종합해보면, 정부에서 주도적으로 해야 할 일과 독립제작사가 기업 입장에서 적극 추진하여야 할 일로 구분할 수 있다. 비즈니스 모델의 내부 요소는 대부분 기업이 주도적으로 해야 할 일이고, 외부 요소는 정부가 적극적인 대응을 해야 하는 요소이다. 특히 저작권 보유와 공정거래 부분은 다른 어떤 요소보다 중요하고 핵심적인 사안으로 방송산업의 지속 발전을 위해 정부의 적극적인 대응이 반드시 필요하다.

2) 새로운 비즈니스 모델 창출

방송산업(독립제작사)의 비즈니스 모델 분석 결과, 온라인게임과 같이 기획-제작-유통-서비스의 전 단계를 제작사가 주도하지 못하는 데서 많은 문제가 생겨나고 있다. 따라서 기획-제작과 유통-서비스가 분리되면서 생겨나는 문제점을 해결하고 한계를 극복하기 위해서는 게임산업(온라인게임)의 비즈니스 모델처럼 기획-제작-유통-서비스가 연계되도록 비즈니스 모델을 진화시켜야 한다. 즉, 독립제작사가 유통 부분까지 주도할 수 있도록 새로운 유통 채널을 구축하여 기존의 비즈니스 모델을 진화시키는 것이다.

이러한 새로운 유통 채널 구축은 스마트 시대 도래에 따라 새롭게 등장하고 있는 동영상 콘텐츠 유통 플랫폼을 활용할 수도 있으며, 상황에 따라 직접 유통 플랫폼을 구축할 수 있다. 미국에서는 이미 새로운 동영상 플랫폼 서비스 사업자가 등장하여 유럽 및 남미, 일본으로 진출해 글로벌시장을 공략하고 있는 상황이다. 이와 관련하여 다음 장에서 해외의 동영상 콘텐츠 서비스 플랫폼 현황을 자세히 살펴보고자 한다.

스마트 빅뱅,
콘텐츠산업 패러다임의 변화

1. 스마트 시대의 도래

새로운 세상이 도래하였다. 새로운 세상은 2007년 1월 애플이 아이폰을 출시하고 2008년 7월 앱스토어(App store)를 오픈하여 2010년 아이패드를 출시하면서 시작되었다. 이 새로운 세상은 건강 및 피트니스, 게임, 금융, 교육, 날씨, 내비게이션, 뉴스, 도서, 라이프스타일, 비즈니스, 사진 및 비디오, 생산성, 소셜 네트워킹, 스포츠, 엔터테인먼트, 여행, 유틸리티, 음식 및 음료, 음악, 의학 관련 앱(app)이 대거 개발되었고 이는 우리 사회의 정치, 경제, 사회, 문화 등 우리의 삶 모든 면에 엄청난 충격을 주고 있다. 언론 등에서는 이를 '스마트 혁명' 또는 '스마트 빅뱅'이라고 표현하고 있다.

그렇다면 스마트 백빙의 핵심 키워드는 무엇일까? 스마트 빅뱅의 첫 번째 핵심 키워드는 'OS'이다. 여기서 OS란 최근 화두가 되고 있는 오퍼레이팅 시스템(Operating System)을 의미하는 것이 아니다. 여기서의 OS란 open과 sharing을 의미한다. 그동안 open하지 않고 독점적으로 또는 closed하게 사용하던 것들이 스마트 빅뱅이 되면서 open하고 sharing하는 것이 경쟁우위를 확보하는 것으로 경쟁 룰이 변화하고 있다. 그 좋은 예가 바로 앱스토어, 안드로이드(Android)이다. 앱스토어는 애플이 2008년 7월에 오픈한 어플리케이션(application, 이하 앱이라고 한다) 마켓으로서 누구나 앱을 개발하여 마켓에 올려 이용자들에게 판매할 수 있도록 한 오픈마켓이다. 스마트폰이 출현하기 이전에는 주로 이동통신사들이 closed한 마켓을 운영하여 일반 개발자들은 마켓에 자유롭게 올릴 수 없었고 이동통신사들이 선별하여 마켓에 올리는 권한을 가지고 있었다. 안드로이드는 구글의 스마트폰용 OS로 스마트폰 업체들에게 무료로 제공해주고 있다. 이렇게 무료로 OS를 제공해준다는 것은 스마트 빅뱅 이전에는 상상도 할 수 없었던 일이다. 또 하나 강조하고 싶은 것은 바로 7:3 정신이다. 애플은 앱스토어 마켓을 오픈하면서 앱 또는 콘텐츠 개발자에게 수익의 70%을 주고 자신들은 수익의 30%를 수수료로 가지는 7:3 룰을 도입하였다 이 7:3 정신 또는 7:3 룰이 예전에 없었던 것은 아니다. 과거 스마트 빅뱅이 일어나기 전에도 7:3 룰은 존재하였다. 정확하게 말하면 7:3이 아닐 수도 있으나 여기서 말하고자 하는 것은 앱 또는 콘텐츠가 마켓에서 수익을 창출하는 경우, 콘텐츠 개발자에게 몇 %의 수익을 나누어주는가 하는 것이다. 과거에는 수익이 발생하면 수익의 70% 정도는 통신사들이 가지고, 개발자들에게는 30% 정도의 수익을 분배해주었다. 7:3 정신이기는 하나 지금과는 반대 의미의 7:3 정신이다. 스마트 백뱅이 되면서 콘텐츠 개발자들은 누구나 앱을 개발하여 마켓에 올릴 수 있고, 앱으로부터 발생된 수익의 70%는 앱 개발자가 가질 수 있도록 세상이 바뀐 것이다.

스마트 빅뱅의 두 번째 키워드는 IT이다. 여기서 IT란 우리가 잘 알고 있는 정보기술(information Technology)을 말하는 것이 아니다. 여기서의 IT란 바로 인터랙티비티(interactivity)와 터치(touch)를 의미한다. 인터랙티비티란 우리가 익히 알고 있는 '상호작용'을 말한다. 유튜브도 그렇고 이제는 사용자가 주도하고 참여하는 것이 필수적인 것이 되었다. 그렇다면 터치는 무엇을 의미할까? 터치는 바로 아이폰 등의 스마트폰이 우리에게 새로운 경험을 하도록 해준 바로 그 터치이다. 이제는 버튼을 눌러서 메뉴를 찾거나 하지 않고 스마트폰 화면을 가볍게 터치하거나 두 손가락을 이용해 화면 속의 글씨 또는 사진 등을 확대할 수 있게 되었다. 이러한 경험은 과거 스마트 빅뱅 이전에는 거의 경험하지 못한 엄청난 것이다. 우리는 얼마 전까지만 해도 조그마한 화면의 휴대폰을 사용하였고 어떤 것을 이용하기 위해서는 버튼으로 조작해야만 했다. 지금 생각해보면 답답하기 그지없다. 이제는 '어떻게 그것을 사용했지?' 할 정도로 과거의 일이 되어버렸다. 터치 방식의 스마트 기기는 사실 우리에게 엄청난 경험을 제공해준 것이다. 요즈음 어린아이들은 어려서부터 스마트 기기 등을 사용하고 있다. 자연스럽게 스마트 기기를 터치할 뿐 아니라 두 손가락을 이용하여 글씨나 사진 등을 확대하며 사용한다. 어릴 때부터 디지털 기기를 사용하는 것을 두고 '디지털 네이티브(digital native)'라고 하는데, 이는 엄밀히 말해서 디지털 네이티브가 아니라 '스마트 네이티브(smart native)'인 것이다.

그렇다면 터치의 반대말은 무엇일까? 터치의 반대말은 클릭이다. 여기서 터치가 모바일 중심의 스마트 시대를 의미한다면 클릭은 PC 기반의 인터넷 시대를 의미한다. 즉 PC 기반의 클릭 시대에서 스마트 기반의 터치 시대로 세상이 변화했음을 나타낸다. 여기서 터치는 또 하나 다른 의미를 내포하고 있다. 바로 '터치 마케팅', 즉 마음을 터치하는 감성 상품, 감성 마케팅을 의미한다. 아이폰으로 대변되는 새로운 UI와 디자인의 중요성이 부각되면서 마음을 움직이는 창조상품(creative product)이 경쟁우위를 갖는 터치의 시대가 본격 도래한 것이다.

스마트 빅뱅의 세 번째 키워드는 MS이다. 여기서의 MS는 우리가 잘 알고 있는 마이크로소프트 회사를 의미하지 않는다. 여기서의 MS는 바로 mobile과 social을 의미한다. 모바일 시대를 대변하는 것은 바로 와이파이(WiFi)와 엘티이(LTE)이다. 사실 와이파이 기술은 스마트 빅뱅 이전에도 존재하였다. 그러나 와이파이의 상용화를 촉발시킨 것은 바로 애플이다. 애플이 아이폰에 와이파이를 채택하면서 와이파이를 사용하게 된 것이다. 와이파이는 와이파이가 서비스되는 공간에서 데이터요금 걱정 없이 스마트 폰을 마음대로 사용할 수 있는 환경을 제공해주었다. 와이파이 외에 모바일 시대를 대변하는 것이 바로 LTE(Long Term Evolution)이다. 이 LTE에 대해 자세히 알아보면 다음과 같다.

LTE란 '롱텀에볼루션 Long Term Evolution'의 머리글자를 딴 것으로, 3세대 이동통신(3G)을 '장기적으로 진화'시킨 기술이라는 뜻에서 붙여진 명칭이다. WCDMA(광대역부호분할다중접속)와 CDMA(코드분할다중접속)2000으로 대별되는 3세대 이동통신과 4세대 이동통신(4G)의 중간에 해당하는 기술이라 하여 3.9세대 이동통신(3.9G)이라고도 하며, 와이브로 에볼루션과 더불어 4세대 이동통신 기술의 유력한 후보 가운데 하나로 꼽힌다.

3세대 이동통신 무선표준화 단체인 3GPP(3rd Generation Partnership Project; 3세대 파트너십 프로젝트)는 2008년 12월 확정된 표준규격 '릴리스(Release) 8'을 기반으로 한다. 이에 따라 채널 대역폭은 1.25~20MHz이며, 20MHz 대역폭을 기준으로 하향링크의 최대 전송속도는 100Mbps, 상향링크의 최대 전송속도는 50Mbps이다. 무선 다중접속 및 다중화 방식은 OFDM(직교주파수분할), 고속 패킷데이터 전송 방식은 MIMO(다중 입출력)를 기반으로 한다.

이를 이용하여 3세대 이동통신의 HSDPA보다 12배 이상 빠른 속도로 통신할 수 있고, 다운로드 속도도 최대 173Mbps에 이르러 700MB 용량의 영화 1편을 1분 안에 내려받을 수 있으며, 이동 중에도 고화질 영상과 네트워크게임 등 온라인 환경에서 즐길 수 있는 모든 서비스를 편리하게 이용할 수 있다.

이 기술은 3세대 이동통신인 WCDMA에서 진화한 것이기 때문에 기존의 네트워크망과 연동할 수 있어 기지국 설치 등의 투자비와 운용비를 크게 줄일 수 있는 장점이 있다. 2008년 12월 LG전자가 세계 최초로 단말기용 LTE 칩을 개발하였고, 2009년 12월 북유럽 최대의 통신사 텔리아소네라(TeliaSonera)가 한국의 삼성전자에서 제작한 LTE 단말기를 통하여 세계 최초로 상용 서비스를 시작하였다."[13]

스마트 빅뱅에 따라 스마트기기를 활용한 데이터의 이용이 폭발적으로 증가하면서 이동통신사들은 통신 속도가 빠른 LTE망을 경쟁적으로 구축하기 시작하였다. 이렇게 모바일을 대변하는 와이파이와 LTE는 '무료'와 '빠른 속도'의 모바일이라는 키워드를 대변해주고 있다.

다음은 소셜(social)이다. 스마트 빅뱅이 촉발시킨 중요한 키워드 중의 하나가 바로 소셜이다. 페이스북(Facebook), 트위터(Twitter) 등으로 대변되는 소셜은 전 세계적으로 사용자가 급증하면서 스마트 빅뱅을 나타내는 키워드가 되었다.

마지막으로 네 번째 키워드는 PC이다. 여기서의 PC는 퍼스널컴퓨터(personal computer)를 의미하지 않는다. 여기서 PC란 플랫폼(platform)과 콘텐츠(contents)를 의미한다. 먼저 플랫폼을 살펴보면 스마트 빅뱅이 되면서 애플,

---

13 네이버 두산백과 〈http://terms.naver.com/entry.nhn?cid=200000000&docId=1347934&mobile&categoryId=200000442〉

구글, 페이스북, 트위터, 아마존 등 스마트 빅뱅을 선도해가고 있는 기업들 중심으로 매우 치열하게 플랫폼 경쟁이 일어나고 있다. 플랫폼의 경쟁은 유튜브, 앱스토어, 구글플레이(Google Play) 외에도 게임, 방송 등의 콘텐츠 플랫폼도 해당하며 이들 모두가 글로벌하게 경쟁하고 있다. 다음은 콘텐츠이다. 스마트 빅뱅이 일어나 스마트 기기의 사용자가 폭발적으로 늘어나면서 스마트 기기용 모바일게임, 에듀테인먼트 등의 콘텐츠 수요도 폭발적으로 늘어나고 있다. 스마트 빅뱅이 일어나면서 콘텐츠의 중요성은 더더욱 커지고 그 역할도 매우 중대해졌다. 또한 이 콘텐츠는 콘텐츠 자체로도 중요하고 의미가 있지만 플랫폼과 연동되면서 더욱 강력한 생태계를 조성하고 있다.

2. 스마트 빅뱅 현황

스마트 빅뱅이 시작되면서 스마트 기기의 이용자 수도 급증하였다. 전세계 스마트폰 이용자 수는 2012년 9월 10억 명을 넘어 10억 3,800만 명이 되었으며 오는 2015년에는 20억 명, 2017년에는 30억 명이 스마트폰을 이용할 것으로 시장조사 전문기관 등에서 전망하고 있다.[14] 또한 태블릿 PC는 2012년 약 1억 2,143만 대가 사용되고 있으며 2013년에는 2억대가 넘어설 것으로 전문가들은 예측하고 있다. 한편 국내 스마트폰 이용자 수는 2011년 약 2,300만 명에서 2012년 8월 3,000만 명을 넘어섰으며,

---

14 스트레티지 애널리틱스(SA 등), 2012. 10.

2013년 말에는 약 5,200만 여 명이 스마트폰을 이용할 것으로 예측하고 있다.

한국콘텐츠진흥원에서 2013년 3월에 발간한 〈2012 스마트콘텐츠시장 조사〉 보고서에 따르면 전 세계 스마트콘텐츠 시장 규모는 2012년 기준 약 1,368억 달러이며, 국내시장 규모는 약 1조 9,472억 원으로 예측하고 있다. 2012년부터 2015년까지 세계시장은 연평균 18.8% 성장하고, 같은 기간 내 국내시장은 22% 성장할 것으로 예측되어 국내시장 성장률이 전 세계 성장률보다 빠를 것으로 전망하고 있다.

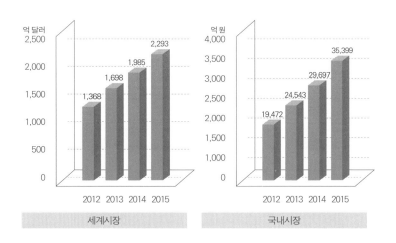

연도	2013	2013	2014	2015	CAGR
세계 시장(억 달러)	1,368	1,698	1,985	2,293	18.8%
국내 시장(억 원)	19,472	24,543	29,697	35,399	22.0%

그림 5-3 | 세계 스마트콘텐츠 시장 규모

출처: 스마트콘텐츠 보고서, KOCCA 2013

스마트콘텐츠 국내시장 현황을 자세히 살펴보면 2011년 대비 2012년 광고가 62.6%를 성장하여 가장 높은 성장률을 보였고, 광고를 제외하면 게임 성장률이 28.4%로 가장 높으며 그 뒤를 여행, 교통, 스포츠, 연애 등의 여가가 21.3%를 차지하였다. 다음으로는 솔루션이 17.4%의 성장률을, 에듀테인먼트가 12.4%로 그 뒤를 잇고 있다.

표 5-8 | 스마트콘텐츠 국내시장 현황

(단위: 백만 원)

연도	스마트콘텐츠 매출		증가율(%)
	2011	2012	
게임	705,241	905,471	28.4
전자책	140,286	151,254	7.8
음악	89,752	91,542	2.0
영상	84,785	86,275	1.8
에듀테인먼트	91,254	102,535	12.4
여가	87,274	105,888	21.3
광고	61,951	94,525	52.6
생활정보	21,818	18,686	-14.4
SNS	189,241	190,121	0.5
솔루션	126,521	148,524	17.4
전자상거래	49,839	52,435	5.2
합계	1,647,962	1,947,256	18.2

출처: 스마트콘텐츠 보고서, KOCCA 2013

그렇다면 스마트 기기용 앱 숫자는 얼마나 될까? 안드로이드 앱의 경우 2009년 12월 2만 개 수준에서 2013년 12월 19일 기준 90만 개를 넘어섰으며, 애플의 iOS 앱의 경우에는 2009년 12월 16만 개 수준이었으나 2013년 12월 16일 기준 100만 개를 넘어섰다.

이렇게 앱 숫자가 많이 늘어난 상태에서 실제로는 사용자들이 얼마나 앱을 다운로드하여 사용할까? 2013년 5월 기준 안드로이드 앱은 누적 다운로드 건수가 480억 건이라고 발표하였으며, 애플의 iOS 앱의 경우에는 500억 건을 기록하였다고 밝혔다.

특히 애플 iOS의 경우 2012년에는 앱 다운로드가 급증하여 iOS만 2012년 12월에 20억 건의 앱을 다운로드하였으며, 2012년에만 200억 건을 다운로드하여 누적 400억 건의 다운로드를 기록하였다. 이렇게 다운로드하는 iOS의 계정 수는 5억 개였으며, 개발자에게 지불한 수익만 70억 달러에 이르렀다.[15] 한편 앱을 통해 발생한 수익을 살펴보면 iOS와 안드로이드를 합쳐 2011년에는 54억 달러, 2012년에는 87억 달러에 이른다.

앱스토어의 카테고리별 콘텐츠 비중은 어떻게 될까? 2013년 12월 16일 기준 애플의 iOS용 앱의 카테고리를 살펴보면 〈그림 5-4〉와 같이 게임이 18.3%로 가장 많고 다음으로 에듀테인먼트가 10.79%, 엔터테인먼트가 8.16%, 라이프스타일이 8.15%, 비즈니스가 7.66%, 책이 5.56%, 유틸리티가 5.55%로 그 뒤를 잇고 있다.

---

15   BLOTER.NET, 2013. 1. 8.

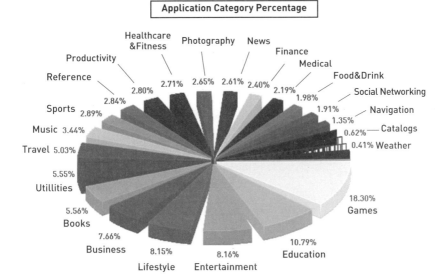

그림 5-4 │ 응용 프로그램 카테고리 백분율

출처 : http://148apps.biz/

3. 스마트 빅뱅 선도 기업

스마트 빅뱅이 도래하면서 스마트 기기의 사용자는 물론 스마트 기기용 앱 및 앱의 다운로드 수가 급증하고 있다. 이러한 변화 속에서 스마트 빅뱅을 선도해가고 있는 것은 바로 플랫폼이다. 플랫폼이란 개인이나 기업 등 참여자 모두가 콘텐츠를 판매 · 유통 · 소비할 수 있는 개방형 시스템으로 원래는 컴퓨터나 스마트폰의 운영체제(OS)를 지칭하는 용어로 많이 사용되었으나 최근에는 온라인으로 앱 또는 콘텐츠를 거래하거나 사람들을 소통시키는 서비스를 제공하는 것을 콘텐츠 서비스 플랫폼이라고 칭하고 있다.

콘텐츠 플랫폼뿐 아니라 스마트 빅뱅을 리드하고 있는 기업들을 'TGIF'라고 칭하였다. 여기서 TGIF란 Twitter, Google, iphone(Apple), Facebook을 일컫는 말로 'TGIF'라는 단어가 탄생한 지는 2~3년이 지났지만 여전히 유효하다고 할 수 있다. 그러나 앞으로는 TGIF에 'A(Amazon)'를 추가하여야 할 것이다. 최근 아마존은 플랫폼으로서 애플 등에 강력한 경쟁자로 떠오르고 있기 때문이다. 따라서 'TGIF'는 이제 'TGIFA'로 바꾸어 불러야 한다고 생각한다.

1) TGIFA

(1) T(Twitter)

트위터는 잭 도시와 동료들이 2006년 4월 새로운 사업에 대해 브레인스토밍을 하던 중 나온 아이디어를 바탕으로 탄생한 일종의 마이크로블로그로 사용자들이 140자로 소통하는 일종의 '스마트 광장' 서비스이다. 2006년 4월 서비스를 시작한 이래로 2011년 말 전 세계 이용자 수는 5억 5,000만 명에 이르며. 2013년 2월 기준으로 월평균 2억 8,800만 명이 이용하고 있다. 우리나라의 경우에도 2010년 6월에는 63만 2,000여 명이 이용하였는데, 2011년 500만 명을 넘어서 2012년 9월 기준으로 약 890만 명이 이용하고 있다. 2012년 10월에는 영국, 일본에 이어 우리나라에 한국지사를 설립하였다. 트위터는 이제 140자로 소통하는 일종의 SNS(Social Network System)를 넘어서 동영상까지 서비스하는 플랫폼으로 발전하기 위하여 2012년 10월 신생 동영상 서비스인 바인(Vine)을 인수하였다. 바인은 트위터를 140자로 한정한 것과 같이 6초로 동영상 서비스를 한정한 서비스이다. 또한 트위터는 2013년 2월 아메리칸 익스프레스와 연계하여 아마존의 킨들 등을 구매할 수 있도록 하는 구매 서비스도 개시하였다.

(2) G(Google)

구글은 1996년 미국의 스탠퍼드대학에서 박사과정을 밟고 있던 래리 페이지와 세르게이 브린에 의해 설립되었다. 이들은 기존의 검색 엔진들이 원하는 결과를 제시해주지 못하는 것에 대한 답답함을 스스로 해결하고자 새로운 검색 알고리즘에 대한 아이디어를 가지고 회사를 설립하였다. 공동설립자인 래리 페이지의 경우 7세 때부터 컴퓨터의 달인 소리를 듣던 컴퓨터 전문가로서 12세 때 '내가 결국 회사를 차리겠구나.'라고 생각하였다고 한다. 래리는 세상을 바꾸고 싶었고 세상을 바꾸는 방법은 새로운 것을 발명하거나 회사를 차리는 것인데, 회사를 차리는 쪽으로 마음이 기울었다고 한다.

이렇게 시작한 구글은 2006년 10월에 당시만 해도 크게 주목받지 않았던 유튜브(Youtube)를 16억 5,000만 달러에 인수하였다. 당시 구글이 유튜브를 인수할 때만 해도 다들 왜 구글이 유트브를 인수하는지 이해하지 못하는 분위기였다. 그러나 이후 유튜브는 동영상 서비스 플랫폼의 대표로서 세상을 바꾸어놓는 데 핵심적인 역할을 하게 된다. 또한 구글은 2005년에 인수한 스마트폰용 OS인 안드로이드를 2007년 11월에 시장에 공개하였고, 2009년 10월에는 모바일 광고업계 1위였던 애드몹을 7억 5,000만 달러에 인수하였다. 이후 구글은 2011년 6월에 '구글플러스'라는 SNS를 발표하였고 2011년 8월에는 휴대폰의 대명사라고 할 수 있는 모토롤라의 휴대폰 사업부문인 모토롤라 모빌리티를 현금 125억 달러에 인수하였다.

한편 유튜브는 오리지널 방송채널 100개 개설을 추진하고 있으며, 자체적으로 오리지널 콘텐츠를 제작하기 시작하여 미국 지상파 방송사인 ABC방송사에 콘텐츠를 제공하였다. 2012년 3월에는 애플의 앱스토어와 같은 개념의 디지털콘텐츠 허브인 '구글 플레이(Google Play)'를 오픈하였다. 또한 2012년 9월에는 구글 TV 2.0을 발표하였고 2012년 10월에는 넥서스 시리즈의 스마트폰과 태블릿PC를 발표하였다. 2011년 유튜브의 매출액은 24억 달러에 이르렀다.

구글의 두 창업자는 "왜?"라는 질문을 통해 생각해보지 않는 길로 부추기는 능력이 뛰어나다는 평을 듣고 있으며, '70-20-10'이라는 독특한 제도를 도입하여 많은 성과를 창출하고 있다. 이 '70-20-10'은 회사 리소스의 70%는 핵심사업에, 20%는 연관사업에 사용하며, 나머지 10%는 자유롭게 사용할 수 있도록 하는 것으로 이 10%에서 새로운 아이디어들이 새로운 서비스로 탄생하고 있다고 한다. 구글은 앞에서도 언급한 바와 같이 새로운 기술이나 서비스를 보유하고 있는 회사들을 많이 인수하였는데 전체적으로는 약 70여 개의 기업을 인수하여 새로운 서비스, 새로운 기술들을 흡수하고 있다.

(3) I(iPhone, Apple)

애플은 1976년 4월 스티브 잡스가 HP 출신의 컴퓨터 전문가인 워즈니악과 같이 설립한 회사이다.

스티브 잡스는 어렵게 입학한 대학을 스스로 중퇴하고 본인이 관심 있던 캘리그래피 수업을 듣기도 하고, 인도로 순례를 다니기도 하였으며, 최초의 게임회사인 아타리에 직접 찾아가 일을 하게 해 달라고 떼를 써서 일자리를 얻어 회사라는 것을 경험하게 된다. 또한 '홈부르'라는 컴퓨터 동

호회 활동을 통해 워즈니악과 친해지게 되고, 결국 워즈니악이 개발한 컴퓨터를 보고 워즈니악을 설득하여 애플을 설립하게 되었다. 회사 설립 이후 거의 10년간 애플은 애플컴퓨터, 매킨토시 등을 출시하였으나 잡스는 결국 애플에서 쫓겨나게 된다. 이유는 잡스가 고집을 피워 개발한 제품이 성공하지 못하였기 때문이다. 본인이 창업한 회사에서 쫓겨난 스티브 잡스는 약 10여 년간 별도의 회사를 설립해 컴퓨터 관련 비즈니스를 하였으며, 또한 픽사(PIXAR)를 설립하여 〈토이스토리〉 등 컴퓨터를 활용한 애니메이션을 개발하여 크게 성공을 거두었다. 스티브 잡스가 그만둔 이후 애플의 경영이 어려워지자 애플은 1996년 그를 다시 사장으로 영입하게 되고, 복귀한 스티브 잡스는 애플을 다시 혁신시키며 소위 i시리즈의 창조적인 상품을 만들어내기 시작한다. 그렇게 탄생한 첫 번째 상품이 1998년 5월에 출시한 아이맥(iMac)이라는 컴퓨터이다. 2001년에는 MP3 플레이어인 아이팟(iPOD)을 출시하여 큰 성공을 거두었고, 2003년 4월에는 MP3 음악 판매 사이트인 아이튠즈 스토어(iTunes Store)을 오픈하여 오픈 6일 만에 100만 곡을 판매하였으며, 이후 2006년 2월까지 무려 10억 곡을 판매하면서 음악시장의 지형도를 바꾸어놓았다. 이후 2007년에는 스마트폰인 아이폰(iPhone)을 출시하였고, 2008년 7월에는 아이폰용 어플리케이션 오픈 마켓인 앱스토어(App Store)를 오픈하여 새로운 시장을 창출하였다. 또한 2010년에는 태블릿PC인 아이패드(iPAD)를 출시하여 새로운 스마트 기기 카테고리를 창출해내며 스마트 시대를 리드해가고 있다.

(4) F(Facebook)

페이스북은 2004년 2월 하버드대를 다니던 마크 주커버그가 친구인 세브린과 함께 온라인 학생 편람인 the facebook.com을 개설하면서 시작되었다. 페이스북은 2005년 100만 명의 가입자를 확보하였으며, 2006년에는 야후(Yahoo)가 10억 달러라는 거액으로 인수를 추진했으나 실패하였다. 2007년 5월에는 서비스 플랫폼을 개방하여 다른 회사들이 페이스북 플랫폼을 활용하여 게임 등의 응용 프로그램을 개발, 서비스할 수 있도록 하는 획기적인 조치를 취하였다. 2012년 4월에는 사진공유 사이트인 인스타그램을 10억 달러에 인수하였고, 2012년 5월에는 기업을 공개하여 1,042억 달러에 달하는 기업가치를 평가받기도 하였다. 2012년 9월에는 드디어 가입자 10억 명을 돌파하였다. 10억 명의 사용자 중 모바일을 이용하는 비중은 6억 명을 넘어섰는데, 이는 전년 대비 61% 증가한 것이다. 페이스북은 '좋아요' 클릭 수가 1조 3,000억 개, 사진 2,190억 장, 친구맺기 1,403억 건, 기업 페이지 수가 400만 개 이상이며 우리나라 이용자 수도 2013년 1월 기준으로 1,000만 명을 넘었다. 이뿐 아니라 페이스북은 2012년 11월 구인구직 서비스인 '소셜 잡스 파트너십(Social Jobs Partners)'을 공개하였으며, 2013년 1월에는 미국 캐나다 지역을 중심으로 iOS 버전의 무료통화 기능을 추가하였다.

(5) A(Amazon)

아마존은 1994년 제프 베조스가 설립하였다. 설립 초기에는 도서 온라인 판매가 주류를 이루었으나 이후 여러 가지 물리적 상품 및 콘텐츠를 서비스하는 온라인 마켓 플랫폼으로 발전하였다. 이를 시기적으로 살펴보면 2007년에는 '킨들(Kindle)'이라는 e-Book 단말기를 직접 출시하였고, 2011년에는 저가형 태블릿PC인 '킨들 파이어'를 출시하였다. 2012년 2월에는 아마존 스튜디오를 설립하여 자체 콘텐츠 제작을 추진하였으며, 2012년 4월에는 음악, 동영상콘텐츠 등의 온라인 마켓인 '아마존 앱스토어'를 오픈하여 애플의 앱스토어와 경쟁하고 있다.

아마존은 태블릿PC인 킨들 파이어의 생태계를 구축하기 위하여 게임 센터인 '게임서클'을 오픈하고 게임 전담팀을 구성하여 '에어 패트리어트'라는 스마트폰 게임도 직접 개발하여 출시하였다.

이처럼 TGIFA는 플랫폼 생태계를 근간으로 치열하게 패권 경쟁을 하면서 스마트 빅뱅을 리드해가고 있다. 특히 구글, 애플, 아마존의 경우에는 콘텐츠, 유통 플랫폼은 물론, 단말기까지 포함한 생태계를 구축하며 주도권 확보를 위한 치열한 경쟁을 하고 있다.

2) 동영상 플랫폼 기업

미국의 글로벌 리서치&컨설팅 전문기업인 PwC(PricewaterhouseCoopers)가 최근 전 연령대의 미국 소비자 560명을 대상으로 동영상 시청 행태에 대한 설문조사를 실시한 결과에 따르면 응답자들은 TV, 영화 등 온라인 동영상 시청에 소비하는 시간이 주당 12.4시간인 반면, 기존 TV 시청에 소비하는 시간은 주당 9시간에 불과하여 미국 소비자의 온라인 동영상 시청 시간이 기존 TV 시청시간을 추월한 것으로 나타났다. 특히, 45~59세 응답자의 경우에도 온라인 동영상 시청에 소비하는 시간이 주당 8.3시간으로 TV 시청 시간 9시간에 육박하는 온라인 동영상 시청 시간을 기록하였다. 또한 미국 소비자들이 휴대전화, PC, 모바일 단말기 등을 통해 비디오게임, e-Book을 비롯한 디지털콘텐츠를 사용하는 데 소비하는 시간은 주당 20시간가량인 것으로 조사되었으며, 소비하는 콘텐츠 중 대부분이 TV 프로그램, 영화 등 동영상 콘텐츠인 것으로 밝혀졌다. 또한 영화 콘텐츠 시청을 위해 가장 즐겨 사용하는 동영상 서비스는 넷플릭스(Netflix)라고 답변한 응답자가 31.7%에 달했고, 훌루(Hulu)를 사용하고 있다고 답변한 응답자는 30.7%였다.[16] 이렇게 미국에서 새로운 동영상 서비스 플랫폼으로 떠오르고 있는 넷플릭스와 훌루에 대해 세부적으로 살펴보면 다음과 같다.

(1) 넷플릭스(Netflex)

넷플릭스는 1997년 미국에서 인터넷으로 DVD를 신청하면 우편으로 배달해주고 우편으로 반납 받는 새로운 방식의 비디오 렌털 비즈니스 모델을 창안하여 탄생하였으나, 우편 대여 방식과 함께 영상 콘텐츠 스트리밍 서비스를 전격 도입하여 9만여 편의 영화 및 방송 콘텐츠를 정액제로 유료 서비스하고 있으며 요금은 이용 방식에 따라 월 7.99달러, 연간 95.88달러에 비디오 스트리밍 서비스를 하고 있다. 넷플릭스의 매출액은 2009년 16억 7,000만 달러에서 2010년 22억 달러로 29% 증가하였으며, 2010년 말 기준 약 2,000만 명, 2011년 3월 기준 2,300만 명의 가입자를 확보하여 지상파 3사가 연합으로 만든 훌루닷컴을 뛰어넘는 성과를 창출, 서비스 개시 8년 만에 미국 내 가구의 15%를 가입자로 확보하였다.

한편, 넷플릭스는 2010년 9월부터 캐나다에서도 서비스를 개시하여 해외시장 진출에도 본격적인 행보에 들어갔다. 또한 넷플릭스는 스마트폰, 태블릿PC, 스마트TV뿐 아니라 마이크로소프트의 엑스박스360(Xbox 360)과 소니의 플레이스테이션 3(Play station 3), 닌텐도의 위(Wii) 등 게임기기를 통해서도 콘텐츠를 이용할 수 있도록 하여 N-Screen 전략에 가장 성공한 기업으로 평가받고 있다. 한편 넷플릭스는 2011년 9월 5일 브라질에 서비스를

---

16 스트라베이스(Strabase), NewsBrief, 2011.3.10.

시작하였을 뿐 아니라 2012년 1월 9일, 영국과 아일랜드에서도 서비스를 개시하였다. 또한 넷플릭스는 자체적으로 콘텐츠 제작도 추진하여 방송하고 있다.

그림 5-5 | 넷플릭스 동영상 서비스 플랫폼
출처: 넷플릭스 홈페이지(https://signup.netflix.com/global)

(2) 훌루

훌루닷컴(hulu.com, 이하 '훌루')은 유튜브를 견제하기 위하여 미국의 주요 방송사 중 CBS를 제외한 나머지 메이저 방송사 NBC, ABC, FOX를 소유한 Disney, NBC Universal, News corp. 등이 합작해 설립한 회사로 2010년 7월 기준 약 2,000여 개의 영상 콘텐츠에 대한 스트리밍 서비스를 제공하며, 스마트폰과 태블릿PC, 그리고 스마트TV에서도 이용 가능하다. 훌루는 2010년 6월 월정액 프리미엄 유료 서비스인 '훌루 플러스'를 출시해 광고 기반 무료 서비스와 병행하여 제공하고 있다. 광고 매출은 2009년 1억 800만 달러에서 2010년 2억 4,000만 달러로 전년 대비 122%라는 놀라운 성장을 기록하였다. 한편, 훌루는 광고 외 새로운 수익 창출을 위하여 2010년 6월에 정액제 유료 서비스인 훌루 플러스를 도입하여 월 7.99달러로 최신 드라마를 시청할 수 있는 프리미엄 서비스를 제공하고 있으며, 광고 기반 무료 서비스와 유료 서비스를 포함해 2011년에는 4억 2,000만 달러의 매출을 달성하였다.

그림 5-6 | 홀루 동영상 서비스 플랫폼
출처: 홀루 홈페이지(http://www.hulu.com/)

한편 홀루는 2011년 9월 1일부터 일본에서 서비스를 시작하였다. 홀루의 일본 진출은 CBS, NBC, 20세기 FOX, 워너 브라더스, 월트 디즈니 컴퍼니 등 대형 스튜디오 및 방송국과 콘텐츠 계약을 체결한 상태에서 이루어진 것으로 일본인들은 앞으로 월 1,480엔(한화 약 20,000원)으로 PC, 게임기, 스마트TV, 스마트폰 태블릿 등에서 할리우드 영화나 해외 드라마의 시청이 가능해진다.

(3) 엑스피니티 TV

넷플릭스와 홀루 외에 미국 최대 케이블 TV 회사이자 제2위의 인터넷 서비스 회사인 컴캐스트(Comcast)의 콘텐츠 플랫폼으로 엑스피니티(Xfinity)

TV[17]가 있다. 이것은 컴캐스트가 보유한 방송콘텐츠 등을 스트리밍 방식으로 제공하고 있다. 뉴스 등의 일부 콘텐츠는 실시간 방송이 이루어지고 있으며 PC 외에 태블릿PC 등으로 이용이 가능하나 컴캐스트의 케이블 TV 가입자에 한하여 이용할 수 있도록 한정하고 있다.

그림 5-7 | 엑스피니티 티브 동영상 서비스 플랫폼

출처: 엑스피니티 티브 홈페이지(http://xfinitytv.comcast.net/)

(4) 티빙(Tving)

한편 훌루나 넷플릭스와 유사한 동영상 서비스 플랫폼인 티빙(Tving)[18]은 CJ 헬로비전에서 제공하고 있는 웹 기반 영상콘텐츠 서비스 플랫폼으로 2010년 6월 오픈하였고, 2010년 12월부터 유료(월 5,000원)로 지상파 콘텐

---

17 이만제, 『스마트 환경에서 미디어 콘텐츠사업자의 대응과 과제』, KOCCA 포커스, 통권 46호, 2012년 1월 30일, 11쪽 참조. "미국 최대 케이블업체 Comcast는 Xfinity를 2009년 12월 베타버전 시작, 2010년 10월 25일 전국으로 서비스를 확대하여 지상파 방송, 영화, 스포츠 등 약 15만 가지 콘텐츠를 VOD 형식으로 제공".

18 이만제, 『스마트 환경에서 미디어 콘텐츠사업자의 대응과 과제』, KOCCA 포커스, 통권 46호, 2012년 1월 30일, 12쪽 참조. "30일 이용권 5,000원 수준으로 PC, 태블릿PC, 스마트폰 등 다양한 단말을 통해 콘텐츠 이용이 가능하며 SNS 연동 채팅, 쇼핑채널 연계 등도 제공, 네덜란드 암스테르담에서 열린 'IBC 2011'에서 최고의 모바일 어플리케이션상을 수상".

츠 및 CJ 계열 케이블콘텐츠, 국내·외 방송콘텐츠 등 총 125개 채널을 서비스 중이다. 티빙은 PC 서비스를 기반으로 하고 있으며 최근에는 태블릿 PC에 88개 케이블 채널을 제공하는 어플리케이션을 개발, 2010년 4월 현재 140만 명의 가입자를 확보하였고 2013년 8월 기준 500만 명을 넘어선 것으로 발표되었다.

그림 5-8 | 티빙 동영상 서비스 플랫폼

출처: 티빙 동영상 서비스 홈페이지(http://www.tving.com/main.do)

(5) 숨피(Soompi)

숨피는 1998년 한류에 대한 정보를 제공해주는 개인 홈페이지에서 출발하여 2010년 4월 현재 한류스타 100여 팀의 팬 커뮤니티가 구성되어 있으며, 월평균 500만 명이 방문하는 영어권 최대 한류 커뮤니티 사이트로 발전하였다.

자체적으로 취재 기자를 활용하여 한류스타 및 한국 드라마, 음악 등에 관한 최신 정보를 영어로 제공하고 있으며, 이용자는 아시아계가 전체의 50%를 차지하고 있다. 한국인이 10%, 나머지 40%는 미주와 유럽계가 이용하고 있는 최대의 글로벌 한류 커뮤니티 플랫폼으로 200개가 넘는 국가

에서 접속하고 있다. 숨피는 향후 커뮤니티 기반의 동영상 서비스 플랫폼
으로 발전시켜 나갈 계획이다.

그림 5-9 | 숨피 동영상 서비스 플랫폼

출처: 숨피 동영상 서비스 홈페이지(http://www.soompi.com/)

(6) 비키(Viki)

한편, 비키[19]는 세계의 영상 콘텐츠를 100여 개 이상의 언어로 전 세계
에 서비스하는 동영상 서비스 플랫폼으로 2008년 서비스를 개시하였다.
세계 최초로 가상 서버에 각국의 주요 영화와 TV 드라마를 올려놓은 뒤

---

19 재미 한국인 유학생이던 호창성, 문지원 부부가 설립한 회사로 문지원은 하버드대 대학원
에서 교육공학을 전공하던 중 프로젝트를 진행하는 내내 언어 습득에 많은 어려움을 겪었
던 언어 장벽을 극복하기 위해 영상 자막 번역에 뛰어들었다가 재미있는 현상을 발견했다고
한다. 자막 작업은 한국에서만 이뤄지는 게 아니라 전 세계적인 현상이라는 점과 이들의 작
업 패턴이나 언어 공부에 대한 니즈가 동일하다는 것이었다. 자막 작업이 교육의 툴이자, 엔
터테인먼트의 툴로서 손색이 없겠다고 판단한 문지원은 1년 만에 석사과정을 마치고 실리
콘밸리로 넘어와 호창성과 함께 훌루를 설립하였다. 설립 초기 단 4명이던 직원 수는 14명
으로 늘었으며 미국 외에 한국 · 싱가포르에도 사무실을 두고 있다. 한편 2011년 1월에는 IT
전문 온라인 사이트 '테크 크런치'가 개최한 '크런치 어워드 2010'에서 '비키(Viki)'의 호창성
(37) 대표가 '베스트 인터내셔널'상을 받았고, 실리콘밸리의 유명 투자자들로부터 430만 달
러의 투자도 추가로 유치하였다.(저자가 호창성 대표와 직접 인터뷰한 내용을 정리하였다.)
2011.4.8.

언제 어디서나 자국 언어로 즐길 수 있는 글로벌 동영상 플랫폼으로 한국의 드라마, 영화도 스트리밍 방식으로 서비스하고 있다. 2009년 월 150만 명이던 방문자 수는 2010년 월 400만 명으로 늘었고, 누적 동영상 시청 건수는 10억 건을 돌파하였다. 비키는 한국뿐 아니라 인도 · 중국 · 중동 · 인도네시아 · 남미 등 세계 각국의 콘텐츠를 서비스하고 있다.

그림 5-10 │ 비키 동영상 서비스 플랫폼

출처: 비키 동영상 서비스 홈페이지(http://www.viki.com/)

비키가 다른 동영상 서비스 플랫폼과 차별화되는 가장 큰 특징은 이용자 협업 자막 제공 시스템으로 회원 누구나 영상의 번역, 자막 작업에 참여할 수 있는 시스템을 제공하고 있어 회원들이 영상 일부분을 자유롭게 번역하며 자막으로 제공하게 되며, 회원들의 자막이 모여 전체 콘텐츠의 자막 서비스가 이루어지는 독특한 시스템을 갖추고 있다. 실제로 비키 측에 따르면, 〈꽃보다 남자〉, 〈장난스런 키스〉와 같은 한국어로 된 한국 드라마는 회원들의 자발적인 번역 작업 참여로 1시간 내에 영어 자막을 서비스할 수 있었고, 1주일 사이에 약 40개 언어로 된 콘텐츠를 서비스할 수 있었다고 한다.

(7) 동영상 플랫폼 비교

표 5-9 | 국내·외 주요 동영상 서비스 플랫폼 비교

구분	개요
넷플릭스	• 핵심 콘텐츠: 지상파 방송(CBS, NBC 등) 및 영화사의 23,500여 편의 TV 에피소드 및 8,250편의 영화 제공 • 서비스 방식: 다양한 디바이스를 통한 멀티스크린 전략, 영국과 아일랜드로 진출 • 수익모델: 온라인 스트리밍 서비스를 통한 수익 창출
훌루	• 핵심 콘텐츠: 지상파 방송, 케이블 채널, 영화사, 기타 웹 콘텐츠에서 제공하는 2만 9,100편의 TV 에피소드 및 1,700여 편의 영화 • 서비스 방식: 다양한 디바이스를 통한 멀티스크린 전략, 일본 시장 진출 • 수익모델: 정액제 유료 서비스(U$7.99/월) 및 광고 수익 확보
티빙	• 핵심 콘텐츠: 지상파(MBC 제외) 등 148개 채널의 실시간 방송과 주요 콘텐츠 다시 보기 • 서비스 방식: 넷플릭스 등과 유사한 방식으로 다양한 기기에서 시청 가능 • 수익모델: 월정액제 모델 채택(VOD는 편당 요금제로 서비스)
비키	• 핵심 콘텐츠: 전 세계 드라마 등 방송 영상 콘텐츠(언어 번역 시스템 보유) • 서비스 방식: PC 기반의 스트리밍 서비스 중심 • 수익모델: 광고 수익 확보

출처: 이기현(2011), 『콘텐츠 서비스 결합의 현황과 전망』, KOCCA 포커스, 통권 41호, 8-15쪽 참조하여 일부 재구성

(8) 동영상 플랫폼 대응 전략

스마트 시대의 도래에 따른 새로운 패러다임인 동영상 콘텐츠 서비스 플랫폼은 방송국이 유통을 담당하고 있는 기존 방송산업 비즈니스 모델에서 진화된 모델로 독립제작사 입장에서도 이를 적극적으로 활용하거나 직접 구축하는 것에 대한 적극적인 검토가 필요하며, 정부 입장에서도 스마트 시대 새로운 글로벌 동영상 유통 플랫폼 구축이라는 측면과 독립제작사의 새로운 유통 채널로서의 가능성 등에 대해 적극적인 대응이 필요하다.

또한 이와 같은 동영상 서비스 플랫폼은 한류 확산을 위해서도 적극 추

진하여야 한다. 한국문화교류재단(2011) 보고서에서 해외 각국의 통신원들이 각국의 현황을 이렇게 전하고 있다.

중국의 베이징 통신원은 "공중파에서 한국 드라마의 방영이 줄어들면서 중국 내 한국 드라마 관객층은 10~20대 젊은 층으로 축소되었으며 한국 드라마를 즐기는 젊은 층은 주로 인터넷을 통해 시청하는데, 아마추어 번역팀들이 1~2일 사이에 한국의 거의 모든 드라마를 번역해서 인터넷에 올리지만 이는 다 불법이다. 물론 인터넷이 한국 드라마의 전파와 확산에 큰 공헌을 했지만 한국 드라마의 장기적인 발전과 수익 창출을 방해해왔다." 태국의 통신원은 "태국 방송국은 한국에서 방영 후 1~2년이 지난 드라마를 방영하지만 태국 사람들은 웹사이트나 소셜 네트워크 서비스 등을 통해 실시간으로 공유하고 있다."고 하였다. 인도네시아 통신원은 "공중파에서 한국 드라마를 재방영으로 일관하여 인기가 시들한 것으로 보이지만 불법 다운로드 CD 및 DVD로 제작된 한국 드라마의 인기는 여전하다. 공중파 채널에서의 한국 드라마 방영 및 재방영은 몇 개 드라마에 국한되지만, 실제로 시청자들은 한국에서 방영되는 드라마를 거의 실시간으로 볼 수 있다. 2010년 상반기 한국에서 큰 인기를 모았던 〈공부의 신〉을 비롯하여 최근의 〈성균관 스캔들〉까지 불법 다운로드 CD는 방영되는 시점에서 1~2시간의 시차를 두고 시판되고 있다. 이러한 관행은 한국 드라마가 유행하기 이전부터 시작되었으며 불법 CD의 가격대는 드라마에 따라 3~4개의 에피소드를 묶어 1개의 CD로 제작되는데, 한화 약 900원 정도에 판매하고 있어 가격 부담도 적을 뿐 아니라 소장까지 할 수 있어 인기를 얻고 있다. 자카르타 전역에서 볼 수 있는 이러한 한국 드라마에 대한 수요를 공중파 방송으로 끌어내거나, 인터넷 유료 보기 등으로 구현한다면 한국 드라마뿐 아니라 인기가 높은 유명 연예인이 등장하는 한국 예능 프로그램까지도 상업적으로 성공할 수 있을 것이다."라고 말했다.

미국의 통신원은 "미국시장에서 2010년은 한류의 원년이다."라고 하였다. 한국 드라마의 경우 중간에 광고가 삽입되어 무료로 보는 조건으로 미국의 인기 TV 프로그램을 무료로 시청할 수 있는 훌루닷컴에 한국 드라마 〈장난스런 키스〉, 〈아이리스〉, 〈파스타〉, 〈내 이름은 김삼순〉 등 여러 편이 올라와 있고, 현재 이용자 평점도 평균 이상으로 좋게 평가되고 있다. 멕시코 통신원은 멕시코의 한류 팬들은 한국의 드라마와 가요가 중국이나 일본보다 매력적이라고 말한다. 하지만 쉽게 접할 방법이 없고 멕시코 한류 팬들에 대한 배려가 전혀 없다는 것이 섭섭하다고 말하고 있다. 한편, 이집트 통신원은 이집트가 중동-아프리카에서 가장 활발한 인터넷 사용 국가라는 것은 중동-아프리카 지역에서 한국 문화를 전파하는 데 매우 중요한 요소라는 점을 알 수 있다. 이집트는 인터넷 환경이 점점 좋아지고 있고 일반 대중의 인터넷 사용이 점점 대중화되고 있기 때문에 인터넷을 이용한 한국의 드라마, 노래 등을 쉽게 접할 수 있다. 2010년 이집트의 공중파에 한국의 드라마가 방영되지는 않았지만 〈가을동화〉, 〈겨울연가〉의 감동을 잊지 않고 있는 이집트의 많은 젊은이들은 인터넷을 통해 한국의 드라마, 영화, 대중가요를 접할 수 있었다."고 말했다.[20]

이처럼 해외에서 인터넷이나 스마트 기기 등을 통해 합법적으로 한국

---

20 한국문화산업교류재단, 『2010년 해외 한류 동향』, 2011. 1. 19쪽, 58쪽, 78쪽, 131-132쪽, 137쪽, 168쪽 참조.

의 드라마를 시청할 수 있는 곳은 거의 없다. 이런 문제를 해결하기 위해서도 국내 동영상 서비스 플랫폼의 구축과 해외 진출은 적극 추진되어야 한다. 이와 같은 동영상 서비스 플랫폼 구축은 스마트 시대 한류 확산에 큰 도움이 될 것이다. 특히, 스마트 시대는 플랫폼 경쟁이다. 국내에서 이러한 동영상 서비스 플랫폼을 구축하지 않는 경우, 결국 해외의 서비스 플랫폼이 이 시장을 장악하게 될 것이고 그 플랫폼에 의존하여 유통하게 될 것이며, 그렇게 되는 경우 또다시 수익 분배의 문제가 발생할 수 있다.

참고문헌

고정민, 『문화콘텐츠 경영전략』, 커뮤니케이션북스, 2007.

_____, 「음악산업의 동향과 발전방향」, 『음악산업 진흥을 위한 국제 토론회』, 2008.
11. 12.

구문모, 『미디어콘텐츠의 경제원리』, 진한도서, 2004.

_____, 『게임콘텐츠산업의 현황과 발전전략』, 산업연구원, 1998.

_____, 『영화, 음반산업의 지식경쟁력 강화 방안』, 산업연구원, 1999.

_____, 『영상, 음반산업의 현황과 발전 방안』

구문모 외, 『문화산업의 발전 방안』, 을유문화사, 2000.

김대호, 「영국 2003년 커뮤니케이션법 제정에 따른 외주정책 평가」, 『한국언론학보』
제49권 2호, 2005.

김서기, 「TV 프로그램 제작 공급계약의 법적 성질과 관련 문제」, 『인하대학교 법학연
구』, 제12편 제3호, 2009.

김선진 외, 『디지털엔터테인먼트』, MSD미디어, 2011.

김소영, 「정부 문화산업정책의 성과분석과 새로운 추진전략」, 『문화과학』 43호, 2005.

김신애, 「게임콘텐츠의 현황 및 육성방안」, 국회입법조사처, 2010.

김여라, 「방송콘텐츠의 현황 및 육성방안」, 국회입법조사처, 2010.

김영덕, 「드라마 제작 & 유통의 현재와 진흥방안」, 『KOCCA FOCUS』 통권 2호, 2009.

김유리, 『문화콘텐츠 마케팅』, 한국문화사, 2006.

김유향 · 최준영, 「콘텐츠정책의 평가와 주요국 사례」, 국회입법조사처, 2010.

김재범, 『문화산업의 이해』, 서울경제경영, 2005.

김재영, 「국내 외주제작 정책에 대한 평가와 반성」, 『방송문화연구』, 제15권 2호,
2003.

김진규, 「국내 게임의 글로벌 비즈니스 성공요인 분석」, 『글로벌문화콘텐츠』 제6호, 2011.

김창배, 『21세기 게임 패러다임』, 지원미디어, 1999.

김태현, 「디지털콘텐츠 산업의 가치사슬 변화와 사업자 동향」, 『정보통신정책』 제18권 23호, 2006.

김평수 외, 『문화콘텐츠산업론』, 커뮤니케이션북스, 2012.

김형수, 「문화콘텐츠산업의 육성 정책에 관한 연구」, 단국대학교 대학원 박사학위 논문, 2004.

게임종합지원센터, 「1999년도 국내 게임산업 동향조사」, 2000.

노동렬, 「매체환경 변화와 드라마 제작구조 개선 방안」, 『한국방송학회 세미나 및 보고서』, 2007.

_____, 「창의적 생산시스템 구축을 위한 드라마 생산조직의 특성 연구」, 『방송과 커뮤니케이션』, 제10권 제2호, 2009.

_____, 「한국 드라마시장의 경쟁구도」, 2011 방송콘텐츠상생협력 세미나, KOCCA 외, 2011.

노상규 · 위정현 지음, 『한국 온라인게임 산업의 발전과정과 향후 과제』 서울대학교출판부, 2007.

노준석, 「OSMU전략을 통한 한국 문화콘텐츠의 산업구성 및 구조」, 『한국콘텐츠학회』, 2010.

데구치 히로시 외, 『콘텐츠產業論』, 東京大學出版會, 2009.

류준호 · 윤승금, 「생태계 관점에서의 문화콘텐츠산업의 발전과 글로벌기업의 육성」

류진룡 외, 『엔터테인먼트산업의 이해』, 넥서스BIZ, 2009.

마이클 포터(M. Poter) 저, 조동성 역, 『경쟁우위』, 21세기북스, 2008.

문화체육관광부, 『게임 산업 중장기 계획(2008~2012)』, 2008.

_____, 『문화산업백서 1997』, 문화관광부, 1997.

_____, 『문화산업백서 2001』, 문화관광부, 2001.

_____, 『문화산업백서 2002』, 문화관광부, 2002.

_____, 『문화산업백서 2003』, 문화관광부, 2003.

_____, 『문화산업백서 2004』, 문화관광부, 2004.

_____, 『문화산업백서 2005』, 문화관광부, 2005.

_____,『문화산업백서 2006』, 문화관광부, 2006.

_____,『문화산업백서 2007』, 문화관광부, 2007.

_____,『문화산업백서 2008』, 문화관광부, 2008.

_____,『콘텐츠산업백서 2009』, 문화관광부, 2009.

_____,『콘텐츠산업백서 2010』, 문화체육관광부, 2010.

_____,『문화산업통계 2000』, 문화관광부, 2000.

_____,『문화산업통계 2001』, 문화관광부, 2001.

_____,『문화산업통계 2002』, 문화관광부, 2002.

_____,『문화산업통계 2003』, 문화관광부, 2003.

_____,『문화산업통계 2004』, 문화관광부, 2004.

_____,『문화산업통계 2005』, 문화관광부, 2005.

_____,『문화산업통계 2006』, 문화관광부, 2006.

_____,『문화산업통계 2007』, 문화관광부, 2007.

_____,『문화산업통계 2008』, 문화체육관광부, 2008.

_____,『콘텐츠산업통계 2009』, 문화체육관광부, 2009.

_____,『콘텐츠산업통계 2010』, 문화체육관광부, 2009.

_____,『OECD 주요국가의 콘텐츠산업 및 정책현황 비교』, 2010.

_____,『2011 글로벌콘텐츠 해외진출 확대전략』, 2011.

문화체육관광부 · 한국게임산업개발원,『2004 한국게임산업백서』, 문화체육관광부 ·
        한국게임산업개발원, 2004.

민용식 · 이동희,『게임학 개론』, 도서출판 정일, 2003.

박계화,「한국 문화산업의 기업체 성과에 대한 효율성 분석 연구」,『문화산업연구』, 제
        10권 제1호, 2010.

박광국,「한국 문화산업의 정책 방향」,『문화산업연구』, 제8권 제1호, 2008.

박광순,『문화의경제학』, 유풍출판사, 2007.

박근서,「컴퓨터게임의 역사와 패러다임의 전환」,『게임산업저널』, 한국콘텐츠진흥원,
        2005.

박장순,『문화콘텐츠학 개론』, 커뮤니케이션북스, 2006.

박정수,「문화콘텐츠산업의 가치사슬 변화와 표준화 과제」,『문화산업연구』제8권 제1
        호, 2008.

박정수 외,「콘텐츠산업의 글로벌 경쟁 환경과 한국의 대응전략」, 산업연구원, 2010.

박조원,「한국 문화콘텐츠 산업 육성의 방향과 과제」,『경기논단』여름호, 2005.

박치완 · 김평수 외,『문화콘텐츠와 문화코드』, 한국외국어대학교 출판부, 2011.

박태순,『컴퓨터게임개론』, 호남대학교출판부, 2006.

방송제도연구위원회,『방송제도연구보고서: 2000년대를 향한 한국방송의 좌표』, 1999.

배진아,「방송드라마의 체계적 제작 시스템에 관한 연구」,『게임&엔터테인먼트 논문지』, Vol. 2, 2006.

_____,「방송드라마의 체계적 제작 시스템에 관한 연구」,『게임&엔터테인먼트논문지』, Vol. 2 No. 2, 2006.

서정교,『문화경제학』, 한올출판사, 2003.

서진수,『문화경제의 이해』, 강남대학교출판부, 2005.

성영화,「한국 영화의 가치사슬 고도화 및 복합수출 활성화 방안」,『무역조사보고서』, 2005.

신대영 · 박세종,『게임마케팅총론』, (재)한국게임산업개발원, 2005.

심승구,「문화원형 콘텐츠의 현황과 전망 - 2002~2012년을 중심으로 - 」,『인문콘텐츠학회10주년기념학술대회발표자료집』, 한국외대, 2012.

_____,『문화재 활용정책 기반조성연구』, 문화재청, 2006.

_____,「한국 민속의 활용론과 문화콘텐츠 전략」,『인문콘텐츠』, 21, 2011.

_____,「한국 술문화의 원형과 콘텐츠화 - 술문화의 글로벌콘텐츠를 위한 담론체계 탐색」,『인문콘텐츠 2005학술심포지움발표자료집』, 2005.

_____,「역사공간의 복원과 재현을 통한 도시재생의 의미」,『인문콘텐츠』, 25, 2012.

_____,「지구촌시대의 문화콘텐츠와 문화코드」,『글로벌문화콘텐츠학회 추계학술대회발표자료집』, 한국외국어대학교, 2012.

심승구 외,『문화재 활용 가이드』, 문화재청, 2007.

심승구 외,『콘텐츠산업과 고유문화 연계방안연구』, 한국관광연구원, 2012.

심재철,「스마트 TV를 위한 서비스 제어 플랫폼」,『정보와 통신』, 2011.

아라이 노리코 외,『콘텐츠마케팅』, 시간의물레, 2009.

오세인,『디지털미디어 콘텐츠비즈니스』, 커뮤니케이션북스, 2005.

오정일,「박민수, 우리나라 온라인 음악시장의 현황과 정책과제」,『산업경제연구』제

19권 제1호, 2006.

왕두두, 「한중일 콘텐츠산업 진흥정책에 관한 연구」, 동서대학교 박사학위 논문, 2008.

위정현, 『온라인게임 비즈니스 전략』, 제우미디어, 2006.

_____, 「한국 온라인게임 산업의 형성 메커니즘 분석」, 『게임산업 저널 연구논총』, 2002.

유진룡, 「한국의 문화콘텐츠정책과 혁신체제에 관한 연구」, 한양대학교 대학원 박사학위 논문, 2005.

윤호진 외, 「방송콘텐츠 온라인 불법유통 현황과 저작권 침해 유형 분석」, 한국방송영상산업진흥원, 2007.

이대희, 『문화산업론』, 대영문화사, 2001.

이만제, 「스마트 환경에서 미디어 콘텐츠사업자의 대응과 과제」, KOCCA 포커스 통권 46호, 2012.

이면제, 「게임성 있는 MMORPG 온라인 게임의 고찰」, 『(사)한국유통학회 하계학술대회 발표논문집』, 2010.

이명천 · 김요한, 『문화콘텐츠 마케팅』, 커뮤니케이션북스, 2006.

이문행, 「방송 콘텐츠의 수익 창출 구조에 대한 연구」, 『방송연구』 여름호, 2003.

_____, 「국내 방송 드라마의 유통 구조 및 창구의 특성」, 『한국콘텐츠학회논문지』, Vol. 8 No. 10, 2008.

_____, 『국내 방송 콘텐츠 유통 시장의 구조적 특성』, 『한국콘텐츠학회논문지』, Vol. 10, No. 9, 2010.

이병민, 「문화콘텐츠산업의 발전과 글로벌기업의 육성」, 『한국국제경영관리학회』 추계학술대회, 2005.

_____, 「참여정부 문화산업정책의 평가와 향후 정책방향」, 『인문콘텐츠』, 제9호.

이병희 · 문재철, 「문화콘텐츠산업의 현황과 과제」, 한국은행, 2009.

이상길 · 박진우, 『프랑스방송: 구조-정책-프로그램』, 한나래, 2004.

이수희 · 정진섭, 「온라인게임 산업의 중국시장 경쟁전략」, 『무역학회지』, 제34권 제2호, 2009. 4.

이연정, 『문화산업정책 10년 평가와 전망』, 한국문화광광정책연구원, 2005.

이유재, 『서비스 마케팅』, 학현사, 2006.

이은민, 「MP3 등장에 따른 국내 음악산업의 구조변화」, 『정보통신정책』 제17권 23호,

2005.

_____,「국내 인터넷 음악시장의 성장요인 분석」,『정보통신정책』, 제18권 5호, 2006.

이재학 · 박철,「한국 온라인게임 유통의 문제점과 글로벌 경쟁력 제고 방안」,『2010 (사)한국유통학회 하계학술대회 발표논문집』, 2010.

인문콘텐츠학회,『문화콘텐츠 입문』, 북코리아, 2006.

임배근 · 박철수,「한국문화산업의 성장요인과 발전과제」,『문화무역연구』, 제6권 제2 호, 2006.

임은모,『문화콘텐츠 비즈니스론』, 진한도서, 2001.

임학순,「문화산업 육성을 위한 정부정책의 이념」,『계간사상』 봄호, 2004.

장세진,『글로벌경쟁시대의 경영전략』, 박영사, 2006.

전은경 · 유재국,「콘텐츠산업 경쟁력 강화를 위한 과제」, 국회입법조사처, 2010.

정보통신부 · 한국첨단게임산업협회,「2003 게임산업 연차보고서」, 2003.

정윤경,「국내 독립제작사 지원정책에 관한 평가」,『한국방송학보』 제20권 5호.

정인숙,『방송산업과 정책의 이해』, 커뮤니케이션북스, 2002.

조용순,「외주제작 방송콘텐츠의 저작권 귀속과 공정한 경쟁 환경의 구축에 관한 고 찰」, 예술경영연구, 제16집, 2010.

주수현 · 유영명,「콘텐츠산업 성장요인 분석」,『관광학연구』, 제30권 제2호, 2006.

최세경,「방송외주제도 20년의 평가와 개선방안」,『인문콘텐츠』, 제17호, 2010.

최연구,『문화콘텐츠란 무엇인가』, 살림, 2006.

최용준 외,「온라인게임 서비스 안정화」,『ETRI 전자통신동향분석』, 제22권 제4호, 2007. 8.

최지선 · 김형진,「게임 산업 선도기업의 혁신역량 분석과 시사점」,『한국게임학회 논 문지』, 제10권 5호, 2010.

최진아 · 김동원,「한국 온라인게임업체의 국제마케팅 전략에 관한 연구」,『(사)한국유 통학회 하계학술대회 발표논문집』, 2010.

최진아 · 홍진환,「한국 온라인게임기업의 해외시장 진출방식과 성과요인에 관한 연 구」, 한국국제경영관리학회 · 인제대학교 추계 국제학술대회, 2006.

_____,「한국 온라인게임의 해외시장 진출방식 및 성과결정에 대한 연구」, 한국국제 경영관리학회 추계학술대회, 2006.

클로테르 라파이유 저, 김상철 · 김정수 역,『컬쳐코드』. 리더스북, 2009.

필립 코틀러(Philip Kotler) 저, 김정구 역, 『미래형 마케팅』, 세종연구원, 2000.

한국게임산업개발원, 『국내 게임산업 플랫폼 별 유통구조 및 과금체계 개선방안 연구』, KGDI 연구보고서 06-017, 2006.

_____, 『2003 게임산업백서』, 2003.

한국게임산업진흥원, 『2004 한국게임산업연감』, 한국게임산업진흥원, 2004.

한국문화산업교류재단, 『2010 해외 한류 동향』, 2011.

한국콘텐츠진흥원, 『문화콘텐츠 기업 해외진출 성공사례 연구』, 2005.

_____, 『2010년 방송영상산업백서』, 2010.

_____, 「미국 콘텐츠산업동향」, 이슈페이퍼 14호, 2011.

_____, 「드라마제작&유통의 현재와 진흥방향」, 『KOCCA FOCUS』, 통권 제2호, 2009.

_____, 「방송콘텐츠 활성화를 위한 외주제도 개선방안」, 『KOCCA FOCUS』, 통권 제9호, 2009.

_____, 「한국콘텐츠의 전략시장 수출 추이와 정책적 시사점」, 『KOCCA FOCUS』, 통권 제30호, 2011.

_____, 「K-POP이 주도하는 신한류 현황과 과제」, 『KOCCA FOCUS』, 통권 제31호, 2011.

_____, 『스마트환경에서 모바일게임의 정책수요 및 지원방향』, KOCCA FOCUS, 통권 제35호, 2011.

_____, 『2009년 하반기 콘텐츠산업 동향 분석』, 2009.

_____, 『2010년 방송영상산업백서』, 2010.

_____, 문화체육관광부, 『2010년 대한민국게임백서』, 2010.

_____, 문화체육관광부, 『2010년 음악 산업백서』, 2010.

_____, 「방통융합시대 콘텐츠 OSMU 비즈니스 모델 분석 및 개발연구」, 2008.

홍원식 · 성영준(2007), 「방송콘텐츠포맷유통에 관한 탐색적 연구」, 『방송문화연구』, 제19권 2호.

日本能率協會, CONTENT BUSINESS, 2008.

Amit, Rapahael and Christoph Zott, "*Value Creation in e-Business*", Strategic management Journal, 22, 2001.

AIMIA, "*Digital content Industry Roadmapping Study*", 2005.

Alessandra Quartesan's, "*Cultural Industries in Latin America and The Caribbean*", 2007.

Alexander Osterwalder's, "*Clarifying Business Models: Origins, Present, and Future of The Concept*", Communications of AIS, Volume 15, Article, 2005.

Andrews, Kenneth, "*The Concept of Corporate Strategy*", Irwin: Homewood, Ill. 1987.

Ben Walmsley, "*The 21st Business Model*", goodfellow publishers

———, "*The 21st Century Business Model*", goodfellowpublishers, 2009.

Blane Kidane, "*Digital media-Shifting Entertainment landscape*", CMGT 599.

Cheng, Liyuan's, "*Managing the Digital Enterprise Business Models on the web*", INFS 7040 E-Commerce for Managers Semester 2, 2008.

David Hesmondhalgh, "*The Cultural Industries*", SAGE Pub, 2007.

David Waterman, "*Internet TV : Business Models and Program Content*", the 29th Annual TPRC Research Conference on Information, Communication, and Internet Policy, 2001.

David Watson, "*Business Mode*", harriman house ltd, 2005.

Dr. Justin O,Conner, "*The Definition of 'Cultural Industries*'", Manchester Metropolitan University.

Fensel, D., "*Ontologies: Silver Bullet for Knowledge Management and Electronic Commerce*", Heidelberg: Springer-Verlag, 2001.

Gamham, N., 『From Cultural to Creative Industries』, *International Journal of Cultural Policy*, V.11 No1, 2005.

Gordijn, J. and J. M. Akkermans. "*Does e-Business Modeling Really Help?*", 36th Hawaii International Conference On System Sciences, Hawaii., 2003.

Hedman, Jonas and Tomas Kalling, "*The Business Model: A means to Understand the Business Context of Information and communication Technology*", Institute od Economic Research working Paper series, School of Economics and management, Lund University, 2001.

Henry Chesbrough, "*The Role of the Business Model*", Harvard Business School Version 6.2.

———, "*The Role of the business model in capturing value from innovation: evidence from Xerox Corporation's technology spin-off companies*", Industries and Corporate

Change, Vol. 11, No. 3.

Hesmondhalgh, D., *The Cultural Industries*, London: SAGE, 2002.

Hesmondhalgh, D. and Pratt, A., *Cultural Industries and Cultural Policy*, International Journal of Cultural Policy, V.11 No1, 2005.

John Hartley, *Creative Industries*, Blackwell pub, 2005.

John Honkins, *The Creative Economy*, Penguin Books Limited, 2002.

JRC European Commission, *The Future Evolution of the Creative Content Industries*, 2008.

Linder, J. and S. Cantrell, *Changing Business Models: Surveying the Landscape*, accenture Institute for Strategic Change, 2000

Magretta, Joan, *Why Business Models Matter*, Harvard Business Review, 2002

Mahadevan, B., *Business Models for Internet–Based E-Commerce*, California management Review, Vol. 42 No.4, 2000.

Mark W. Johnson's, *Reinventing Your Business Model*, Harvard Business Review, 2008.12.

Morecroft, J. D. Sterman. *Executive Knowledge, Models, and Learning*, Productivity Press, 1994.

Nicholas Garnham, *From Cultural to Creative Industries*, International Journal of Cultural Policy, Vol. 11 No.1, 2005.

Osterwalder's, *An Ontology for Developing e-Business Models*, Proceeding of the International Conference on Decision Making and Decision Support in the internet age(IFIP), Cork, Ireland, 2002

Pratt, A., *Cultural Industries and Cultural Policy*, International Journal of Cultural Policy, Vol.11, No.1, 2005.

Peter Weill's, *Do Some Business Models Perform Better than others? A Study of the 1000 Largest US Firms*, MIT Sloan School of Management Working Paper No.226, 2004.

_____, *Place to Space: Migrating to eBusiness Models*, Harvard Business School Press, 2001.

Richard E, Caves, *Creative Industries*, Harvard University press, 2000.

Skellaridia, K., *"Business Model Change Due to ICT Integration"*, International Journal of Computer Information Systems and Industrial management Application, Vol. 3, No. 1, 2011.

Tapscott's Digital Capital, *"Harnessing the power of Business Webs"*, Harvard Business School Press, 2000.

The CIE, *"Creative Industries Economic Analysis"*, 2009.

Timmers, Paul, *"Business Models for Electronic markets"*, Electronics markets, Vol. 8, No. 2, 1998.

UNESCO, *"Statistics on Cultural Industries"*, 2007.

부록

표 1 | 2000~2009년 게임산업 진흥정책 추진 현황

구분		사업명	추진시기
가치사슬 경쟁력 강화	기획-제작	우수게임 사전 제작 지원	2002~2007
		특수 목적형 기능성게임 공모전	2006~2009
		게임 시나리오 및 인디게임 공모전	2006~2009
		보드게임 공모전	2008
	유통-서비스	월드사이버게임즈(WCG)	2001~
		해외게임쇼 참가 지원	1998~
		국제게임컨퍼런스(KGC)	2004~2009
		지스타(G-STAR)	2005~2009
		시장개척단 운영	2006~2008
	인력양성	게임 아카데미	2002.11~
		사이버게임 아카데미	2003~
		지역 아카데미 운영	2006~
		대학 게임연구센터 지정	2007~
		아시아문화동반자사업	2009
		게임자격검정 수탁기관	2009
	기술개발	게임기술개발과 플랫폼별 전문기술 연구개발	2002
		게임 기술세미나/게임품질향상 서비스 등	2003
외부환경 조성	금융	투자조합 결성	2002
		투·융자제도 도입	2007
		완성보증보험제 시행	2009
	인프라	벤처기업 인증평가/PC게임 S/W 평가인증	2002
		인큐베이팅 집적화시설 운영	1999~2007
		한국게임대상/이달의 우수게임 시상	2003~2009
		게임문화종합정보시스템 오픈	2003~

(계속)

구분		사업명	추진시기
외부환경 조성	인프라	e-스포츠 활성화 사업 추진	2004~2009
		GSP사업	2004~
		글로벌게임허브센터(차세대 인큐베이션)	2008~
	법/제도/ 정책	웹진 〈게임 산업저널〉	2002~
		게임 산업 진흥 중장기계획(2003~2007)	2003.11
		e-스포츠 발전정책 비전(2005~2007)	2004
		건전 게임문화조성 강화대책	2005
		게임산업전략위원회 발족	2005.10
		게임동향분석보고서	2005~
		2010 게임산업 실행전략 보고서	2006
		게임산업 중장기계획(2008~2012)	2008.12
		게임시장 전망 세미나	-
		게임문화 논문 공모	2008~2009
		음반비디오물 및 게임물에 관한 법률	1999.2
		게임산업 진흥에 관한 법률	2006.4
		게임산업에 관한 법률 개정(사행성/도박 분리)	2007.1
	기타	게임문화진흥협의회 구성	2002
		게임캠프/ 게임문화 홍보	2003
		건전 게임문화조성 강화대책	2005
		게임종합민원시스템/게임과몰입 전문클리닉	2006
		게임여가문화체험관	2007
		게임문화페스티벌	2008
		지역 게임 과몰입 상담센터 운영지원	2008

표 2 | 2000~2009년 음악산업 진흥정책 추진 현황

구분		사업명	추진시기
가치사슬 경쟁력 강화	기획-제작	인디레이블 육성지원사업	2003~2007
		디지털싱글 제작 지원	2005
		수출용 음악콘텐츠 제작 지원	2005~2007
	유통-서비스	해외 고정 프로그램 확보 지원사업	2002~2003
		해외전시회 참가 지원사업	2001~2003
		해외 쇼케이스 개최	2004~2009
		OST영상음악제	2007~2009
		우수신인음반 선정	2006~2009
		인디음악페스티벌 (지상파 및 페스티벌 공연기회 제공)	2006~2009
	인력 양성	-	-
	기술개발	-	-
외부 환경 조성	금융	문화산업진흥기금 융자지원	2003
		음악전문 투자조합 결성	2006
	인프라	음악산업 포럼 개최	2003~2005
		한국음악데이터센터 구축	2004~2009
	법/제도/정책	음악산업 진흥 5개년 계획	2003
		음악산업 진흥 방안/디지털음악 활성화 방안/창업 및 수출 매뉴얼 작성/음악산업 종합지원 시스템 연구	2005
		글로벌음악시장 지형도 및 한국음악 해외진출방안/인터넷실명제와 음악산업 발전 방안/P2P정액요금제 도입의 시장 파급효과 분석	2007
		한국 대중음악 디렉토리/음악산업 동향 분석/음악산업 진흥 중기 계획	2008
		산업동향 분석 등	2009
		디지털저작권 권리관계 명확화	2002
		음악산업 진흥에 관한 법률 제정	2006
	기타	음악사랑 캠페인	2002~2003